Europa und Globalisierung

Reihenherausgeber:
Gudrun Biffl, Thomas Pfeffer

Gudrun Biffl, Dorothea Stepan
(Hrsg.)

Europa und Demokratien im Wandel

Ausgewählte Beiträge zum
Globalisierungsforum 2014-15

EDITION
DONAU-UNIVERSITÄT
KREMS

Bibliographische Information der Deutschen Nationalbibliothek: Die Deutsche Nationalbibliothek verzeichnet diese Publikation in der Deutschen Nationalbibliografie; detaillierte bibliografische Daten sind im Internet über http://dnb.d-nb.de abrufbar.

Die in der Publikation geäußerten Ansichten liegen in der Verantwortung der Autor/inn/en und geben nicht notwendigerweise die Meinung der Donau-Universität Krems wieder.

Verlag: Edition Donau-Universität Krems
Herstellung: tredition GmbH, Hamburg
ISBN Taschenbuch: 978-3-902505-97-2
ISBN e-Book: 978-3-903150-02-7

Kontakt:
Department für Migration und Globalisierung
Donau-Universität Krems
www.donau-uni.ac.at/mig
migration@donau-uni.ac.at

Lektorat und Korrektorat: Dorothea Stepan, Thomas Pfeffer
Satz: Renate Porstendorfer
Umschlagbild: www.fotalia.de
Umschlaggestaltung: Michael Zehndorfer

Zitiervorschlag: Biffl, Gudrun, Stepan, Dorothea (Hrsg.) (2016) Europa und Demokratien im Wandel Ausgewählte Beiträge zum Globalisierungsforum 2014-15. Reihe Europa und Globalisierung. Krems (Edition Donau-Universität Krems).

Inhaltsverzeichnis

GLOBALISIERUNG UND MIGRATION

Vorwort

Dieses Buch ist das erste der Publikationsreihe „Europa und Globalisierung" im Verlag der Edition Donau-Universität Krems. Es bringt Schlaglichter aus den Dialogforen des Zentrums Europa und Globalisierung am Department Migration und Globalisierung der Donau-Universität Krems, in denen Expertinnen und Experten aus verschiedenen Disziplinen Einblicke in europäische Herausforderungen und Problemfelder geben. Der Startschuss zu diesem Diskurs zwischen Wissenschaft, Politik und der Zivilgesellschaft fand anlässlich der Eröffnung des Zentrums Europa und Globalisierung am 3. Juni 2013 statt. Im Mittelpunkt standen Herausforderungen der europäischen Kohäsions- und Finanzpolitik, die mögliche Rolle neuer Technologien für die Teilhabe am europäischen Demokratisierungsprozess, die Mobilität innerhalb Europas, sowie der gemeinsame europäische Hochschulraum.

Im Folgejahr wurde das Globalisierungsforum ins Leben gerufen, eine Veranstaltungsreihe, in der in regelmäßigen Abständen zu aktuellen und kontroversen Aspekten der Globalisierung und ihren Auswirkungen in und auf Europa Stellung genommen wird. Ein wesentliches Merkmal des Forums ist die Offenheit für Diskussion und den Austausch von Ideen und Ansichten ohne strenges Zeitkorsett. Das erste Globalisierungsforum fand am 2. Juni 2014 an der Donau-Universität Krems zum Thema „Europa im Spannungsfeld von Globalisierung und Regionalisierung" statt. Dabei ging es um Europäische Grundfreiheiten und die Dienstleistungsfreizügigkeit ebenso, wie um die Frage der Konstitutionalisierung und Fragmentierung der Menschenrechte, sowie die Österreichische Regionalpolitik im Spannungsfeld von Kleinregionalität, europäischer Identität und Globalisierung.

Das zweite Globalisierungsforum stand ganz im Zeichen der neu begründeten Kooperation der Donau-Universität Krems mit dem Österreichischen Institut für Internationale Politik (oiip). Diese Kooperation, sowie die laufende Mitarbeit von Herrn Mag. Karas, dem erfahrenen Mitglied des Europaparlaments und Ehrenprofessor der Donau-Universität Krems, hat uns bestärkt, den eingeschlagenen Weg fortzusetzen. Am 15. Oktober 2014 diskutierten Experten des OIIP zusammen mit Dr. Erhard Busek zum Thema „Europa und der Osten: Grenzen, Hoffnungen und Herausforderungen". Ausschnitte davon finden Sie in dieser Publikation.

Das dritte Globalisierungsforum am 1. Juni 2015 widmete sich dem Umgang der europäischen Union mit den diversen Krisen und den damit verbundenen Herausforderungen für die Demokratien in Europa. Europa wird oft als die „Wiege der Demokratie" bezeichnet. Doch die Krisen der letzten Jahre, sowie autoritäre Tendenzen in Europa und in einigen angrenzenden Regionen, zeigen immer deutlicher, dass Demokratien in Europa keine Selbstverständlichkeit sind und dass sie einem dauernden Wandel unterliegen. Diesem Thema wird in unserem Buch besonderes Augenmerk geschenkt; daher auch der Titel des vorliegenden Bandes.

Der massive Zustrom von Flüchtlingen aus dem Nahen Osten in der zweiten Jahreshälfte 2015 legte nahe, das vierte Globalisierungsforum am 19. Oktober

2015 unter das Thema „Flüchtlingsströme nach Europa. Was kann Europa tun? Was muss Europa tun?" zu stellen. Die Veranstaltung fand dankenswerterweise im „Haus Europa" in Wien statt. Damit konnte eine größere Zahl von Besucherinnen und Besichern erreicht werden als an der Donau-Universität in Krems. Zwar lag der Fokus des Forums auf der Fluchtmigration, jedoch wurde auch ein weiteres kontroverses Thema beleuchtet, die Freizügigkeit von Arbeitskräften innerhalb der Europäischen Union (EU). Beide Themenfelder stellen eine Zerreißprobe für die EU dar. Sie bedürfen einer detaillierten Analyse und eines Diskurses, der nicht nur die Wissenschaft und Politik, sondern vor allem auch die Zivilgesellschaft einschließt. Die Beiträge im vorliegenden Band wollen dazu einen Diskussionsanstoß geben.

Das fünfte Globalisierungsforum am 13. Juni 2016, wieder im Haus der Europäischen Union in Wien, stellte angesichts von Terroranschlägen und Radikalisierung die Frage „Wie viel Sicherheit braucht Europa?" Die Bevölkerung ist zunehmend verunsichert, das Schlagwort der „Angstgesellschaft" wird immer häufiger gebraucht. Daher die Frage, was für die Sicherheit Europas bereits getan wird und welche Maßnahmen noch zu setzen sind, damit die Bevölkerung – angesichts unsicherer Zeiten – wieder Vertrauen in die Zukunft fassen kann. Dieses Thema, sowie das des nächsten Globalisierungsforums im Spätherbst 2016, werden im nächsten Band der Reihe im Frühjahr 2017 vorgestellt.

Die Publikationsreihe des Zentrums Europa und Globalisierung will einen Beitrag zur europäischen politischen Bildung leisten mit dem Ziel, die Zivilbevölkerung zu einer verstärkten Teilhabe an demokratischen Prozessen zu motivieren. Sie will informieren und damit Populisten demaskieren, die sich einer einfachen Sprache bedienen und einfache Lösungen für komplexe Problemlagen suggerieren. Gewiss, Modernisierung und Globalisierung bringen Veränderungen mit sich, die Gewinner und Verlierer kennen. Letzteren wird häufig nicht (ausreichend) unter die Arme gegriffen, sodass sie oft den Boden unter den Füßen verlieren. In dieser Situation werden Schuldige gesucht, etwa das „Fremde" oder auch die „Fremden" sowie die europäische Integration. Im Gegenzug wird das Heil im Nationalen, dem „Vertrauten", gesucht. Dabei wird übersehen, dass die europäische Integration ein in der Menschheitsgeschichte einzigartiges Projekt ist, das verhindern soll, dass Nationalismen noch einmal Krieg und Zerstörung nach Europa bringen. Niemals zuvor haben autonome Staaten freiwillig, ohne Krieg und Eroberung, ihre Macht mit anderen geteilt. Nach zwei Weltkriegen, 50 Millionen Toten und unbeschreiblichem Leid, ist die EU ein Versuch, Frieden, Zusammenarbeit und Toleranz an die Stelle von Nationalismus und Fremdenfeindlichkeit zu stellen. Viel wurde in dieser Richtung erreicht, jedoch stellen die Themen, die wir in unseren Foren aufgreifen, große Herausforderungen für die europäische Einheit dar. Wir wollen eine informierte Diskussion anregen und damit einige Perspektiven der europäischen Demokratie im 21. Jahrhundert ausloten.

Gudrun Biffl,
Krems, Oktober 2016

Einleitung

Der vorliegende erste Band der Reihe „Europa und Globalisierung" geht in drei Kapiteln den unterschiedlichen Dimensionen der Rolle Europas im Zeitalter der Globalisierung nach. Im ersten Kapitel wird dem titelgebenden Leitmotiv der im Wandel begriffenen Demokratien Europas und seiner Nachbarschaft nachgegangen. Am Beginn steht der Beitrag von Erhard Busek. Er verweist auf die Chance einer Neuorientierung der europäischen Demokratien im Gefolge von Krisen, die verdeutlichen, dass nationalstaatliche Demokratien im Gefolge von grenzüberschreitenden Wirtschaftsprozessen, ökologischen Herausforderungen, Migrationen und sozialen Medien an die Grenzen ihres Aktionsradius stoßen. Eine Antwort darauf ist die Schaffung der Europäischen Union. Sie ist ein Akteur unter vielen in der heutigen multipolaren Welt, die auf der Suche nach neuen Formen des demokratischen Zusammenspiels auf globaler Ebene ist. Hier geht es nicht mehr um eine eng gefasste demokratiepolitische Legitimation, sondern um die politische Mitwirkung von Gruppeninteressen auf globaler Ebene, die sich in NGOs ebenso organisieren, wie in den Vereinten Nationen, der Weltbank, der Welthandelsorganisation und der Internationalen Arbeitsorganisation, um nur einige wesentliche zu nennen. Vor diesem Hintergrund muss sich Europa positionieren und zum Teil neu ausrichten.

Vedran Dzihic weist im zweiten Beitrag des ersten Kapitels auf die Zerbrechlichkeit der jungen Demokratien in Südosteuropa hin. Die Flüchtlingskrise im Jahr 2015, die schlechte Wirtschaftslage, die kritische politische Situation sowie (islamische) Radikalisierungstendenzen verwandeln den Westbalkan neuerlich in einen Krisenherd. Die Menschen haben das Vertrauen in formale Institutionen und politische Repräsentanten der Demokratie verloren. Die Erwartungen an die Demokratie waren überhöht und müssen jetzt einer Desillusionierung weichen. Weder die Wirtschaft noch die Ausbildungsmöglichkeiten verbessern sich merklich, soziale und materielle Sicherheit sind nicht gewährleistet. In der Folge findet in den von Misstrauen gegenüber den Anderen geprägten Ländern des Westbalkans die ethnonationalistische Ideologie einen fruchtbaren Boden und verhindert, dass sich ein demokratischer Grundkonsens der Gesellschaft herauskristallisiert.

Cengiz Günay folgt mit seinen Ausführungen zu den Gezi-Park Protesten im Frühsommer 2013, der größten Protestbewegung in der jüngeren türkischen Geschichte. Die soziale Bewegung war eine Reaktion auf die wachsende Verengung des demokratischen Spielraums und auf die Einmischungen von Premierminister Erdogan in Fragen des privaten Lebensstils. Slogans von Freiheit und Selbstbestimmung konnten Menschen aus den unterschiedlichsten ideologischen Richtungen im Protest gegen den Autoritarismus vereinen. Cengiz Günay setzt sich mit den strukturellen Hintergründen der Gezi-Bewegung auseinander, beleuchtet das ‚Framing', durch das unterschiedliche Menschen mobilisiert werden konnten, und analysiert die Folgen für die Türkei und die Beziehungen mit der EU.

Im vierten Beitrag des ersten Kapitels setzen sich Peter Parycek und Bettina Rinnerbauer mit Auswirkungen der Digitalisierung auf die Gesellschaft und unser Rechtssystem auseinander. Beleuchtet werden die politische Partizipation mit elektronischen Mitteln in einer repräsentativen Demokratie und der geänderte Zugang zu Informationen des Staates. Die Autorin und der Autor weisen darauf hin, dass es einer gewissen Medienkompetenz und eines kritischen Geistes bedarf, wenn die Digitalisierung eine positive Auswirkung auf die Demokratie haben soll. Digitale und soziale Medien können nämlich auch zur Desinformation genutzt werden und zur Fragmentierung der Gesellschaft beitragen.

Das zweite Kapitel ist Europa im Spannungsfeld von Globalisierung und Regionalisierung gewidmet. Heinz Gärtner widmet sich der Frage der Globalisierung. Er weist darauf hin, dass „global governance" die Antwort auf globale Probleme, die von zunehmender Komplexität und Interdependenz geprägt sind, sein sollte. Für „global governance" ist ein dialogischer und kooperativer Prozess notwendig, der die verschiedenen Handlungsebenen aus unterschiedlichen Bereichen in der Politik, Wirtschaft und Gesellschaft zusammenführt und vernetzt. Jedoch sieht es nach der russischen Annektierung der Krim und der Einflussnahme Russlands in der Ukraine sowie dem offensiven Auftreten Chinas in Südostasien so aus, dass die Welt nicht „multipartnerschaftlich" sondern eher „multipolar" wird. Das kann zu einer Wiederbelebung von geopolitischer Polarität und ideologischen Differenzen führen, die sich einer erfolgreichen globalen Kooperation entziehen.

Jan Pospisil ist im folgenden Beitrag zur Rolle Europas als globaler Peacebuilding-Akteur nicht viel optimistischer. Obschon die Europäische Union den weltweit größten Beitrag zu den globalen Ausgaben für die Entwicklungszusammenarbeit leistet (im Jahr 2014 58,3 Milliarden Euro), konnte die Zahl der internationalen Konflikte nicht verringert werden. Dies gilt insbesondere für das Gebiet der europäischen Nachbarschaft, in der sich gewaltsam ausgetragene Konflikte häufen. Pospisil weist auf die fragmentierte Entscheidungsfindung hin (28 Mitgliedsstaaten, dazu die Europäische Kommission, der Rat, das Europäische Parlament, und der Europäische Auswärtige Dienst EAD), die eine stringente Strategieentwicklung angesichts unterschiedlicher länderspezifischer Interessen unmöglich macht.

Im dritten Beitrag des zweiten Kapitels geht Martin Ruhs der Frage der Freizügigkeit von Arbeitskräften in der EU nach und weist darauf hin, dass die unterschiedlichen Sozial- und Wohlfahrtsmodelle in der EU eine ungehinderte Mobilität der Arbeitskräfte erschweren. Martin Ruhs macht die Unterschiede in der sozial- und arbeitsmarktpolitischen Institutionenlandschaft und den gesellschaftlichen Normen zwischen den EU Mitgliedstaaten dafür verantwortlich, dass einige EU-MS einheitlichen EU-Regelungen feindlich gegenüberstehen. Die Ablehnung fand im ‚Brexit' den bisherigen Höhepunkt, nicht zuletzt weil sich aus der ungehinderten Arbeitsmobilität von EU-Bürgerinnen und EU-Bürgern innerhalb der EU ein Anpassungsbedarf des eigenen historisch gewachsenen Sozialmodells und damit des ‚Gewohnten' ergeben kann. Die Inkompatibilität resultiert einerseits aus der unterschiedlichen Finanzierungsstruktur von Sozialleistungen, andererseits aus der unterschiedlichen Regeldichte der Arbeitsmärkte.

Das dritte Kapitel zum Thema Globalisierung und Migration setzt bei der Darstellung des gegenwärtigen Bilds der Europäischen Union in einer globalisierten Welt an. Othmar Karas weist auf den sich abzeichnenden Bedeutungsverlust Europas in der globalisierten Welt des 21. Jahrhunderts hin, gemessen am Bevölkerungsanteil von derzeit 7% der Weltbevölkerung auf weniger als 4% und der Wirtschaftskraft von derzeit knapp 20% auf weniger als 10% der globalen Wertschöpfung bis 2065. Ein politischer, wirtschaftlicher, sozialer, technologischer und ökologischer Wettbewerb findet vermehrt global zwischen den Kontinenten und Regionen, und nicht bloß zwischen Nationen, statt. Migrationen sind Teil der Globalisierung und werden vom ‚Kampf um Talente‘ getragen. Othmar Karas weist in dem Zusammenhang auf die Wichtigkeit der Differenzierung zwischen den diversen Komponenten der Migrationen hin. Definitionen und Abgrenzungen sind ein Ausgangspunkt für öffentliche Diskurse, Regelmechanismen und Entscheidungsstrukturen sind weitere. Man muss klar differenzieren zwischen Menschen, die vor Krieg, Verfolgung, Vertreibung, Hunger, Armut, Klima-, Umwelt- und Naturkatastrophen flüchten und denjenigen, die zum Zweck des Studiums, der Arbeitsaufnahme oder der Familiengründung bzw. -zusammenführung in ein anderes Land ziehen. Auf die Frage, wo die Herausforderungen der jüngsten Flüchtlingswelle für die EU und die diversen Mitgliedstaaten liegen, verweist Othmar Karas auf den globalen Charakter der Flucht und die Notwendigkeit, darauf mit unterschiedlichen Maßnahmen im Zusammenspiel mit anderen globalen und regionalen Akteuren zu reagieren und zum Teil neue Entscheidungsmechanismen zu erarbeiten.

In weiterer Folge widmet sich Waldemar Hummer der Rechtslage im Bereich der Migrationen. Er stellt eine Flut an unterschiedlichen Begriffen aus dem breiten Spektrum der internationalen und nationalen Regelungen der diversen Aspekte der Migrationen an den Beginn seiner Ausführungen. Ein mangelndes Verständnis für die Begriffe trägt nicht nur zu einer babylonischen Sprachverwirrung bei sondern kann auch zur Polarisierung des politischen und öffentlichen Diskurses beitragen bzw. genutzt werden. Hummer unterscheidet zwischen den völkerrechtlichen Aspekten des Fremdenrechts und den unionsrechtlichen Begriffen und Regelungen. Er verweist auf die jüngsten Bemühungen des Europäischen Rates, einen funktionsfähigen Schengen-Raum wieder herzustellen und den Schengener Grenzkodex vollständig anzuwenden. Für die Kommission sieht Hummer vor allem in drei Bereichen unmittelbaren Handlungsbedarf: der Sicherstellung des Managements der Außengrenzen, der Behebung der Politik des Durchwinkens und der Entwicklung eines koordinierten Verfahrens für vorübergehende Grenzkontrollen.

Auf die rechtlichen Überlegungen folgt ein Einblick in die ethnisch-kulturelle Pluralisierung der europäischen Mitgliedstaaten. Die ethnisch-kulturelle Zugehörigkeit kann die für die Industriegesellschaft typische, identitätsstiftende Zugehörigkeit zu einer gesellschaftlichen Klasse oder ideologischen Positionierung überlagern und damit neue Konfliktlinien in Europa aufmachen. Gudrun Biffl weist daher darauf hin, dass unsere Gesellschaften ein besseres Verständnis für Handlungsweisen, die einer kulturellen Prägung unterliegen, erlangen müssen, um potenziellen Konflikten bzw. Missverständnisse vorbeugen zu können. Die modernen interkulturellen Kommunikationswissenschaften sowie die Sozialpsychologie zeigen Unterschiede und Gemeinsamkeiten in der Gewichtung von Werten einzelner nationaler Kulturen auf, die zu berücksichtigen ein besseres Zusammenleben in der Vielfalt ermöglichen.

Abgeschlossen wird das Kapitel mit einem Beitrag von Peter Webinger mit einem Blick auf Österreich im Zeitalter der globalisierten Migration. Peter Webinger geht der jüngsten Flüchtlingswelle auf den Grund, verweist mit eindrucksvollen Zahlen auf die mangelnde Solidarität in weiten Teilen der EU bei der Aufnahme von Asylwerberinnen und Asylwerbern und warnt vor dem sich aufbauenden Bevölkerungsdruck in Afrika. Sollte sich die wirtschaftliche Lage in Afrika in absehbarer Zeit nicht stärker zum Positiven wenden und der Kampf um Ressourcen im Angesicht von Klimawandel und Landnutzungskonflikten infolge neuer Formen der Landnahme nicht gelöst werden, sind verstärkte Migrationsströme aus Afrika zu erwarten. Daher ist es notwendig, so Webinger, in Migrationsfragen global zu denken. Das heißt, dass nicht nur auf die Herausforderungen der Migration, und in der Folge der Integration, in den Aufnahmeländern fokussiert wird, sondern auch auf die Herkunftsregionen. Konzepte der Entwicklungszusammenarbeit sind um Migrationsfragen zu erweitern, die sich nicht auf Rücknahmeabkommen beschränken dürfen. Sobald Menschen bereits tausende Kilometer hinter sich gebracht und in der Heimat alles aufgegeben haben, ist die Rückkehr nämlich meist keine Option mehr.

Die Beiträge dieses Buches stehen in der Verantwortung der Autorinnen und Autoren und geben nicht notwendigerweise die Meinung der Donau-Universität Krems wieder. Die Einhaltung einer gendergerechten Sprache ist allen ein Anliegen, jedoch blieb die Art der Schreibweise den Autorinnen und Autoren überlassen. Auch die Literaturangaben sind nicht einheitlich nach der Harvard Methode, nicht zuletzt weil unterschiedliche Vorgangsweisen in den diversen Disziplinen üblich sind.

Gudrun Biffl,
Krems, Oktober 2016

EUROPA UND DEMOKRATIEN IM WANDEL

Ist die Demokratie in Europa krisenfest? Erfahrungen und Herausforderungen

Erhard Busek

Zusammenfassung

Nach einem kurzen einleitenden Rücklick auf die politische Geschichte Österreichs nach 1945 widmet sich der Artikel den aktuellen Herausforderungen für die
Demokratie. Es werden die Rolle des Internet, die politischen und wirtschaftlichen
Interdependenzen durch die Globalisierung, wie auch die mangelnde demokratische Legitimierung internationaler Organisationen angesprochen. Abschließend
wird argumentiert, dass das Einfordern von Antworten und lösungsorientierte Dia-
loge nicht nur von Seiten der Politik sondern insbesondere auch von der Wissenschaft und der Zivilgesellschaft notwendig seien, um die aktuellen Herausforderungen der Demokratie und unserer Gesellschaften zu bewältigen.

Einleitung

Krise ist ein Modewort unserer Zeit. Es vergeht kein Tag, an dem nicht eine neu-
erliche Krise ausgerufen wird, wobei man sich des Wortsinns überhaupt nicht bewusst ist. Es kommt vom griechischen Wort „krinein", das soviel bedeutet wie
„beurteilen" und „entscheiden". In Wahrheit sind Krisen produktive Phasen der
Entwicklung der Menschheit – das gilt insbesondere für Europa. Eine Krise ist eine Herausforderung an unsere Kapazität, an das Wissen und die Intelligenz und
die Bereitschaft, Lösungen zu suchen.

Krisen sind überhaupt nichts Neues, auch nicht in der Demokratie. Wir haben
uns infolge der stabilen Entwicklung seit 1945 in Österreich daran gewöhnt, bestenfalls kleine Krisen zu registrieren, nicht aber zu erkennen, dass wir in einem
grundsätzlichen Umschwung der Situation leben. Das ist jedoch heute der Fall.
Ein kurzer Rückblick auf die Entwicklung seit dem Ende des Zweiten Weltkrieges
sei gestattet. Damals hatten wir das Problem, uns im wiedererstandenen eigenen
Staat zurecht zu finden, die Konflikte der Ersten Republik, sowie den Verlust des
eigenen Staates überwinden zu müssen.[1] Mit dem positiven Ergebnis, dass sich

---

[1] In der Ersten Republik (12.11.1918-13.3.1938) kam es zu gewalttätigen Auseinandersetzungen zwischen den bewaffneten Wehrverbänden der beiden Großparteien (Sozialdemokraten
und Christlichsoziale). Die parlamentarische Demokratie bestand bis zum 7.3.1933. Danach
regierte Kanzler Engelbert Dollfuß (1892-1934) auf Basis von Notverordnungen und schuf
mit der sog. Maiverfassung vom 1.5.1934 den autoritären Ständestaat. Mit der Machtüber-

heute alle zu Österreich bekennen. Auch der Demokratie, die in Österreich von niemandem so richtig in Zweifel gezogen wird, geht es so, wobei natürlich auch hier Entwicklungen notwendig sind. Die „große Koalition" alter Prägung[2] hat wesentlich zur Stabilität beigetragen, um die Konflikte der Ersten Republik zu überwinden. Wesentliche Reformwerke sind auch hier geschehen, wenn ich etwa auf das Schulgesetzwerk 1962 verweise,[3] bei dem der seit 1919 bestehende ideologische Konflikt eigentlich in einer sehr praktikablen Weise gelöst wurde, wozu wir heute offensichtlich im Bildungssektor nicht mehr in der Lage sind. Natürlich gab es immer wieder die Sehnsucht nach Reformen, zu der ich nur einige Beispiele erwähnen möchte: Rund um 1968/69 gab es eine kräftige Demokratiereformdiskussion, die auch zu einer beträchtlichen Zahl an Publikationen aus den Reihen der Politik führte.[4] Ebenso ist es zu Überlegungen betreffend Wahlrecht gekommen, wobei auch Einiges von der Steiermark ausgegangen ist, wie etwa die Sehnsucht nach einem mehrheitsbildenden Wahlrecht. Nicht zu vergessen sind auch die Entwicklungen hinsichtlich Vorwahlen, mittels derer die Mängel der Personalauslese bekämpft werden sollten. Es ist interessant, dass diese Übung inzwischen sehr bescheiden geworden ist, wenngleich die Kritik an der Selektion in einem hohen Ausmaß existiert.

Gleiches gilt auch für die Funktionsfähigkeit der Verwaltung im Sinne der Kompetenzaufteilung, etwa in der Kritik am Föderalismus, dem Bemühen den Kommunen mehr Möglichkeiten zu geben und letztlich in der Reformpartnerschaft der Steiermark[5]. Auch der Beitritt zur Europäischen Union hat Spuren hinterlassen, wenngleich es sehr lange gedauert hat, um etwa die demokratisch notwendigen Beschränkungen zwischen nationaler und europäischer Ebene zu finden. Es brauchte zwanzig Jahre, um den EU-Abgeordneten ein Rederecht im österreichischen Parlament einzuräumen.

Herausforderungen von heute

Das alles hat sich zweifellos heute dynamisiert, wobei es vor allem die geänderten Realitäten unseres Lebens sind, die eine Antwort von der Demokratie verlangen. Um nur wenig systematisch einige dieser Erscheinungen anzuführen, verweise ich

---

nahme Adolf Hitlers (1889-1945) und der Wiedervereinigung mit dem Deutschen Reich endete die Erste Republik Österreich am 13.3.1938.

[2] 1947-1966 wurde Österreich durch die Koalition der beiden Großparteien Österreichische Volkspartei (ÖVP) und Sozialdemokratische Partei Österreichs (SPÖ) regiert.

[3] Komplex von Gesetzen, die das österreichische Bildungswesen mit Ausnahme der Universitäten und Hochschulen (1966, 1983), des land- und forstwirtschaftlichen Schulwesens (1966, 1975) und des Lehrerdienstrechts regelten. (Vgl. Austria-Forum, das Wissensnetz, http://austria-forum.org/af/AEIOU/Schulgesetzwerk_1962, 25. März 2016)

[4] Vgl. Broda/Gratz (1969); Fischer (1969); Diem/Neisser (1969); Busek/Wilflinger (1969).

[5] 2010 schlossen sich SPÖ und ÖVP in der Steiermark zu einer „Reformpartnerschaft" zusammen.

auf die Technologieentwicklung, die eine andere Dimension der Kommunikation erschlossen hat – vereinfacht gesagt, Computer und Internet geben uns mehr Mitwirkungsmöglichkeiten in der Demokratie, die voll von Hoffnungen, aber weit davon entfernt sind, ausgeschöpft zu sein. Bei den Wahlen zur österreichischen Hochschülerschaft[6] etwa hat man diesen Weg versucht, ist dann aber davon abgekommen, wobei es eine Verkennung der Wirklichkeiten ist, auf welche Weise wir heute verbunden sind. Um es dramatisch zu sagen: Was dort geschieht, ist hier von Bedeutung und das eigentlich in Minuten, während wir im politischen Entscheidungsprozess noch immer auf alten Pfaden wandeln.

Damit im Zusammenhang steht auch der Globalisierungsprozess. Es gibt keinen autarken Staat mehr, so dass die politischen Entscheidungen, ja das politische System bei unseren Nachbarn und darüber hinaus bei uns von großer Bedeutung ist. Wenn über die Demokratiedefizite der Europäischen Union geklagt wird, vergisst man völlig, dass die Demokratiedefizite im internationalen und globalen Bereich noch viel größer sind. Die gegenwärtige Russland-Ukraine-Krim-Krise gibt uns einen deutlichen Eindruck davon. Die Diskussion über die gegebene Situation ist etwa am Europarat, den Vereinten Nationen und seinem Sicherheitsrat und einer Reihe von anderen demokratisch legitimierten Institutionen spurlos vorübergegangen. Es muss auch deutlich gesagt werden, dass etwa die Vereinten Nationen weit von einer Demokratiebasis entfernt sind, denn die Vertreter der Regierungen sind zwar in ihrem Staat selbst – wenn es eine Demokratie ist – demokratisch legitimiert, aber die Kontroll- und Berufungsmechanismen durch die Bürgerinnen und Bürger fehlen hier völlig. Inzwischen ist die Entwicklung weitergegangen, etwa mit Einrichtungen wie G7, G20 etc., die überhaupt über keine demokratische Legitimation verfügen. Hier tauchen die Civil Society, die NGOs etc. auf, für die es auch wieder keine demokratische Legitimation gibt, die aber die Vielgestaltigkeit unserer Welt widerspiegeln und damit wenigstens in der Öffentlichkeit eine entsprechende Diskussion erzeugen.

Ein besonderes Kapitel ist die Wirtschaft, denn sie hat sich längst nicht an Staatsgrenzen gehalten. Der Begriff „National"ökonomie ist hinlänglich durch die Wirklichkeit historisch geworden, denn die Interdependenz im ökonomischen Bereich ist gewaltig. Es muss hier eine Dimension eingeführt werden, die für uns Europäer sehr wichtig ist: Wir sind nur mehr 7% der Weltbevölkerung, gerade noch ein bisschen über 20% des Wirtschaftsproduktes dieser Erde, und bilden uns größtenteils noch immer ein, eigentlich der bestimmende Teil dieser Welt zu sein. Dabei gemeinden wir auf eine stille Weise Nordamerika mit ein, wobei die USA, die die längste Zeit eine Führungsmacht war, gegenwärtig zweifellos im Abbau ist und die Multipolarität unserer Zeit noch nicht so richtig eingefangen wurde. Diese ist inzwischen zum Hintergrund mancher Entwicklungen geworden, wie etwa die Positionierung von Wladimir Putins Russland oder von China. Ich muss darauf

---

[6] 2001 wurde mit einer Änderung des Hochschülerschaftsgesetzes e-Voting ermöglicht, wurde aber nach zwei Wahlen u. a. auch aufgrund mangelnder Akzeptanz durch die Studierenden wieder eingestellt.

hinweisen, dass es Stimmen gibt, die sagen, „Marktwirtschaft und Demokratie sind längst voneinander getrennt, wie man am Beispiel der Volksrepublik China sehen kann". Ob das auf die Dauer richtig ist, werden wir mit Sicherheit noch erleben.

Ebenso geht es dem Prinzip der Öffentlichkeit, das für die Demokratie bestimmend ist. „Die Demokratie reicht so weit wie die Stimme ihres Herolds", hat Aristoteles einmal festgestellt. Das war für den Marktplatz von Athen relativ einfach, heute ist es schon schwierig, die Öffentlichkeit zu bestimmen, ja, wir müssen festhalten, dass es viele Arten von Öffentlichkeiten gibt. Die Wirklichkeiten der Medien (Print und Elektronik) existieren nebeneinander, die Dimension des Internet ist in Wirklichkeit noch gar nicht erfasst. Natürlich spricht man von einem „Shitstorm". Politiker renommieren mit Facebook-Eintragungen als Rechtfertigung, wie es Landeshauptmann Hans Niessl betreffend der Rot-Blau-Koalition im Burgenland getan hat.[7] Weder sind Überprüfbarkeit und Objektivierbarkeit gegeben, noch lässt sich hier verhindern, dass diese Zustimmung schlicht und einfach organisiert wird, wie das schon seinerzeit Hans Dichand[8] bei den Leserbriefen in der Kronen Zeitung getan hat. Es gibt zweifellos auch mehrere Ebenen der Öffentlichkeit, wenn man etwa an die Think Tanks denkt oder an alle Elemente der Global Society, die sich letztlich sehr schwer definieren lassen und jeweils nach Bedarf in Anspruch genommen werden.

Probleme erzeugen neue Fragen an die Demokratie

Neben diesen Veränderungen gibt es natürlich auch Fragestellungen, von denen wir uns vor kurzem nichts träumen ließen. Neben der Globalisierung sind das vor allem akute Krisen, wie z. B. die Flüchtlingsfrage. Hier hat die Demokratie schon Mühe mit den Folgen der Immigration fertig zu werden und festzustellen, wer überhaupt stimmberechtigt ist, wie lange man in einem Land sein muss und bei welchen Themen man überhaupt mitstimmen darf. In Österreich sind es etwa die Kommunen, die EU-Bürgern ein Stimmrecht einräumen, während sich in anderen Mitgliedstaaten der EU die Dinge noch weitaus komplizierter anlassen. Die Auswirkungen sind offensichtlich, denn die Diskussion über die Einschränkung der Bezugsrechte im Sozialbereich ist ebenso deutlich, wie die Problematik der Niederlassung, die zu beachtlichen Verschiebungen führen. Dabei ist der Großteil der europäischen Länder ja nicht von einem „Immigrantenüberschuss" bestimmt, doch bricht hier für die Demokratie die ungeheure Sehnsucht aus, das bisher Erreichte zu schützen und niemanden davon profitieren zu lassen, der nicht schon da war.

---

[7] Nach den burgenländischen Landtagswahlen im Mai 2015 ging Hans Niessl (SPÖ) trotz des Widerstands der eigenen Partei eine Koalition mit der Freiheitlichen Partei (FPÖ) ein.

[8] Der Journalist Hans Dichand (1921-2010) war 1959 bis 2003 Chefredakteur und von 1959 bis zu seinem Tod 2010 Geschäftsführer und Herausgeber der Neuen Kronen Zeitung, der auflagenstärksten österreichischen Tageszeitung.

Der alte Wiener Satz: „Jeder denkt an sich, nur ich denk an mich!" feiert hier fröhliche Urstände.

Dadurch sind auch Verschiebungen in der Politik entstanden, wobei den Regierungen vorgeworfen wird, dass sie diese Probleme nicht angehen, während populistische Gruppierungen es verfehlen, dafür überhaupt Lösungen anzubieten. Dieser Prozess hat sich gegenwärtig dynamisiert, wobei er deutlich anzeigt, dass im demokratischen Geschehen die Antwort auf bestimmte Fragen nicht gelungen ist.

Ebenso taucht die Frage nach der Stabilität auf, die heute mit der Frage der Sicherheit verbunden ist. Es war für die Europäische Gemeinschaft noch ein Ziel, die früheren Diktaturen Portugal, Spanien und Griechenland als Mitgliedstaaten aufzunehmen, um damit Demokratie zu sichern. Kein Mensch hat damals von der wirtschaftlich interessanten Erweiterung der EU gesprochen. Heute bereitet die Erweiterung der Europäischen Union Schwierigkeiten, jene Länder aufzunehmen, die etwa am Westbalkan eine sehr gemischte Vergangenheit haben, neue Grenzen ausweisen und ebenso eine Stabilität verträgen. Dabei verkennt man die jüngste europäische Geschichte. Denn der Blick auf die EU verhinderte Anfang der 1990er Jahre, dass nach dem Zusammenbruch der Sowjetunion unter den Staaten des Warschauer Paktes neue Kriege entstanden, und ermöglichte stattdessen, dass mit der europäischen Perspektive eine Stabilitätslösung verbunden war. Für diese Situation gilt der Begriff des „Friedensprojekts EU" durchaus, wobei in der heutigen Diskussion auch das inzwischen verkannt wird.

Zusammenfassend muss man sagen, dass die Fülle der Fragestellungen offensichtlich eine Überforderung der Politik und der Politiker darstellt. Mit Recht lässt sich die Frage nach der Qualität der Politiker stellen und damit auch die Auswahlmechanismen in Zweifel ziehen. In Wirklichkeit aber ist die parteienstaatliche Demokratie ein Element, das man unschwer in Zweifel ziehen kann. Denn die Führung eines Landes quasi durch Plebiszit zu bestellen, ist eine ganz gefährliche Versuchung und eine radikale Verengung der Breite der Demokratie. Darin liegt etwa die Faszination von Wladimir Putin, Tayyip Erdogan, Viktor Orban, Ivica Dačić u. a., weil Politik so „einfacher" wird – eine Sehnsucht, die Bürgerinnen und Bürger von Zeit zu Zeit beschleicht.

Lösungen für morgen?

Nationalstaat und Demokratie sind heute eigentlich eine wechselseitige Bedingung – mit der Schwierigkeit, dass der Nationalstaat seine Kapazität zur Lösung der Fragen Schritt um Schritt einbüßt. Nicht nur die Ökologie ist eine grenzüberschreitende Herausforderung, sondern genauso auch die Infrastruktur, die Bevölkerungsentwicklung und vor allem die Wirtschaft. Es muss daher nachgedacht werden, welche neuen Ebenen wir heute und morgen brauchen, denn die politische Geographie hat sich entscheidend verändert. Wenn die Europäische Union mit den USA das transatlantische Freihandelsabkommen TTIP diskutiert, so darf man auch erwähnen, dass etwa Wladimir Putin das Konzept von Eurasien hat (ehemalige Sowjetunion?), aber auch die Türken und Chinesen miteinander bezüglich größerer Lösungen kokettieren, indem sie ein Seidenstraßen-Konzept ebenfalls unter dem Begriff Eurasien verkaufen.

Sicher ist es notwendig, neue Ebenen zu schaffen, wo Gemeinsamkeiten existieren. Die Grenzen verschieben sich, wobei das nicht nur geographisch verstanden werden muss, sondern auch themenbezogen. Eine Kategorie von Betroffenheit ist zu schaffen, die Ebenen erzeugt, über die man gemeinsame demokratische Wege finden muss. Das gilt nicht nur für die Mobilität des Stimmrechtes in den einzelnen Staaten, sondern überhaupt für die Konsequenzen der Migration. Auch die Sicherheitsfrage stellt neue Herausforderungen an die Zuständigkeiten dar, weil sie bislang in dem gegebenen Rahmen konventioneller Politik des 20. Jahrhunderts nicht mehr zu lösen sind.

Apropos Sicherheit: Das ist nicht mehr alleine eine militärische Frage, sondern in größerem Ausmaß bereits mit der Computer-Sicherheit in der Öffentlichkeit beschrieben. Die Sicherheitsdimensionen sind größer geworden, auch wenn man etwa im Bereich der Gesundheit an Seuchengefahren etc. denkt. In aller Vorsicht muss die Frage gestellt werden, ob das nicht jene Ebenen sind, wo wir uns ganz kräftig auf einen Dritten Weltkrieg zu bewegen, wo es längst keine Kriegserklärungen mehr gibt, auch keine Fronten, sondern wo innerhalb der Gesellschaft Konflikte angeheizt werden, die durchaus zerstörerische Kapazitäten haben oder Radikalismen den Weg ebnen (z. B. der Islamische Staat). Überhaupt müssen wir feststellen, dass es in der globalen Wirklichkeit keine Demokratie gibt. Die Zahl der Demokratien hat zwar nach dem Zweiten Weltkrieg zugenommen, der Fall des Eisernen Vorhangs zu Beginn der 1990er Jahre war ein tüchtiger Schritt vorwärts, aber wir sind weit davon entfernt, auf der Welt eine Mehrheit der Demokratien feststellen zu können.

Die Notwendigkeit internationaler Verträge lässt auch die Frage nach der Demokratie stellen, denn diese werden oft von Notwendigkeiten diktiert, die im demokratischen Bewusstsein von Bürgerin und Bürger nicht immer akzeptiert werden. Wie kann überhaupt Demokratie international verbreitet werden? Diese Frage können wir offensichtlich nicht beantworten.

Dabei taucht natürlich der Begriff der zivilen Gesellschaft auf, die ein akzeptierter und allgemeiner Begriff ist, wohl aber sehr schwer im einzelnen Fall bestimmt werden kann. Gemeinsame Ebenen sind genauso feststellbar wie Prinzipien der Konkurrenz zwischen den einzelnen Akteuren. Es ist ein Charakteristikum der Akteure der zivilen Gesellschaft (NGOs etc.), sich stärker in Konkurrenz als in Kooperation zu sehen.

Ebenso beschert die Information und ihre Gleichzeitigkeit der Demokratie ein großes Problem. Die gegenwärtigen Instrumente der Demokratie sind nicht so schnell, reagieren zu können, um die Rechte des Bürgers zu sichern. Wer hier schneller agiert, schafft neue Wirklichkeiten. Das gilt auch für den wirtschaftlichen Bereich, der etwa in der Schnelligkeit des Austausches von Börsenkursen unkontrollierbare, neue Wirklichkeiten schafft, auf die demokratisch zu reagieren äußerst schwer ist.

Neben diesen Problemen gibt es auch die Fragen, die global zu einem Problem werden, nämlich die Verteilung von Ressourcen wie Bodenschätze, Wasser, Luft etc. Die Internationalisierung des Eigentums führt auch dazu, dass die Kontrollierbarkeit durch demokratische Institutionen und die Schaffung von Rahmenrichtlinien immer schwieriger wird. Bei einem anderen Grenzgebiet merkt man genauso die Schwierigkeiten: in der internationalen Strafgerichtsbarkeit. Den Haag ist ein bescheidener Versuch, der bislang ebenso bescheiden erfolgreich war.[9]

Wer trägt international Verantwortung?

Ein Charakteristikum der Demokratie ist es, Verantwortliche definieren zu können bzw. deren Auswahl zu beeinflussen. Hier haben wir auf internationaler Ebene noch überhaupt keinen Weg gefunden, was zu tun ist. In der Frage der Transparenz unserer Informationsgesellschaft hat Edward Snowden[10] einen wesentlichen Beitrag geleistet. Er wurde von einigen zum Helden hochstilisiert und für den Nobelpreis vorgeschlagen, von anderen wieder gesucht, um ihn vor Gericht zu stellen und in den Kerker zu bringen. Zweifellos ist es ihm aber gelungen, die Frage der demokratischen Verantwortung in diesem Bereich der Information sehr deutlich zu machen.

Benachbart sind auch die Fragen zum Thema Demokratie und internationale Institutionen sowie deren Legitimierung. Das ist nicht nur auf die Reichweite der Medien beschränkt, sondern bezieht sich auch auf die Entwicklung der Sprache. Denn eine Fachsprache führt dazu, dass sie nicht mehr verstanden wird und dadurch die Zugänglichkeit zu Informationen für Bürgerinnen und Bürger nicht mehr existiert. Auf diese Weise wird quasi „undercover" gearbeitet, um leichter Macht ausüben zu können. Ich erinnere an den Satz des deutschen Schriftstellers Karl Dedecius: „Die Zunge reicht weiter als die Hand." Wir können uns daher die Sprache nicht ersparen.

Es gibt heute eine Fülle an Öffentlichkeiten, doch die Verantwortlichkeiten dafür sind nicht leicht zu klären. Vielfalt ist faszinierend, aber oft auch schwer zu bewältigen. Insbesondere unter dem Gesichtspunkt der Demokratie, die selbstver-

---

[9] In der niederländischen Stadt Den Haag ist der 1946 geschaffene Internationale Gerichts-hof der Vereinten Nationen (das Hauprechtsprechungsorgan nach Art. 92 der UN-Charta) angesiedelt. Ebenso in Den Haag ist der Sitz des Internationalen Strafgerichtshofes, ein unabhängiger, ständiger Gerichtshof zur Ahnung von Völkermord, Verbrechen gegen die Menschheit und Kriegsverbrechen. Er wird aktiv, wenn keine Strafverfolgung auf nationaler Ebene erfolgt. Seine rechtliche Grundlage ist das Römische Statut, das 1998 von der Diplomatischen Bevollmächtigungskonferenz der Vereinten Nationen verabschiedet wurde und am 1. Juli 2002 in Kraft trat.

[10] Der US-Amerikaner Edward Snowden war bis Mai 2013 für den US-Geheimdienst NSA tätig. 2013 machte er die breite Überwachungstätigkeit des Geheimdienstes insbesondere im Bereich der Telekommunikation (Internet und Telefon) öffentlich. Er wurde in den USA angeklagt und ist seitdem auf der Flucht. In Russland erhielt er eine Aufenthalts-genehmigung und lebt seitdem dort an einem geheimen Ort.

ständlich für ihre Entwicklung und Ausübung Zeit verlangt. Aber wie viel Zeit nehmen wir uns dafür? Es gibt Situationen, bei denen Bürger nicht mehr in der Lage sind, an Entscheidungen teilzunehmen. Es wird über ihren Kopf hinweg bestimmt, weil die Zugänglichkeit für sie nicht gegeben ist und sie daher die Entwicklungen weder verstehen noch daran teilnehmen können. Dieses Problem dynamisiert sich, wobei die Bereitschaft zur Lösung desselben nicht von der gleichen Dynamik begleitet wird, sondern eher zögerlich akzeptiert wird. Wir müssen damit rechnen, dass Bürger aus dem politischen System der Demokratie aussteigen, wie das heute schon im Wahlverhalten durch die steigende Zahl von Nichtwählern bemerkbar ist. Wenn aber Bürgersein heißt, sich in seine eigenen Angelegenheiten einzumischen, muss man dafür auch die Voraussetzungen schaffen, die einerseits eine entsprechende Bildung, andererseits eine Zugänglichkeit zur Information selber verlangen. Gibt es dazu heute eine hinreichende Auseinandersetzung? Wo bleibt die Phantasie der Wissenden, das zu ermöglichen? Oder sind auch die Wissenden interessiert, gar nicht so viele andere an den Entscheidungen zuzulassen, um damit mächtiger zu sein?

Krise heißt Anstrengung zur Bewältigung

Die Menschheit hat in ihrer Entwicklung viele Krisen bewältigt und immer genügend Phantasie gehabt, um neue Lösungen zu finden. Daran glaube ich auch heute. Doch es bedarf dabei eines anderen Zugangs. Die gegenwärtige Politik verfügt eine Verharmlosung der Probleme, wenn sie noch nicht so hart spürbar sind, wie das etwa durch Massenarbeitslosigkeit der Fall sein könnte. Es wird behauptet, dass wir eine „Wohlfühlgesellschaft" anstreben müssen – was mit Sicherheit mehr als problematisch ist. Wir können uns angesichts bestimmter Ereignisse (Kriege im Osten Europas, Leichen von Flüchtlingen im Mittelmeer, das Aufkommen von Radikalismen, etc.) eine solche Einstellung überhaupt nicht leisten. Vielmehr ist es notwendig, eine Unterscheidung der Geister vorzunehmen, wozu wir auch sicher in der Lage sind.

Hier ist der Begriff Krise und Kritik miteinander verbunden, wobei wir aus dem Bisherigen durchaus lernen können. Geschichte bedeutet gesammeltes Wissen, auch wie man mit Wettbewerb umgehen muss. Die österreichische Schriftstellerin Ingeborg Bachmann sagt, dass die Geschichte ein großer Lehrmeister sei, aber keine Schüler finde. Muss das wirklich so sein? Die Geschichte der Europäer nach 1945 ist ein Beispiel, dass man aus ihr gelernt hat. Dazu gehört auch Bildung, dieses zu vermitteln, was einen Lernvorgang bedeutet und mit den Wirklichkeiten unserer Zeit zu tun hat. Ein „Realitycheck" ist notwendig, nicht um die Dinge zu übergehen, sondern um sich hineinzustürzen.

Hier hat die Wissenschaft eine ganz wichtige Funktion. Mit Verwunderung habe ich ein Plakat vor der Universität Wien gelesen, auf dem anlässlich des 650-Jahr-Jubiläums im Jahr 2015 von der Funktion dieser Einrichtung gesagt wurde: „Wir stellen die Fragen." Ich würde eher meinen, dass ein Plakat mit dem Satz:

„Wir geben die Antworten" richtiger wäre. Denn das Einfordern von Antworten stellt eine ganz wesentliche Funktion dar, nicht nur für die Wissenschaft, auch für die Politik und für grundsätzliche Institutionen der Gesellschaft.

Es werden heute wieder Wertvorstellungen und Bindung verlangt. Hier muss man mehr als der Wissenschaft den Kirchen und Religionsgemeinschaften sagen, dass sie sich offensichtlich in der letzten Zeit vor dieser Verantwortung gedrückt haben.

Diese Ansprüche sollten auch für die Auswahl von Personen gelten – und für deren Qualität. Denn diese müssen die Faszination verspüren, auf solche Fragen zuzugehen und dazu Beiträge zu leisten. Das ist eine Dialogaufgabe, wobei Dialog nicht nur meint, dass hier ein netter Austausch von Meinungen oder die Akzeptanz der unterschiedlichen Meinungen stattfindet, sondern auch einen mühevollen Prozess der Unterscheidung, um die besten Lösungen zu finden.

Karl Kraus hat einmal gemeint, dass Österreich eine Versuchsstation für Weltuntergänge ist. Unsere Aufgabe ist es aber heute, ein Laboratorium für die Zukunft zu sein. Das ist allerdings den Schweiß der Edelsten wert!

Literatur

Brandstaller, Trautl und Busek, Erhard (2016): Republik im Umbruch – Eine Streitschrift in zehn Kapiteln. Wien: Kremayr & Scheriau.

Broda, Christian und Gratz, Leopold (1969): Für ein besseres Parlament - für eine funktionierende Demokratie : Vorschläge für den Ausbau unserer parlamentarischen Einrichtungen. Wien: Verl. d. Wiener Volksbuchhandlung.

Busek, Erhard (2014): Lebensbilder. Wien: Kremayr & Scheriau.

Busek, Erhard und Peterlik, Meinrad (Hrsg., 1969): Die unvollendete Republik. Wien: Verl. f. Geschichte u. Politik.

Busek, Erhard und Wilflinger, Gerhard (1969): Demokratiekritik - Demokratiereform. Wien : Selbstverl. d. Arbeitsgemeinschaft f. staatsbürgerliche Erziehung u. politische Bildung.

Busek, Erhard und Pelinka, Anton (2014): Unsere Zeit: Vorwärts gedacht. Rückwärts verstanden. Etsdorf am Kamp: Galila.

Diem, Peter und Neisser, Heinrich (1969): Zeit zur Reform : Parteireform, Parlamentsreform, Demokratiereform. Wien [u.a.]: Wedl.

Fischer, Heinz (1969): Zwischen Demokratie und Oligarchie.Kritische Anmerkungen zu Möglichkeiten der Parlaments- und Demokratiereform. In: Zukunft. - 1969, 19, S.11-17.

Junge Demokratien in Gefahr? Grenzen und Möglichkeiten der Demokratisierung und EU-Erweiterung in Südosteuropa

Vedran Dzihic

Zusammenfassung

In den letzten Jahren ist am Westbalkan deutlich geworden, dass die Prozesse der Demokratisierung und Europäisierung nicht zu automatischen und linearen Ergebnissen führen. Die Staaten des ehemaligen Jugoslawien haben noch keine genügende demokratische Stabilität erreicht, sind aber bereits mit Ermüdungs- und Krisenerscheinungen des Demokratischen und bisweilen mit neuen autoritären Tendenzen konfrontiert. Im folgenden Artikel wird neben allgemeinen Überlegungen zur Demokratieentwicklung und neuem Autoritarismus anhand einiger Illustrationen die derzeitige Situation am Balkan diskutiert. Eine zentrale Frage ist jene nach der Rolle der EU in Demokratisierungsprozessen am Balkan und den Folgen einer passiven und reaktiven Erweiterungspolitik.

Einleitung

Das Jahr 2015 und die erste Hälfte des Jahres 2016 scheinen am Balkan jene Zeit zu sein, in der man rund um die Jahrestage des Genozids in Srebrenica, der kroatischen militärischen Operation „Oluja" (Sturm), der Unterzeichnung des Dayton-Abkommens und letztlich auch im Zuge der neuen Konfliktformationen rund um die Flüchtlingsfrage (vor allem zwischen Serbien und Kroatien) erinnert wurde, wie präsent und zugleich umstritten die Vergangenheit in der Region einerseits ist und vor allem, wie labil die jungen Demokratien noch sind.

Anfang des Jahres 2015 erinnerten uns einige Ereignisse daran, mit welchen Problemen die Staaten des Westbalkans nach wie vor zu tun haben. Die Massen an Kosovaren, die ihr Land Richtung Ungarn und Westen verließen, zeigten einmal mehr, wie instabil die Lage in diesem jüngsten Staat Europas ist. Mazedonien beschäftigte in der ersten Hälfte des Jahres 2015 auch die internationalen Medien. Der autoritäre Kurs von Nikola Gruevski und seiner VMRO-DPMNE, massive Antiregierungsproteste sowie Eskalation der Gewalt Anfang Mai in der mazedoni-

schen Stadt Kumanovo[1] zeugen von einer akuten Krise in Mazedonien. Bosnien-
Herzegowina hat zwar eine neue Regierung bekommen und ein Reformpaket beschlossen, die ethno-nationalen Eliten scheinen aber auch heute noch (Herbst
2016) kaum am Gemeinwohl und echten Reformen sondern am Machterhalt und
der Realisierung partikularer Interessen interessiert zu sein. Serbiens Regierungs-
chef Aleksandra Vucic bemüht sich hingegen weiterhin in Reformrhetorik. An
der nationalen Front nehmen aber Bedenken wegen seiner allumfassenden Kontrolle der Gesellschaft zu.

Die letzten beiden Jahre rückten den Balkan in das Zentrum des europäischen
Interesses. Der Anlass war aber nicht, so wie einige nach dem Ende der Kriege der
1990er Jahre und der beginnenden Europäisierungsprozesse im Jahr 2000 gehofft
haben, der Eintritt neuer Staaten des Balkans in die EU. Ganz im Gegenteil, die
Flüchtlingskrise sowie der durch die schlechte wirtschaftliche und politische Situation verursachte anhaltend starke Migrationsdruck in allen Staaten des Balkans
machen zusammen mit (islamischen) Radikalisierungstendenzen die Region wieder einmal zu einem Krisenherd.

Der folgende Artikel basiert auf zwei Vorträgen, die im Rahmen des Globalisierungsforums an der Donau-Universität Krems abgehalten wurden. Er geht der
Frage nach, wie es um den Zustand der Demokratie in Staaten Südosteuropas
mehr als zwanzig Jahre nach dem Ende des Krieges in Bosnien und Herzegowina
bestellt ist. Betrachtet man die Entwicklungen in der Region in den Jahren 2015
und 2016 ließe sich die These formulieren, dass die Staaten des ehemaligen Jugoslawien noch keine genügende demokratische Stabilität erreicht haben, aber bereits mit Ermüdungs- und Krisenerscheinungen des Demokratischen und bisweilen
mit neuen autoritären Tendenzen konfrontiert sind. Sie scheinen in einer Krise der
demokratischen Legitimität und Funk-tionalität angekommen zu sein, ohne dass
die Demokratie jemals zu der absolut akzeptierten Norm in der Gesellschaft geworden ist („the only game in town"). Neben allgemeinen Überlegungen zur Demokratieentwicklung und neuem Autoritarismus wird anhand einiger Illustrationen die derzeitige Situation am Balkan umrissen. Es wird in diesem Kontext
durchaus auch um die Frage gehen, wie, auf welchen Wegen und mit welchen
Maßnahmen die EU-Integrationsprozesse der Staaten beschleunigt werden können, um damit der Region zu einer nachhaltigen Stabilisierung und Demokratisierung zu verhelfen.

---

[1]   Vgl. zu Mazedonien: Balkans in Europe Policy Advisory Group (2015): Unravelling the Political Crisis in Macedonia: Toward Resolution or Calm Before the Storm? Policy Brief
[online] http://www.suedosteuropa.uni-graz.at/biepag/node/158JUN.

Demokratie in der Krise –
Autoritäre Tendenzen im Aufkommen

Dass wir es in Südosteuropa mit einer neuen Schwäche der demokratischen Entwicklung zu tun haben, zeigt ein kurzer Blick in die üblichen Indizes zur Demo-
kratiemessung wie jene des Bertelsmann Transformation Index oder Nations in
Transit. So hat sich z. B. laut Nations in Transit die Gesamtpunkteanzahl der Länder in der Region im letzten Jahrzehnt nur geringfügig von 4.22 auf 4.07 verbessert.[2] Die Fragilität und Verletzlichkeit der Demokratien in Ost- und Südosteuropa hat auch die Titel der Berichte von Nations in Transit in den Jahren 2012
und 2013 geprägt. Im Jahr 2012 war der große Titel „Fragile Frontier. Democracy's growing vulnerability in Central and South Eastern Europe", und im Jahr
2013 hieß es im Titel „Authoritarian aggression and the pressures of austerity".
Die Beurteilung der Demokratien in Südosten Europas liest sich im Bericht des
Jahres 2012 sehr negativ:

> *„Stagnation and decline have (...) become apparent in the parts of South-
> eastern Europe that lie outside the EU. Albania, Bosnia and Herzegovina,
> Croatia, Kosovo, and Macedonia have all suffered decline in national demo-
> cratic governance over the past five years, driven in part by the overlap be-
> tween business and political interests and the nagging problem of organized
> crime.* "[3]

Der Tenor der Berichte für 2014, 2015 und 2016 ist ähnlich. Angesichts der jüngsten oben kurz skizzierten Entwicklungen am Balkan scheint sich dieser Trend zu
verfestigen. Die generellen systemischen Befunde des Nation in Transit-Berichts
decken sich mit Resultaten der Meinungsbefragungen in der Region und den Einschätzungen der Experten und Wissenschaftler, die immer öfters von einer Stagnation und sogar Regression der demokratischen Entwicklung und folglich von einer
akuten Krise der Demokratie im Südosten Europas sprechen.[4] Woran zeigt sich
diese Stagnation bzw. Regression im Konkreten, wo sind Ermüdungserscheinun-
gen der Demokratie bzw. autoritäre Tendenzen festzustellen? Meinungsumfragen
sowie Studien einheimischer Experten und Wissenschaftler belegen vielfach, dass
grundlegende demokratische Versprechen (wie Freiheit, Gleichheit, Rechtsstaatlichkeit oder Partizipation) aus Sicht der Bevölkerung nicht mehr oder nur man-
gelhaft eingelöst werden. Dies trifft insbesondere auf Partizipationsrechte zu. Man

---

[2] Freedom House, Nations in Transit 2012, S. 2-3.
[3] Freedom House, Nations in Transit 2012, 2013, 2014, S. 2-3.
[4] Siehe dazu: Bieber, Florian (2012): The Western Balkans are Dead – Long Live the Balkans!
    Democratization and the Limits of the EU, in: Vedran Dzihic/Dan Hamilton (ed.): Unfinished
    Business. The Western Balkans and the International Community, Brookings Institutions
    Press, D.C. CTR-Series, Washington D.C., S. 3-11; Dzihic, Vedran/Dieter Segert (2012):
    Lessons from "Post-Yugoslav" Democratization: Functional Problems of Stateness and the
    Limits of Democracy, in: East European Politics and Society, June, S. 239-253; Pesic, Vesna
    (2012): Divlje drustvo, Beograd.

kann auf Seite der Bürger eine immer geringere Partizipation am politischen Geschehen beobachten. Die Ursachen dafür sind die Abwendung von bzw. eine wachsende Skepsis gegenüber der Politik. Die neueste Umfrage des Regional Cooperation Council (RCC) bestätigt den Trend zu einem immer größeren Misstrauen in formale Institutionen und politische Repräsentanten der Demokratie. Sicherlich kommt dieses Misstrauen auch auf Grund des schlechten wirtschaftlichen und sozialen Outputs der Regierungen zustande.[5] Das Misstrauen und weitgehendes politisches Versagen der herrschenden politischen Eliten sind jedenfalls bestimmende Merkmale der Entwicklung in der Region in den letzten Jahren. Im Folgenden soll eine kleine Genese des Misstrauens und damit auch der Demokratieentwicklung am Balkan skizziert werden.

Vom Verlust des Vertrauens – Eine Spurensuche

Mit dem Ende der autoritären Regime der postsozialistischen Zeit Ende der 90er-Jahre und am Beginn des neuen Jahrtausends, in Bosnien-Herzegowina und im Kosovo mit dem Ende der jeweiligen Kriege und der Errichtung der Protektorate der internationalen Gemeinschaft, begannen am Balkan die demokratischen „Lehrjahre". Die ex-jugoslawischen Gesellschaften und ihre Bürger fanden sich auf der Demokratieschulbank wieder. Das didaktische Schulkonzept war zwar wie in modernen Schulen ein projektbezogenes – das Projekt lautete Demokratie – doch es gab einen großen Unterschied zu partizipativen, offenen Schulkonzepten: In den ex-jugoslawischen Staaten kam das alte Konzept des Frontalunterrichts zur Anwendung und der Lehrstoff wurde auf die schlichte Demokratiepromotion reduziert: Nur brav die einzelnen Aufgaben erfüllen, sich nicht zu viel auf einmal vornehmen – dann würde es schon werden mit Demokratie und Freiheit, lautete die Botschaft. Also: „Vertraut uns, und es wird schon gut werden."

Ein solches Unterrichtskonzept konnte nur in einem Umfeld umgesetzt werden, in dem die Erwartungen an die Demokratie überhöht und idealisiert wurden. Die leidgeprüfte Bevölkerung erwartete von der Demokratie zu viel. Sie wurde nach den Kriegen der 90-Jahre zu einer Art Wundertüte, aus der alles herausspringen sollte, was für ein normales Leben wichtig war: Arbeitsplätze, soziale und materielle Sicherheit, gute Ausbildungsmöglichkeiten, Integration in das große Europa.

Betrachten wir kurz diese Paradoxien des Zeitalters der demokratischen Transition am Beispiel Bosnien-Herzegowinas, mit Sicherheit das Land der größten Widersprüche in der Region, das durchaus paradigmatisch für die schleichende Erosion des Vertrauens steht. In Bosnien-Herzegowina war das interethnische Vertrauen in der bzw. aus der sozialistischen Zeit relativ stark. Würde man hier

---

[5] Vgl. hiezu die neuesten Daten der umfassenden Meinungsbefragung in allen Westbalkanstaaten, die vom Regional Cooperation Council (RCC) durchgeführt wurde. RCC: Balkan Barometer 2015. Public Opinion Survey, Sarajevo 2015.

das Vertrauen als eine relationale Beziehung beruhend auf Reziprozität betrachten und das Prinzip der Erfüllung der intensivsten und intimsten Form der Relationalität und der Reziprozität des Gebens und Nehmens in einer Intimbeziehung als Maßstab für die Tiefe des Vertrauens in einer Gesellschaft heranziehen, dann würde die in Bosnien-Herzegowina besonders große Anzahl der Mischehen das Bild des vorhandenen Ur-Vertrauens stärken.[6]

Mit dem Beginn der „demokratischen Transition" in Bosnien-Herzegowina verband man relativ schnell den Wunsch nach einer weiteren Öffnung der Gesellschaft mit dem Wunsch nach einer nationalen Selbsterfüllung. Bei den ersten Mehrparteienwahlen gewannen dann folglich jene national(istisch)en Parteien, die diese versprachen. Die Menschen vertrauten in einen neuen Nationalismus als Befreiungsbewegung des ausgehenden 20. Jahrhunderts. Der Traum von der demokratisch-nationalen Revolution endete jäh im Krieg der Jahre 1992 bis 1995. Bemerkenswert ist aber – und dies gehört wohl zu den vielfältigen Widersprüchen der bosnischen Gesellschaft – dass es am Vorabend des Krieges noch einen breiten zivilen Widerstand all jener oben erwähnten Menschen gab, die an das bosnische Ur-Vertrauen und das Bild des überethnischen Gemeinwesens glaubten. Die Antikriegsdemonstrationen dieser Zeit, die von vielen als naiv bezeichnet werden, waren ein lauter Ruf nach einer realen Demokratisierung der Gesellschaft jenseits der neuen Gräben, die von den Nationalisten gezogen wurden und mit denen der Demokratietraum vom Beginn der 1990er Jahre noch einmal nachhaltig zerstört wurde.[7]

Mit der mechanischen Zerstörung aller Ressourcen des Staates und wohl auch des historisch gewachsenen Kerns des bosnischen Gemeinwesens in den Kriegsjahren zwischen 1992 und 1995 etablierte sich das Ur-Mißtrauen als ein Kernelement der Daytoner-Ethnostaatlichkeit, gewissermaßen als „conditio sine qua non" der bosnischen Postkriegsstaatlichkeit. Der Schein der konstruierten „Natürlichkeit" des Ethnonationalen und damit einer ethnisch geprägten Post-Daytoner-Staatlichkeit im Laufe der Zeit seit 1995 wurde zur bosnischen Realität. Alle gegenteiligen und auf die Wiederbelebung der bosnischen Tradition des Zusammenlebens hindeutenden Tendenzen, die durchaus in Randöffentlichkeiten bzw. im einfachen tagtäglichen Umgang der Menschen miteinander zu sehen sind, wurden und werden durch politisch gesteuerte und durch ethnische Exklusivität geprägte Diskurse der Post-Daytoner-Politiker und Intellektuellen an den Rand gedrängt. Das gesamte Feld des Politischen wurde auf die Ethnopolitik reduziert, in der konstruktive Arrangements notwendig für die Prosperität eines Gemeinwesens konsequent verunmöglicht wurden und werden. Die Logik dahinter ist klar: „Ich kann nur dann gewinnen, wenn der andere verliert." Dies ist eine Logik des permanen-

---

[6] Vgl. Curak, Nerzuk (2007): (Post)Dayton Bosnia and Herzegovina: 21.11.1995-21.11.2006 /Eleven Years of a Divided Society and an Underdeveloped State, in: Forum Bosnae, 39/2007; Unity and Plurality in Europe, Part 2 (edited by Rusmir Mahmutčehajić), Sarajevo: S. 87-104; Dzihic, Vedran (2009): Ethnopolitik in Bosnien-Herzgowina – Staat und Gesellschaft in Krise, Baden-Baden.

[7] Vgl. Dzihic (2009).

ten Schürens der Ängste und der Erzeugung des Mißtrauens zwischen einzelnen bosnischen Völkern. Nur wenn man die „eigene" Bevölkerung dazu bringt, den anderen – Serben, Kroaten oder Bosniaken – nicht zu (ver)trauen, lässt sich das ethnopolitische Machtfeld am Leben erhalten und die Macht weiter akkumulieren.

Zu dieser Paradoxie gesellte sich von Beginn an das spezifische Projekt der internationalen Verwaltung Bosniens, in dem mittels Drücken der Demokratieschulbank diese an den bis gestern mit Waffen und heute mit Rhetorik und politischen Mitteln kämpfenden Schüler als neue Maxime weitervermittelt wurde. Die Rationalität der protektoraktsähnlichen Einführung der Demokratie von oben und entsprechend dem normativ geladenen Role-Modell des Westens sollte den Ersatz für all die Mängel der Daytoner Staatlichkeitskonstruktion sein. In Bosnien wurden größtmögliche Mittel zur Belehrung/Demokratisierung eingesetzt, es wurde nahezu alles an denkmöglichen Instrumentarien und Mechanismen – von direktem Interventionismus über Ownership bis hin zur demonstrativen und zum Teil auch zynischen Passivität – ausprobiert. Bosnien wurde somit zu einem zweifachen Experimentierfeld: Die Ethnopolitiker experimentierten erfolgreich mit der Instrumentalisierung des ethnischen Mißtrauens gegenüber den (ethnisch) anderen, währenddessen die „Internationals" mit oft zweifelhaften und nicht immer vertrauens(er)weckenden Methoden ein Transitionsvertrauen herstellen wollten. Das Ergebnis ist eine totale Erosion des Vertrauens und somit auch der Verlust nahezu jeglicher Kohäsion in der Gesellschaft. Das Land ist letztlich nicht zuletzt dadurch zum Symbolbild der permanenten Krise und einer dysfunktionalen Gesellschaft geworden.

Den Blick wieder von Bosnien auf die gesamte Region des Westbalkans ausweitend stellen wir fest, dass gerade in den letzten Jahren, die vom Beginn der Wirtschaftskrise und einer sehr langsamen bis kaum stattfindenden Erholung gekennzeichnet waren, eine weitere Erosion des Vertrauens stattgefunden hat. Abgesehen von all den negativen Folgen dieser krisenhaften Entwicklung auf den Fortschritt der politischen Reformen oder auf so wichtige Fragen wie jene nach dem Lebensstandard der Bevölkerung und ihrer sozialen Absicherung hat die Wirtschaftskrise wie unter einem Vergrößerungsglas all die Brüchigkeit des Demokratischen in der Region offengelegt. In der Brüchigkeit ist auch deutlich geworden, dass die Demokratiebegeisterung heute – wie bereits oben kurz ausgeführt – in vielen Staaten des Balkans gering ist und das Vertrauen in demokratische Institutionen und gewählte Volksvertreter im besten Fall enden wollend ist. Die Kluft zwischen Gewinnern und Verlierern der Transition, zwischen Armen und Reichen, klafft immer mehr auseinander. Staaten sind nicht in der Lage, ein ausreichendes Maß an sozialer Stabilität zu garantieren, man ist von der Idee der gerechten Umverteilung weit entfernt. So ist es nicht verwunderlich, dass politische Apathie und Politikverdrossenheit um sich greifen. Insgesamt scheinen wir an der Schwelle eines Zeitalters zu stehen, in dem die müde gewordene Demokratie nur mehr ein „only game in town" unter anderen ist. Ausgehend von Colin Crouchs Thesen zur Postdemokratie könnte man in Hinblick auf den Balkan von einem postdemokratischen Zustand vor der Demokratie sprechen.[8] Das labile demokratische Gleichgewicht, das in einigen Balkanstaaten bisweilen Früchte getragen hat, ist jedenfalls nicht abgesichert, an manchen Stellen sogar gefährdet.

Vertrauen ist vielerorts längst in Mißtrauen umgeschlagen, oder es konnte gar kein Vertrauen entstehen in den Transitionswirren der Jahre nach dem Krieg. Wenn man das Vertrauen als Grundkategorie des Demokratischen und das Mißtrauen als Kategorie des Autoritären auffasst, dann ist es klar, dass in einem Klima des zunehmenden Mißtrauens der demokratische Grundkonsens der Gesellschaft herausgefordert wird und dadurch gefährdet ist. In einem solchen Umfeld findet die ethnonationalistische Ideologie, die ja die Balkanbühne nie verlassen hat, weiterhin fruchtbaren Nährboden vor. Es ist nicht schwer, dies als bloße Machterhaltungsstrategie zu entlarven. Das Problem liegt aber darin, dass im ex-jugoslawischen Raum seit den 1990er Jahren ein Prozess der Retraditionalisierung und einer breiten kulturellen Kontamination stattgefunden hat, der sich in weiten Teilen des Balkans bis heute fortsetzt und dafür sorgt, dass nationalistische Denk- und Argumentationsmuster fortwirken können. Der Prozess der ethnonationalistisch gefärbten kulturellen Kontamination (im Jargon der Nationalisten auch „kulturelle bzw. nationale Befreiung" genannt) ist im gesamten ex-jugoslawischen Raum zum neuen Paradigma geworden. Dieser Prozess verknüpft sich vielfach und auf unterschiedlichste Arten mit dem Politischen. Die Durchdringung des Politischen mit den Gedanken der nationalen Exklusivität und Erhabenheit geschieht am deutlichsten über den Weg der Geschichtsschreibung bzw. der Fixierung und Affirmation einer jeweils vom ständig apostrophierten Anderen sich abgrenzenden Geschichte der eigenen Nation und Kultur. Dass die Politik längst in einem Akt der Retraditionalisierung eine unheilvolle Allianz mit der Religion eingegangen ist, die Religion wiederum die Politik zur Rückkehr in die Mitte der Gesellschaft instrumentalisiert hat, ist ein weiterer begünstigender Faktor für die Vertiefung der ethnonationalen Kontamination der Kultur, ja ganzer Gesellschaften. Was dem Ethnonationalismus letztlich so viel realpolitische Macht und Gefährlichkeit verleiht, ist sein letztlich profaner Charakter. Ethnonationalistische Agitation am Balkan ist stets mit realen Interessen verknüpft – Nationalismus ist schlicht jener Deckmantel, mit dem die durchaus einfachen, niedrigen Interessen materieller Art befriedigt werden können. Dass ein solcher Ethnonationalismus dem demokratischen Grundgedanken widerspricht, liegt hier auf der Hand.

Wiederkehr des autoritären Herrschens

Von diesen kritischen Einschätzungen der Krise des Vertrauens und des Zustands der Demokratie in der Region ausgehend können wir sehr schnell die Brücke zur Frage der Herrschaftsausübung in der Region spannen. Hier haben wir es in den letzten Jahren – wie oben durch die Befunde von Nations in Transit angedeutet –

---

[8] Vgl. Dzihic (2009).

mit einer Rückkehr zu eingeübten Herrschaftstechniken der Elitenherrschaft oder mit zunehmenden Tendenzen und Praktiken des autoritären Regierens zu tun.[9] Die Politiker begegnen der wachsenden Entfremdung zwischen sich und der Wählerschaft mit den bekannten Konzepten einer sozialen und nationalen populistischen Mobilisierung, die auf Seiten der Wählerschaft durchaus nachgefragt wird. Den unterschwelligen Ängsten in der Wählerschaft wird durch Teile der politischen Klasse mit einem Versprechen nationalistischer und autoritärer Politik auf Sicherheit geantwortet.[10]

Generell gesprochen ging man bisher in der Demokratisierungsforschung davon aus, dass sich die neuen Demokratien und hier auch die Staaten des Westbalkans (trotz der Verspätung durch die Kriege der 1990er Jahre) mehr oder weniger schnell (bzw. langsam) den bekannten stabilen, älteren westlichen Demokratien anpassen werden. Diese klassischen Annahmen der Transformationsforschung wurden aber in den letzten Jahren deutlicher Kritik unterzogen und vielfach revidiert. Der Blick auf die Region des Westbalkans scheint diese Revision zu rechtfertigen.

Die Funktionsschwäche der Demokratien am Westbalkan kann als ein weiterer Beleg für jene, inzwischen in der Literatur allgemein verbreitete Erkenntnis begriffen werden, dass es keinen linearen Weg zur Demokratie gibt, dass mit Demokratisierungsbemühungen („transition to democracy") auch immer Entwicklungen in entgegengesetzte Richtung („transition from democracy") einhergehen. Charley Tilly sprach bereits in den frühen 2000er Jahren von Prozessen der „De-Demokratisierung", die demokratischen Systemen immanent zu sein scheinen.[11] Es wurde deutlich, dass die liberale Demokratie keinen zwangsläufigen Abschluss der Transformation darstellt. Es gibt keinen Demokratieautomatismus, sondern eine starke Ergebnisoffenheit der Transformationsprozesse sowie eine enorme Breite und Divergenz politischer Systeme.

Welche Annahmen der Transformationsforschung müssen am Beispiel des Westbalkans revidiert oder zumindest hinterfragt werden? Zuallererst ist es die Annahme der westlichen Demokratien als ein starkes Role-Modell. Das westliche normative Modell hat in den letzten Jahren viel an seiner ursprünglichen Glaubwürdigkeit und Anziehungskraft eingebüßt, nicht zuletzt auch durch und in der Krise der EU in den letzten Jahren. Eine weitere wichtige Erkenntnis bezieht sich auf die Bedeutung von Wahlen für Demokratieentwicklung. Freie und fair durchgeführte Wahlen sind zwar eine notwendige, aber keinesfalls hinreichende Bedin-

---

[9]   Vgl. Curak, Nerzuk (2010): Izvještaj iz periferne zemlje. Gramatika geopolitike, Sarajevo.
[10] Siehe beispielsweise: Horvat, Vedran (2012): NGOs and Social Movements in Croatian Civil Society: Converging or Colliding?, in: Dzihic, Vedran/Hamilton, Dan (ed.): Unfinished Business. The Western Balkans and the International Community, Brookings Institutions Press, D.C. CTR-Series, Washington D.C., S. 211-221; Pesic, Vesna (2012): Divlje drustvo, Beograd.
[11] Tilly, Charles (2007): Democracy, Cambridge University Press, siehe auch Puddington, Arch, 2010. The Freedom House Survey for 2009: The Erosion Accelerates, in: Journal of Democracy, April 2010, 21/2.

gung der liberalen Demokratien. Die Reduktion des Demokratiebegriffs auf einen reinen Elektoralismus führt zu erheblichen Problemen und Fehleinschätzung und trägt zum Teil auch dazu bei, dass weitere notwendige Bedingungen einer lebensfähigen Demokratie wie die aktive Partizipation der Bürger oder die Funktionsfähigkeit des Staates aus dem Blickwinkel verschwinden. Bosnien ist hier sicherlich ein gutes Beispiel – trotz der seit Dayton ständig wiederholten Wahlen ist weder die Funktionalität des Regimes noch die reale Partizipation der Menschen erhöht worden. Ganz im Gegenteil, in den Wahlen werden immer wieder dieselben politischen Eliten bestätigt, was zum Zustand der Unreformierbarkeit des Regimes führt. Letztlich hat sich auch die Erkenntnis der Transitionsforschung, dass Nationalismus bzw. nationale (homogenisierende) Einigungsbewegungen als Vehikel für die Demokratie dienen können, am Balkan als irreführend erwiesen. Wie die Beispiele aller Staaten am Westbalkan zeigen, ist die Nation weiterhin der zentrale Inklusionsrahmen in diesen „jungen Demokratien".[12]

Angesichts all dieser Befunde ließe sich die eingangs erwähnte These weiter ausbauen und behaupten, dass die Situation in einigen Staaten des Westbalkans die Schlussfolgerung zulässt, dass wir es auch in Südosteuropa mit der Entwicklung von neuen Formen von Grauzonenregimen zwischen Demokratie und Autoritarismus zu tun haben. Dazu Krastev: „A rigid distinction between democracy and authoritarianism creates a big trap – namely, that everything which is not democratic must be authoritarian, and that any time an authoritarian regime is toppled, what must follow it is democracy. For better or worse, most political action takes place in a gray no-man's-land between democracy and authoritarianism."[13]

Die Grauzonenregime generieren ihre Legitimität mittels einer Mischung aus demokratischen und autoritären Elementen, mit Techniken der Anpassung und der geschickten Kommunikation und dem selektiven Bedienen von wirtschaftlichen und sozioökonomischen Interessen basierend auf der Logik des globalen Kapitalismus.

Wie funktionieren Grauzonenregime bzw. was sind Elemente dieser Regime, die man sich bei einer empirischen Betrachtung der Entwicklungen in der Region ansehen soll?[14] Zunächst geben solche Systeme und ihre Repräsentanten den Anschein von verwirklichter Demokratie und Rechtsstaatlichkeit. Sie berufen sich auf Demokratie und Herrschaft des Rechts auf einer deklarativen und rhetorischen Ebene, untergraben jedoch beides durch die Praxis. Dies äußert sich zunächst einmal (1) auf der Ebene der Partizipation, wo Wahlen entweder leicht bis stark

---

[12] Vgl. dazu: Merkel, Wolfgang (2010): Systemtransformation. Eine Einführung in die Theorie und Empirie der Transformationsforschung, in: PVS 48, S. 413-433.

[13] Krastev, Ivan (2011): Paradoxes of New Authoritarianism, in: Journal of Democracy Volume 22, Number 2 April 2011, S. 199.

[14] Vgl. dazu: Levitsky, Steven and Way, Lucian (2002): The Rise of Competitive Authoritarianism, in: Journal of Democracy 13 (2), S. 51-65; Gerschewski, Johannes (2013): The three pillars of stability: legitimation, repression, and co-optation in autocratic regimes, in: Democratization, 20 (1), S. 13-38; Holger, Albrecht/ Frankeberger, Rolf (2011): Autoritäre Regime, Schwalbach.

manipuliert werden, die Medien für politische Instrumentalisierung und Wahlwer-
bung schamlos benutzt werden, bestimmte Gruppen stark favorisiert werden etc.
(2) Die versuchte oder tatsächlich erfolgte Kontrolle der Medien und Versuche,
durch Gesetzgebung Rahmenbedingungen zu schaffen, die freie Meinungsäuße-
rung begrenzen, bilden ein zweites Element dieser neuen Regimeform. (3) De jure
sind Gerichte unabhängig, de facto politisch oder von der Exekutive stark kontrolliert. (4) Regierungen haben zwar alle Vollmachten zur Ausübung der Herrschaft,
aber zahlreiche nicht-legitimierte Akteure wie wirtschaftliche Oligarchen und Unternehmen, religiöse Führer oder andere klientelistische Gruppen beanspruchen
die Kontrolle bestimmter Politikdomäne für sich. (5) Oft werden ethnische oder
nationale Fragen bzw. Fragen des Territoriums und nationaler Souveränität als
„scapegoat" verwendet, um Wähler zu mobilisieren oder von eigenen auf Realisierung von Partikularinteressen basierenden Praktiken abzulenken. (6) Es stellt sich
natürlich die Frage, wie stark und stabil die Legitimität solcher Regime ist, vor allem aus der Perspektive der Bürger, auf deren Unterstützung diese Grauzonenregime dennoch zentral aufbauen müssen, um ihre demokratische Glaubwürdigkeit
nicht völlig aufs Spiel zu setzen. Diesem Streben sind jedoch Grenzen gesetzt:
Laut Merkel erfahren die Bürger „die Diskrepanz von formalem Geltungsanspruch
der Normen und der politischen Wirklichkeit", was sich „delegitimierend auf die
gesamte politische Ordnung auswirkt".[15] Dies ist sicherlich jenes Element, das
auch zu den unterschiedlichen Formen des Protests am Westbalkan geführt hat.
Das beste Beispiel sind die Proteste in Bosnien im Februar 2014 und die massiven
Proteste mazedonischer Bürger in den letzten beiden Jahren, von denen man mit
Recht behaupten kann, dass es gerade die deutliche Diskrepanz zwischen formaler
Politik und ihrem Geltungsanspruch und der Wahrnehmung der Politik durch Bür-
ger war, die zu diesen Protesten geführt hat.

Die EU als wankendes Role-Model –
Versuche des europäischen Entgegensteuerns

Von diesen Überlegungen zur Schwäche der Demokratie bzw. zum neuen Autoritarismus möchte ich den Bogen zur Frage spannen, ob und wie man all diesen Kri-
senentwicklungen beikommen kann. Hier drängt sich natürlich sofort die Frage
auf, wie jene Instanz, die von vielen Menschen als Hoffnung auf eine normale und
bessere Zukunft und als Demokratievorbild angesehen wurde, nämlich die EU,
diesen Entwicklungen entgegensteuern kann.

Die These lautet hier, dass die Menschen in der Region die EU stets vor allem
auch als Hoffnung auf Verbesserung ihrer unmittelbaren Lebensbedingungen betrachtet haben, also als sozioökonomisches Role-Model. Die realen Lebensbedingungen sind in der Region schon seit Jahren und überaus deutlich seit dem Beginn
der globalen und europäischen Wirtschaftskrise alles andere als günstig. Hohe Ar-

---

[15] Merkel 2010, S. 22.

beitslosenzahlen, ineffiziente und überdimensionierte Verwaltungsapparate, schlechte soziale Netze, große Budgetdefizite, Lust der jungen Leute auf Auswanderung – die Liste der Probleme ist groß. Die wirtschaftliche und soziale Misere dauert nun schon einige Jahre. Die Aussichten auf wirtschaftliche Erholung sind aus heutiger Sicht eher mager und unsicher. Die Menschen verlieren in diesem Prozess die Geduld und die Lebenskraft – Apathie ist die eine Folge, Denken und Planen von Emigration und Flucht aus der Region die zweite. Eine Folge davon ist jene Krise des Vertrauens, die wir bereits ausführlich diskutiert haben. Diese Krise des Vertrauens, und das ist hier ein neues Element, betrifft nicht nur die Institutionen des Staates und gewählte Politiker. Sie ist auch eine Krise des Vorbilds der EU. Die EU war und ist weiterhin für viele vor allem die Verheißung eines besseren Lebens, des Wohlstandes. Nun steigt die Skepsis, dass die EU dieses bieten kann. Vor allem aber ist die reale Wartezeit auf einen möglichen und keinesfalls sicheren EU-Beitritt fast schon im Bereich der Generationen. Nach 15 Jahren der EU-Annäherung liegen für Menschen im mittleren Alter in Bosnien, Kosovo oder in Mazedonien die möglichen Beitrittsdaten fast schon außerhalb ihrer eigenen Lebensspanne. So ist die Tendenz bei den Zustimmungsraten zur EU sinkend. Es gibt auch immer mehr Menschen, die den Weg in die EU als unumstößliches Ziel in Frage stellen. Und viele stellen sich die Frage, warum es bei einem möglichen Beitritt in ferner Zukunft ihren Ländern besser als anderen Krisenländern in der Union gehen soll. Noch unterstützt die Mehrheit der Menschen den Weg in Richtung EU, man darf das Vertrauen jedoch nicht weiter aufs Spiel setzen.

Dass die EU – wie oben postuliert – als Role-Model etwas an Strahlkraft eingebüßt hat, liegt sicherlich auch an der Politik der EU gegenüber der Region. Die EU hat lange Zeit – eigentlich bis heute – zu viele Kompromisse mit den herrschenden Eliten gemacht, um die Sicherheit und Stabilität der Region zu wahren. Man wählte stets den konservativen Weg und war im Zweifelsfall immer bei den Herrschenden. Oft kompromittierte man damit den EU-Integrationsprozess, sich selbst und letztlich auch die Werte der Demokratie. Die EU betrieb und betreibt in Bezug auf den Balkan schon seit einiger Zeit ein technokratisches „business as usual" – ein wenig Reformen, da und dort Druck, gebetsmühlenartiges Wiederholen der Hausaufgaben, die die Staaten zu erledigen haben, und das immer leiser ausgesprochene Versprechen, dass die Zukunft des Balkans in der EU liegt. Dieses „business as usual" hat in der Region zu einem spiegelbildartigen Prozess geführt, wo die alten Eliten in der Macht ebenfalls ein solches Spiel betreiben – sie versprechen Reformen, setzen da und dort welche um, aber nie zu viele; sprechen von Demokratie und ruinieren sie oft durch ihr Handeln; kümmern sich im Grunde in der Regel nur um den Machterhalt und sich selbst. Solch ein doppeltes „business as usual" ist gefährlich. Stillstand – siehe Mazedonien, die Massenemigration aus dem Kosovo zu Beginn des Jahres 2015, die Ereignisse in der Flüchtlingskrise 2015 oder die Zuspitzung der Situation in Bosnien im Herbst 2016 rund um das Referendum in der Republika Srpska, die allesamt in sich ein hohes Destabilisierungspotential für die Region bergen – kann sich schnell in einen Bumerang verwandeln, welcher das Potential hat, der EU mitten ins Gesicht zu fliegen.

Mit diesen neuen Gefahren kommen wir noch einmal zur EU und zur Frage, mit welchen Mitteln und auf welchen Wegen derzeit versucht wird, der Krise am Balkan entgegenzusteuern. Hier ist sicherlich der im August 2014 von der deutschen Kanzlerin Angela Merkel ins Leben gerufene Berlin-Prozess zu einem zentralen Mechanismus der europäischen Politik für den Balkan geworden. Dieser Prozess ist wichtig, weil sich dadurch Deutschland, Österreich und im Juli 2016 auch Frankreich als Gipfelveranstalter der Balkanregion und damit auch dem Thema der Erweiterung widmen. Dies ist auch wichtig angesichts der doch ziemlich starken Lethargie innerhalb der EU in Bezug auf die Erweiterung, die im Grunde genommen kaum jemand wirklich will. Damit der Berlin-Prozess an Bedeutung gewinnt, war es notwendig, dass beim Pariser-Gipfel Vereinbarungen aus Wien konkretisiert und umgesetzt werden. Inhaltlich geht es dabei vor allem um Infrastruktur, bilaterale Streitigkeiten zwischen den Staaten, den Jugendaustausch und die Zivilgesellschaft.

Das große Mantra des Berlin-Prozesses, der in Wien von der Flüchtlingskrise überschattet wurde, ist weiterhin die wirtschaftliche Erholung und Entwicklung der Region. Das ist gut und wichtig, allerdings darf der Fokus auf die Wirtschaft nicht von fundamentalen politischen Problemen ablenken, mit denen die Region weiterhin kämpft. Mazedonien ist explosionsartig geladen. Die Vermittlungsversuche seitens der EU und ihres Kommissars, Johannes Hahn, haben sich als sehr schwierig erwiesen. Die Ereignisse in der ersten Hälfte des Jahres 2016 mit massiven Protesten auf den Strassen Mazedoniens und keiner Lösung der politischen Krise in Sicht zeigen, wie fragil Mazedonien derzeit ist. Bosnien ist trotz eines neuen deklarativen Reformpragmatismus der zentralstaatlichen Regierung und des Beschlusses des neuen Arbeitsgesetzes weiterhin in einer tiefen und anhaltenden Krise. Der Präsident der Republika Srpska, Milorad Dodik, spielt mit Referendumsdrohungen weiterhin seine übliche ethnopolitische Rhetorikkarte aus, während die Menschen unter katastrophalen sozioökonomischen Lebensbedingungen stöhnen. Im Dialog zwischen Belgrad und Kosovo konnte man zwar mit dem in Brüssel im August 2015 unterzeichneten Abkommen einen Schritt vorwärts machen, die Implementierung desselben kam jedoch nur wenig voran und verspricht auch in der Zukunft sehr langwierig und konfliktreich zu werden. Spannungen zwischen Zagreb und Belgrad sind nach den Feierlichkeiten rund um „Oluja", dem „Handelskrieg" rund um die Flüchtlingsfrage im September 2015 und den Urteilen des UN-Tribunals für Kriegsverbrechen im ehemaligen Yugoslawien gegen den Serben Vojislav Seselj im Frühjahr 2016 nicht nur spürbar geworden, sondern haben sich ausgeweitet und waren im Sommer 2016 nahezu eskalierend und bisweilen gefährlich. Der Berlin-Prozess und insbesondere das Gipfeltreffen in Paris im Juli 2016 hatten vor, sich dieser politischen Probleme offensiv anzunehmen, allerdings war gerade das Gipfeltreffen in Paris nach übereinstimmender Meinung von Experten eher „lauwarm". Soll der Berlin-Prozess im Jahr 2017 wieder relevant werden, darf er nicht als Feigenblatt für das allgemeine Desinteresse der EU und vieler Mitgliedsstaaten an der Erweiterung und der Region des Balkans dienen, sondern muss spätestens in Rom, wo das Gipfeltreffen im Jahr 2017 stattfinden wird, mit konkreten und mutigeren Schritten vorwärts beweisen, dass der Erweiterungsprozess offensiver als bisher fortgesetzt und betrieben werden soll.[16]

Unabhängig vom Verlauf des Berlin-Prozesses ist wohl klar, dass die notwendige Wende in der passiven Erweiterungspolitik der EU bislang nicht eingeleitet worden ist. Strukturell ist die EU genauso aufgestellt wie vorher, die Mechanismen sind weiterhin dieselben. Mit dem Brexit ist es noch schwieriger geworden, für die Erweiterung der EU offensiver einzutreten. Wenn man von einer Wende sprechen kann, dann gibt es eine, die sich aus neuen Ängsten der EU und einiger Mitgliedstaaten (und hier gehören sicherlich Deutschland und Österreich dazu) in Bezug auf den Balkan speist. Man könnte diese Angst als eine vor dem „unvollendeten Geschäft" und vor neuen Unsicherheiten am Balkan beschreiben, die durch die Relevanz der Westbalkanroute in der Flüchtlingskrise und die zunehmenden Berichte über islamische Radikalisierung am Balkan nur verstärkt wurden. Derzeit ist neben anderen Interessen vor allem die Angst jene treibende Kraft, die zwangsläufig zu mehr Aufmerksamkeit für die Region führt. Konkret geht es um die Angst vor den Asylanten aus der Region, die derzeit vor allem Deutschland, aber auch einige andere Staaten überschwemmen. Dazu kommt die Angst vor dem Erstarken des russischen Einflusses am Balkan, hier durchaus mit dem Bewusstsein, dass jegliche Schwäche der EU von Wladimir Putin auch an der Nebenfront Balkan für eine Ohrfeige Richtung EU genutzt werden wird. Und last but not least ist es das Gespenst des radikalen Islam und der möglichen Stärkung des Einflusses des Islamischen Staates am Balkan, das den europäischen Verantwortlichen das Blut in den Adern gefrieren lässt. Ob das durch diese Ängste bedingte Engagement tatsächlich zu einer Wende in der EU-Politik gegenüber dem Balkan führen können wird, wird man spätestens 2017 beurteilen können.

Was man aber auf der europäischen Ebene seit dem Beginn des Berliner-Prozesses eindeutig sehen kann, ist eine immer stärkere und zuweilen sehr dominante Rolle Deutschlands in der Westbalkan-Politik. Deutschland und hier vor allem Kanzlerin Angela Merkel wollen demonstrieren, dass man das begonnene Geschäft der nachhaltigen Befriedung des Balkans federführend vorantreiben und irgendwann abschließen will. Letztlich ist die Region des Westbalkans jene, wo man im Kleinen (alle Staaten zusammen haben nur 18,5 Millionen Einwohner) in einer Nachbarschaftsregion der EU die eigene Funktionalität unter Beweis stellen kann. Wenn es hier nicht gelingt, dann wird die EU ihrer Rolle in anderen Krisengebieten der Welt nie gerecht werden können.[17]

---

[16] Vgl. Dzihic, Vedran (2013): Grenzen der Erweiterung – gegenwärtige und zukünftige Perspektiven des europäischen Erweiterungsprojekts am Westbalkan, Wiener Blätter zur Friedensforschung, Juli, 2/2013, S. 31-44.

[17] Dzihic, Vedran (2015): Die Stärkung der politischen Union ist der sicherste Weg zur Revitalisierung Europa, Interview in Novi List, 19.7.2015.

Wider das Autoritäre –
Emanzipatorische Energien der Zivilgesellschaft als
Nukleus einer besseren demokratischen Zukunft für die Region

Angesichts der bisherigen Befunde stellt sich die Frage, ob und in welchen Bereichen auch Hoffnung auf eine stabilere demokratische Entwicklung geschöpft werden kann. Die sozialen Protestformen, deren Zeugen wir in den letzten Jahren am Balkan geworden sind, sind aus meiner Sicht die wichtigste demokratiepolitische Entwicklung in der Region in den letzten zwei Jahrzehnten. Dass in vielen Staaten der Region den unverantwortlichen Politikern lautstark mitgeteilt wird, dass man politische Missstände nicht mehr dulden wird, dass man gegen elitendominierte und korrupte formaldemokratische Regime auf die Straße geht und zahlreiche Missstände beim Namen nennt und dagegen ankämpft, ist ein Teil des Erwachsenwerdens und der Emanzipation der Gesellschaften. Dass man die in der Regel nicht selbst verschuldete soziale Misere nicht mehr einfach akzeptieren will, gehört auch zum Prozess der demokratiepolitischen Emanzipation.

Der Balkan durchläuft – wie oben ausgeführt – einen langwierigen Prozess der gesellschaftlichen Demokratiewerdung, der nicht geradlinig verläuft, immer wieder Rückschläge in autoritärer Form inkludiert und ergebnisoffen verläuft. Umso mehr sind auch die derzeitigen Protestformen noch, gesamtgesellschaftlich betrachtet, zarte Pflänzchen, die aber – da bin ich mir sicher – an Bedeutung gewinnen werden. Sie werden an Bedeutung gewinnen, weil sie sich als Alternative zum derzeitigen politischen Alltagsprogramm präsentieren. Die Protestversammlungen in Bosnien z. B. haben von Februar bis Sommer 2014 mehr an konkreten Reformvorschlägen und konstruktiven Ideen für ein besseres Bosnien geliefert als alle Regierungen seit Dayton bis heute. Dasselbe gilt für die sogenannte „Bunte Revolution" in Mazedonien im Jahr 2016. Die neuen sozialen Bewegungen werden aber gerade wegen des Anbietens von Alternativen mit aller Kraft vom politischen Establishment bekämpft. Vorbilder in autoritären Herrschern wie Wladimir Putin oder Tayyip Erdogan gibt es genug. Diese kennen nur die Kraft der Repression, der Polizei und der symbolträchtigen Wasserwerfer. Und wenn der vorläufig zurückgetretene mazedonische Premierminister Nikola Gruevski in Skopje die Polizei mit Gewalt gegen Demonstranten vorgehen ließ, dann ist dies nichts anderes als eine autoritäre Reaktion auf eine Bewegung, die den Kern des Regimes kritisch trifft. Natürlich gibt es innerhalb der Bewegungen widersprüchliche Interessen, natürlich gibt es auch zwischen unterschiedlichen Gruppierungen Widerstreit und Kampf, viele lassen sich einschüchtern, die Regierungen sitzen in der Regel Proteste (noch) aus – all dies sind Probleme in Gesellschaften, die bislang nur in Hierarchien dachten und Unterwerfung praktizierten, jegliche Kritik und vor allem Proteste stets marginalisierten und unterdrückten. Bosnien 2014 und Skopje 2015 und 2016 sind vermutlich nur der Beginn des kritischen Hinterfragens und Herausforderns der schlechten Politiken am Balkan, die am Ende zu mehr Freiheit und einem besseren Leben in der Region führen können.

Eine Miniatur anstelle der Conclusio

Demokratie am Balkan wurde in den mehr als zwanzig Jahren der demokratischen Transition zu einem leeren Signifikanten: Sie war ein Synonym für den siegreichen Westen, die triumphierenden Vereinigten Staaten, den freien Markt und den unverfälschten Wettbewerb und wurde im Laufe des Transitionszeitalters zu etwas Diffusem, das nicht mehr bedingungslos wert ist, mit Vertrauen beschenkt zu werden. Durch die Weltwirtschaftskrise und die damit verbundene Krise des Kapitalismus ist der Welt ein Teil der (kapitalistischen) Zukunft abhanden gekommen. Für viele Menschen am Balkan ist die Zukunft zu einer Projektionsfläche für enttäuschte Hoffnungen der Jetztzeit geworden. Angesicht der Misere der vergangenen beiden Jahrzehnte und der Krise der Gegenwart ist das Vertrauen – oder besser der Glauben – in die Möglichkeiten einer gerechten Gesellschaft heute und morgen der Skepsis und dem Mißtrauen gewichen. Wo Mißtrauen zur politischen Kategorie wird, wird die Gesellschaft zu einer Gesellschaft ohne Zukunft, zu einer amorphen Masse, die vegetiert aber nicht gestaltet, die reagiert und nicht agiert.

Was brauchen wir? Wir brauchen vor allem die Zweifler, die aktiven, tätigen Zweifler, die den Wahnsinn dieser permanenten postsozialistischen Gegenwart mit ihrem Zweifel herausfordern und das Vertrauen revitalisieren können. Langsam wurden sie in den letzten beiden Jahren wach, fanden in den Protesten die Bühne für die Verbreitung ihres Zweifels an der Echtheit einer scheindemokratischen transitorischen Glückseligkeit der Wenigen. Sie werden zu den Vielen, die einander in der amorphen Masse der Protestbewegungen vertrauen und damit den Glauben an eine andere Zukunft redefinieren.

Beyond Social Movements –
Was wurde aus den Gezi Protesten?

Cengiz Günay

Zusammenfassung

Die Gezi Proteste im Frühsommer 2013 stellten die größte Protestbewegung in der jüngeren türkischen Geschichte dar. Die Bewegung war eine Reaktion auf die wachsende Verengung des demokratischen Spielraums und Einmischungen durch Premier Erdogan in Fragen des privaten Lebensstils. Slogans von Freiheit und Selbstbestimmung konnten Menschen aus den unterschiedlichsten ideologischen Richtungen im Protest gegen den Autoritarismus und eine planlose Gentrifizierung vereinen. Während die ideologische Vielfalt unterschiedliche gesellschaftliche Gruppen gegen die AKP mobilisieren konnte, erwies sich diese Vielfalt als eine Schwäche als es um die Transformierung in eine nachhaltige politische Bewegung ging. Der Artikel setzt sich mit den strukturellen Hintergründen der Gezi Bewegung auseinander, beleuchtet das Framing, durch das unterschiedliche Menschen mobilisiert werden konnten und analysiert die Folgen für die Türkei und die Beziehungen mit der EU.

Einleitung

Der 27. Mai 2013, gilt als Beginn der größten Protestwelle, die die Türkei bislang gesehen hat: Die sogenannten Gezi-Proteste. Die Protestbewegung entzündete sich zunächst an der Frage der Wiedererrichtung eines Kasernenbaus am Taksim Platz in Istanbul, bzw. der Opferung des Gezi-Parks, an dessen Stelle der Bau errichtet werden sollte. Eine relativ kleine Zahl an UmweltaktivistInnen, die Unterstützung von Personen aus der unmittelbaren Nachbarschaft des Parks erhielten, protestierten gegen die Rodung der Bäume in einer der wenigen verbliebenen öffentlich zugänglichen Grünzonen im Istanbuler Stadtgebiet.

Um den Beginn der Bauarbeiten zu verhindern stellten sich AktivistInnen den Baugeräten in den Weg. Die zu Beginn relativ kleine Protestbewegung wurde mit einem brutalen Polizeieinsatz bekämpft. Premierminister Tayyip Erdogan kündigte an, nicht vom Plan abweichen zu wollen. Die Wucht der Polizeigewalt bzw. Erdogans harte Rhetorik führten zu einer Welle der Empörung und Solidarität. Vor allem der unverhältnismäßige Einsatz von Polizeigewalt gilt als wichtigster Auslöser für die Massenproteste. In Reaktion darauf solidarisierten sich junge Menschen nicht nur in Istanbul, sondern auch in Ankara und Izmir mit den AktivistInnen vom Gezi Park. Sukzessive sollte die Protestbewegung über das ganze

Land verbreitet Städte erfassen. Aus einer lokalen Umweltbewegung entstand in kürzester Zeit eine breitgefächerte anti-Regierungsbewegung, die die Verengungen der türkischen Demokratie zum Ausdruck brachte und sich zu einem Auffangbecken für die Frustrationen weiter gesellschaftlicher Gruppen über ihre Marginalisierung und Entmündigung entwickelte.

Aufgrund der vielfältigen Themen, die die Protestierenden aufgriffen und der Diversität der Akteure, die sich an den Gezi Protesten im Mai/Juni 2013 beteiligten, können diese nicht einfach als eine Jugendbewegung oder der Aufstand des säkularen Sektors der Gesellschaft gegen die islamistische AKP gewertet werden, vielmehr waren sie Ausdruck der Krise der türkischen Demokratie, die sich in weiterer Folge noch weiter vertiefen sollte.

Im Folgenden zeichnet der Artikel anhand der zentralen Elemente der Social Movement Theorie (Opportunity Structures, Framing, Mobilisierung) die Entwicklung der Gezi Bewegung, bzw. die Bedingungen, die sie hervorbrachten bzw. nicht dazu führten, dass sich daraus eine längerfristige Soziale Bewegung entwickeln konnte, nach.

Opportunity Structures

Nach ihrem fulminanten Wahlsieg im Jahr 2002, bei dem das gesamte politische Establishment der 1990er Jahre hinweggefegt wurde, führte die AKP (Partei für Gerechtigkeit und Entwicklung) in der Alleinregierung die Reformen, die angesichts des EU-Beitrittsprozesses von der Vorgängerregierung eingeleitet worden waren, fort. Die AKP profilierte sich in ihrer ersten Legislaturperiode als eine Reformpartei. Die weitreichenden Reformen wie z.B. die endgültige Abschaffung der Todesstrafe, mehrere Verfassungsreformen, ein neues Zivilrecht, sowie spürbare Verbesserungen im Bereich der Menschen- und Bürgerrechte, die Aufhebung vieler Verbote bezüglich der Verwendung der kurdischen Sprache im öffentlichen Raum führten dazu, dass der AKP auch die Unterstützung der liberalen Kreise in der Türkei sicher war. Die AKP, die aus der islamistischen Bewegung heraus entstanden war, konnte sich aufgrund des Umstandes, dass sie sich als pro-EU-Partei positionierte, als Kraft der Mitte etablieren. Sie konnte dadurch ihre eigene konservative Stammwählerschaft mit anderen gesellschaftlichen Schichten unter ihrem Dach vereinen.

Vor allem die Verfassungsreformen führten dazu, dass der Einfluss des mächtigen türkischen Militärs aus dem politischen Bereich zurückgedrängt wurde. Die unter der Militärführung im Jahr 1982 erlassene Verfassung hatte diesen Einfluss auch für die Zeit nach der Übergabe an zivile, gewählte Regierungen durch die Etablierung mächtiger Kontrollinstanzen, in denen Vertreter der Armee saßen, gewährleistet. Die wohl wichtigste Institution mit großem politischem Einfluss war der nationale Sicherheitsrat. In diesem saßen den gewählten VertreterInnen der Regierung die Generäle gegenüber. Sie prägten im Wesentlichen die Außen-

und Sicherheitspolitik, wobei der Begriff Sicherheit durchaus weit gesteckt war und sich auch auf interne Sicherheitsfragen erstreckte.

Die umfassenden institutionellen Reformen, im Einklang mit den Kopenhagener Kriterien der EU bzw. im wirtschaftlichen Bereich auch mit dem Internationalen Währungsfonds, drängten den Einfluss des Sicherheitsestablishments weitgehend zurück. Zu diesem gehörte neben der Armee auch die kemalistische Bürokratie. Höhere Beamte spielen im hochzentralisierten türkischen System, wo die meisten wichtigen Entscheidungen in den Ministerien in Ankara getroffen werden, von jeher eine wesentliche Rolle.

Ab der zweiten Legislaturperiode der AKP (2007-2011) zeichnete sich immer stärker ein Wandel in der Politik der AKP von einer reformistischen Kraft hin zu einer, die auf Machtkonsolidierung ausgerichtet ist, ab. Zusammen mit den negativen Signalen aus den einzelnen EU-Mitgliedsstaaten hinsichtlich eines EU-Beitritts der Türkei kamen der Beitrittsprozess und, damit verbunden, die Reformen zum Erliegen. Parallel dazu war es auch innenpolitisch zu einer Krise um die Wahl des Staatspräsidenten gekommen.

Die Armeeführung stellte sich relativ offen gegen Abdulah Gül, den Kandidaten der AKP, weil seine Frau ein Kopftuch trägt, bzw. er als nicht genug kemalistisch angesehen wurde. Anders als frühere Regierungen wich die AKP aber nicht vor dem Druck des Militärs, der auch durch Proteste kemalistischer Kreise unterstützt wurde, zurück. Stattdessen rief die AKP Neuwahlen aus, und stellte eine Verfassungsänderung über die direkte Volkswahl des Staatspräsidenten zur Volksabstimmung. In beiden Fällen erzielte die Regierungspartei einen fulminanten Wahlerfolg. Sie erreichte mit knapp 50 Prozent eines der besten Ergebnisse in der Geschichte der türkischen Demokratie. Die AKP konnte sich aufgrund des Drucks des Militärs erfolgreich als eine demokratische und reformistische Kraft darstellen.

Durch die Wahl Abdulah Güls in das Amt des Staatspräsidenten und auch des Erfolgs der AKP auf lokaler Ebene, konnte die Partei eine geradezu hegemoniale politische Stellung erreichen. Der Macht der AKP stand eine relativ schwache Opposition gegenüber, die dem „Reformismus" und dem Versprechen von sozialem Aufstieg, den die Regierungspartei vertrat, kaum etwas entgegensetzen konnte. Die Oppositionsparteien, allen voran die CHP, standen für das Alte, wohingegen die AKP für Erneuerung, wirtschaftlichen Aufschwung und mehr Freiheiten stand.

Allerdings begann die AKP ihre hegemoniale Position gezielt für strategische Postenbesetzungen auszunutzen. Es kam zu einer Umfärbung in der Bürokratie, die meist damit gerechtfertigt wurde, dass sich der gewählten Regierung Widerstand aus kemalistischen Kreisen entgegensetzte. Ein weiterer Schlag waren die Prozesse, die gegen verschwörerische Aktivitäten innerhalb des Militärs und kemalistischer Kreise eingeleiteten wurden. Diese Prozesse entwickelten sich bald zu Schauprozessen, bei denen sich später zum Teil herausstellen sollte, dass gefälschte Dokumente und Aufzeichnungen verwendet worden waren. Nichts desto trotz delegitimierten sie weiter das Ansehen des Militärs und anderer wichtiger

Vertreter des kemalistischen Systems. Die AKP nutzte geschickt die Demokratisierung und Zurückdrängung des Militärs, um den autoritären Staat umzubauen
und ihre eigene Macht zu zementieren.

Auch im Bereich der Wirtschaft sollte es zu einer Neuordnung kommen. Die
AKP nutzte ihre politische Kraft von Anfang an auch dafür, ihr nahestehende Unternehmen zu fördern. Dies wurde vor allem bei Privatisierungen oder bei der Vergabe von Lizenzen und Rechten deutlich.

Die AKP dominiert seit ihrer zweiten Amtszeit (2007-2011) nicht nur die Institutionen des Staates, sondern den politischen Diskurs im Land. Die Hegemonie
über den politischen Diskurs konnte auch durch die Gleichschaltung der Medien
gewährleistet werden. Während der staatliche Rundfunk TRT durch Personalbe-
setzungen auf AKP-Linie gebracht wurde, konnten mehrere Medienunternehmen,
die aufgrund der Finanzkrise im Jahr 2001 durch den staatlichen Pensionsfonds
aufgefangen worden waren, durch Re-Privatisierungen an AKP-nahe Unternehmen auf Kurs gebracht werden.

Während die Opposition weitgehend unter Kontrolle gebracht wurde, förderte
die Hegemonie wachsende Spannungen innerhalb der AKP, die sich aus einem
Bündnis mehrerer konservativer Kräfte zusammensetzte. Es zeigten sich, vor allem aufgrund unterschiedlicher Ansichten hinsichtlich der Außenpolitik – insbesondere der Haltung gegenüber Israel – Friktionen zwischen Premierminister
Tayyip Erdogan und der Gülen Bewegung.

Die Gülenbewegung, ein religiös-nationalistisches Netzwerk, das sich vor allem im Bildungsbereich engagiert und weltweit Schulen betreibt, war durch das
Bündnis mit der AKP im Schatten der Regierung stark gewachsen. Ihr Einfluss
war weit in einzelne Ministerien und staatsnahe Betriebe zu spüren. Der Bruch mit
der Gülenbewegung und der öffentlich ausgetragene Rosenkrieg sollte in weiterer
Folge die gigantischen Korruptionsvorwürfe gegen führende Regierungsmitglie-
der, allen voran Premier Tayyip Erdogan und seine Familie, ans Licht bringen.
Der Kampf zwischen der Gülen Bewegung und Tayyip Erdogan erreichte mit dem
Putschversuch vom 15. Juli 2016 einen neuen Höhepunkt. In Folge des gescheiter-
ten Umsturzversuchs wurde die Gülen Bewegung bzw. ihr in den USA lebender
Anführer Fethullah Gülen als Hauptschuldige ausgemacht. Es kam zu Massenver-
haftungen und Entlassungen im öffentlichen Sektor. Ziel der Regierung ist es, die
„Parallelstrukturen", die durch die Unterwanderung durch die Gülen Bewegung
entstanden sind, zu beseitigen. Leider waren die Maßnahmen oft durch Über-
schreitungen der Rechtsstaatlichkeit gekennzeichnet.

Gesellschaftspolitisch ist die AKP stark durch den Kemalismus bzw. den Posi-
tivismus geprägt. Obwohl sie sich als eine gegen den Kemalismus gerichtete Bewegung sieht, stellt der Kemalismus für die AKP und ihre Politik den Referenz-
rahmen dar. Als Beispiel dafür gilt z.B. Tayyip Erdogans Ankündigung, eine
fromme Jugend erziehen zu wollen. Dieser Anspruch spiegelt, indem er davon
ausgeht, dass der Staat seine Gesellschaft formen bzw. beliebig konstruieren kann,
den kemalistischen Geist wider.

Das seit 2011 verstärkt zu beobachtende autoritäre Gebaren der Regierung wurde von einer islamistischen Rhetorik begleitet. Dies spiegelte den Kurswechsel der AKP von einem inklusiven zu einem exklusiven politischen Diskurs wider. Die Mobilisierung der Massen erfolgte, angesichts des für viele ausbleibenden wirtschaftlichen Aufschwungs, nicht mehr durch das Versprechen des sozialen Aufstiegs sondern durch eine polarisierende Freund-Feind Rhetorik. Die eigene Anhängerschaft sollte durch die Ausgrenzung von anderen gegen diese mobilisiert werden. Da die AKP aus der kulturellen und politischen Auseinandersetzung mit einem autoritären Verständnis des Säkularismus entstanden ist, galten und gelten der säkulare Teil der Gesellschaft, der als eine Minderheit begriffen wird, als der kulturell Andere, gegen den es die Rechte der als konservativ islamisch dargestellten Mehrheit zu verteidigen gilt. In diesem Sinne schöpft die AKP ihre demokratische Legitimierung aus diesem Kampf, den sie als einen der unterdrückten „Mehrheit" gegen eine autoritäre „Minderheit" darstellt. Auch wenn dieses Motiv zu Beginn sicherlich seine Richtigkeit hatte, spiegelte es nach der Umstrukturierung von Staat und Wirtschaft im Jahr 2013 nicht mehr die Realität wider.

Im Gegenteil, die Türkei entwickelte sich zunehmend in ein kompetitiv autoritäres Regime. Es werden zwar Wahlen abgehalten, diese haben aber immer stärker den Charakter eines Referendums, in dem es um Alles oder Nichts geht. Die Regierungspartei mobilisiert unter Einsatz staatlicher Mittel zum Teil auch Staatsbedienstete für den Wahlkampf. Die Grenze zwischen Staat und Partei wird immer verschwommener. Diese Entwicklungen stellten den strukturellen politischen Hintergrund (opportunity structures) für die Protestbewegung im Frühsommer 2013 dar. Parallel dazu ist festzuhalten, dass die demokratischen Reformen zu Beginn der AKP Regierungszeit (in der ersten Legislaturperiode) zu einer Stärkung der Zivilgesellschaft und vor allem zu einer Stärkung des Bewusstseins über bürgerliche Rechte (zumindest unter der städtischen Jugend) geführt haben. Die wachsenden autoritären Tendenzen innerhalb der Regierung und insbesondere Tayyip Erdogans Einmischungen in private Angelegenheiten bzw. Fragen des Lebensstils erzeugten unter jungen gebildeten Menschen in den Städten sowie unter den Minderheiten Empörung und Sorge.

Wer waren die Protestierenden?

Einen Großteil der Gezi-Protestierenden bildeten Vertreter der sich als marginalisiert und angefeindet empfindenden säkularen städtischen Schichten. Umfragen zu Folge waren 41 Prozent der Protestierenden Wähler der Oppositionspartei CHP (Farro und Demirhisar 2014, S. 181). Die meisten Protestierenden waren junge Menschen mit Bildung, die zwar ihre Stimme der CHP geben, weil sie die größte politische Kraft gegenüber der AKP ist, sich aber nicht wirklich mit der Partei identifizieren. Vielmehr sind sie über die Schwäche der Oppositionspartei frustriert. Den Protesten schlossen sich auch Radikale an, die ihr Vertrauen in das Wahlsystem und die politischen Parteien zur Gänze verloren haben. Darunter sind auch Links-Revolutionäre, die die Meinung vertreten, die AKP sei ein Produkt des durch amerikanische Think Tanks Anfang der 2000er Jahre propagierten Greater Middle East Project und damit des amerikanischen Imperialismus.

Auch VertreterInnen anderer, der AKP kritisch gegenüberstehenden politischen Gruppen, wie kurdische Bewegungen, Aleviten, linke Gruppen, anti-kapitalistische Muslime sowie auch türkische Nationalisten fanden sich auf dem Taksim-Platz, der sich zum Zentrum der Proteste entwickelte, ein.

Auch wenn die individuellen Motivationen durchaus auseinandergehen und die Zusammensetzung der Protestierenden mit der Zeit vielfältiger wurde, so hatten der zunehmend autoritäre Ton Tayyip Erdogans hinsichtlich der liberalen Lebensgewohnheiten viele dieser Menschen verunsichert. Erdogan hatte nicht nur im Zuge der Debatten um ein restriktives Gesetz, das den Alkoholausschank reglementieren und limitieren sollte, indirekt Staatsgründer Atatürk und seinen Nachfolger als Alkoholiker bezeichnet, sondern sich auch gegen gemischte Wohngemeinschaften ausgesprochen. Erdogans Ankündigungen in diesem Bereich drohten mit einem staatlichen Eingriff in die Privatsphäre junger Menschen.

Jenseits von Istanbul überlagerten sich die Gezi-Proteste mit anderen ethnoreligiös motivierten Themen. So waren z.B. die Proteste in der Region Hatay an der syrischen Grenze durch die wachsenden Spannungen aufgrund des Syrienkrieges und der damit verbundenen Flüchtlingsbewegung geprägt. In Hatay hat der Zustrom von Flüchtlingen die örtliche Bevölkerungsstruktur stark verändert. Während in Hatay die Mehrzahl der arabisch sprechenden türkischen Staatsbürger Aleviten sind, sind die meisten aus Syrien kommenden Flüchtlinge Sunniten. Von vielen Aleviten in der Türkei wird die Haltung der türkischen Regierung im Syrien-Krieg als konfessionell motiviert gewertet. Tatsächlich hat der islamistisch-sunnistische Fokus der Regierung in Folge des Syrien-Krieges an Gewicht gewonnen. In Hatay waren es vor allem alevitische Jugendliche, die sich an den Protesten beteiligten.

Mobilisierende Themen (gemeinsames Framing)

Fragen der Identität waren grundlegend für die Motivation an den Protesten teilzunehmen. Identität ist in diesem Sinne nicht nur als ethnisch oder konfessionell zu verstehen, sondern bezieht sich auch auf den Lebensstil. Wie oben erläutert wurden der zunehmend autoritäre Führungsstil von Tayyip Erdogan, sowie auch seine polarisierende Rhetorik, die einen säkularen Lebensstil bewusst einem religiösen gegenüberstellte, als eine Bedrohung für Freiheiten, die in Bezug auf die eigene Identität zu sehen sind, betrachtet. In diesem Sinne standen Fragen der Identität bzw. die Angst, dass man aufgrund seiner Identität- seines Lebensstils- marginalisiert wird, im Vordergrund, wohingegen sozioökonomische Fragen eine eher untergeordnete Rolle spielten.

Allerdings sollte diese Identitätsfrage jenseits der traditionellen Spaltung von Säkularisten (Kemalisten) und Islamisten gesehen werden. Vielmehr fand die Mobilisierung rund um Fragen der „institutionellen Kontrolle bzw. Einschränkungen der Freiheit sich im wirtschaftlichen, kulturellen, politischen Raum frei artikulieren zu können" statt. Auch die Frage, ob anstelle des Parks ein Einkaufszentrum entstehen sollte, hatte eine symbolische Wirkungskraft. Einkaufszentren, die in allen türkischen Städten aus dem Boden schießen, sind sichtbare Symbole eines Finanz- und Konsumkapitalismus á la AKP, dem vieles zum Opfer fällt. Insbesondere in den rasant wachsenden Megastädten wie Istanbul ist das stark spürbar. Ganze Stadtviertel werden abgerissen und neu aufgebaut. Die Gentrifizierung im Rahmen des Programms zur Erdbebensicherheit geht auch mit einer Neuordnung der sozioökonomischen Verteilung des städtischen Raumes einher. Viele der ehemaligen Bewohner eines Stadtviertels können sich nach der Gentrifizierung das Leben in ihrer einst gewohnten Umgebung nicht mehr leisten.

Viele der Anrainer des Gezi-Parks waren zudem auch durch ein umfassendes Bauprojekt, das die direkte Nachbarschaft des Parks neuordnet, mobilisiert worden. Das Projekt, das von der Albayrak Unternehmensgruppe, der zu diesem Zeitpunkt Erdogans Schwiegersohn vorstand, betrieben wurde, sah den Abriss eines ganzen, mehrheitlich durch ärmere soziale Schichten Bewohnten Viertels und den Bau von Luxuswohnhäusern an deren Stelle vor. Die meisten sozial schwachen Bewohner des Viertels wurden umgesiedelt, meist in eine der an den Rändern der Stadt entstehenden Satellitenstädte.

Die Gezi-Bewegung richtete sich somit gegen den autoritären Ton des Premierministers, die Einengung des demokratischen Raumes, Einschränkungen liberaler Freiheiten, die Anfeindungen durch die Regierungspartei, mögliche Eingriffe in den Bereich des Privatlebens, den Turbokapitalismus, den das neoliberale System der AKP geschaffen hatte, und gegen die Vernichtung von Grünraum. Die Gegnerschaft gegen die AKP bildete einen verbindenden Faktor und führte vielerorts zu einem Gefühl der Solidarität. Beispiele dafür sind z.B. Anhänger verschiedener Fußballklubs, die sich sonst oft erbittert bekämpfen, die sich unter demselben Dach zusammenfanden.

Der Umstand, dass sich die Bewegung rasch zu einer anti-AKP-Protestbewegung entwickelte, konnte auf einer Seite verschiedene ideologische Brüche überbrücken, auf der anderen Seite aber büßte sie an thematischem Tiefgang bzw. einem zentralen einigenden Thema ein. Die Gezi-Bewegung entwickelte sich damit zu einer ideologisch breitgefächerten Bewegung gegen Erdogan und das System, für das er steht, aber auch nicht mehr. Dadurch ging auch eine gemeinsame Vision bzw. ein gemeinsames „Framing" verloren.

Wie Vergleichsstudien mit den 1968er Protesten aufzeigen, entstehen aus den Ereignissen und Erlebnissen des Protests heraus kollektive Forderungen, die die Sehnsüchte, nicht aber unbedingt die konkreten politischen Forderungen der Protestierenden reflektieren – wie z.B. ein Ende der Polizeigewalt, Rücktritt der Regierung und ähnliches.

Tastan (2013, S. 36) hält fest, dass in der Auseinandersetzung zwischen Protestierenden und der Regierung oft die Form sich über den Inhalt hinwegsetzt.

Dies bedeutet aber nicht, dass die Proteste zu gar keinen Wirkungen oder Reaktionen von Seiten der Regierung führten.

Die Mobilisierung erfolgte aufgrund der stark eingeschränkten Berichterstattung durch die nationalen Medien über das Internet bzw. soziale Netzwerke wie Facebook oder Twitter. Als wichtigstes Thema, das die Menschen konkret dazu veranlasste spontan auf die Straße zu gehen, gilt der massive und übertriebene Einsatz von Gewalt durch die Sicherheitskräfte.

Die Folgen der Gezi-Proteste

Die Proteste leiteten kein inklusives Agieren auf Seiten der Regierung ein. Es kam zu keinerlei Versuchen einer Aussöhnung oder Kooption der Forderungen der Bewegung. Vielmehr dienten die Proteste der Regierung dazu, ihr Narrativ, nämlich Opfer des kemalistischen Establishments und ausländischer Verschwörungen zu sein, zu bedienen. Damit wurden die Proteste sogar für die Legitimierung der massiven Einschränkungen bei demokratischen Rechten, eines neuen restriktiven Sicherheitsgesetzes mit neuen Vollmachten für die Polizei und Einschränkungen beim Demonstrationsrecht, sowie die Behinderung der Medien instrumentalisiert. Tayyip Erdogan stellte die Proteste in der Türkei inhaltlich mit jenen gegen Präsident Mohammed Mursi in Ägypten in Verbindung. Dadurch sollten auch die Proteste im Zuge der Gezi-Bewegung als ein Versuch des Militärs, die Regierung zu stürzen, de-legitimiert werden. Die Protestbewegung wurde kriminalisiert und viele führende VertreterInnen der Bewegung angezeigt bzw. verhaftet. Erdogan forderte in weiterer Folge immer wieder Protestierende und AktivistInnen auf, eine Partei zu gründen und ihm bei Wahlen gegenüberzutreten. Damit trieb er die Idee eines eingeschränkten demokratischen Systems, das Wahlen als die einzig legitime politische Arena wahrnimmt, weiter an. Die Einschränkung des demokratischen Wettbewerbs auf die überwachte und weitgehend kontrollierte Arena der Wahlen wird als eine Notwendigkeit für die Aufrechterhaltung von Recht und Ordnung gerechtfertigt.

Nach den Gezi-Protesten kam es zu einer weiteren „Versicherheitlichung" des politischen Diskurses. Das politische System bzw. die Partei wurde immer stärker auf die Person Tayyip Erdogans ausgerichtet. Die Unterstützung für Erdogan ist inzwischen zum zentralen Charakteristikum der Basis der AKP Wählerschaft geworden. Die Personalisierung der Politik hat durch die Wahl Erdogans zum Staatspräsidenten im August 2014 eine noch weitere Dimension erfahren.

Seitdem befindet sich das Land in einer permanenten Verfassungskrise. Tayyip Erdogan wurde, nach einer Verfassungsänderung im Jahr 2007, 2014 als erster Staatspräsident direkt vom Volk in das Amt gewählt. Seitdem beansprucht er weitgehende Mitspracherechte, die ihm allerdings die bestehende Verfassung nicht zuweist. Deshalb strebt Erdogan vehement nach einer Verfassungsänderung, die die Umwandlung der Türkei von einem parlamentarischen in ein präsidiales

System gewährleisten soll. Die Frage eines Präsidialsystems dominiert den innen-politischen Diskurs.

Eine Atmosphäre der politischen und wirtschaftlichen Unsicherheit und zum Teil bewussten Verunsicherung begleitet die Debatten um ein Präsidialsystem, das inzwischen auch einen zentralen Teil im Programm der Regierungspartei ein-nimmt. Begleitet wird die wachsende Polarisierung und Verunsicherung durch ei-nen neuen Islamo-Nationalismus, der sich spätestens seit dem Ende des Friedens-prozesses im Sommer 2015 gegen die Kurden richtet.

Die Gezi-Bewegung konnte sich aufgrund dessen, dass die Gegnerschaft gegen die AKP bzw. mehr noch das autoritäre Gebaren von Tayyip Erdogan das einzig verbindende Element einer ideologisch äußerst diversen Personengruppe bildete, in keine langfristige politische Bewegung umwandeln.

Dennoch konnte die pro-kurdische HDP (Demokratie der Völker Partei) bei den Wahlen vom 7. Juni 2015 den Geist von Gezi (Gezi ruhu) erfolgreich reakti-vieren. Die Partei bespielte bewusst unterschiedliche ideologische Ansätze, die sich durch eine liberale Perspektive verknüpfen ließen und eine äußerst unter-schiedliche Wählerschaft ermöglichten, die auf der einen Seite konservative kurdi-sche Personen und auf der anderen Seite VertreterInnen anderer ethnisch konfes-sioneller Gruppen, aber auch soziale Minderheiten wie Transgender Personen beinhaltete. Der Slogan der HDP vor dem 7. Juni 2015: „Wir werden dich nicht zum Präsidenten machen", spielte auf Erdogans Bestrebungen hinsichtlich eines Präsidial-systems an und konnte dadurch viele der Gezi-AktivistInnen und Sym-pathisantInnen ansprechen. Selahattin Demirtas, Ko-Parteiführer der HDP, konnte den Geist von Gezi zudem auch durch seine humorvollen Attacken auf Erdogan wiedererwecken. Die HDP konnte die 10 Prozent- Hürde nehmen und schaffte den Einzug ins Parlament.

Allerdings kam es in Folge der Wahlen von 7. Juni 2015, bei denen die AKP die absolute Mehrheit im Parlament verlor, zu einem Wiederaufwallen des Kur-denkonfliktes. Die vorgezogenen Neuwahlen, die aufgrund der ablehnenden Hal-tung Tayyip Erdogans gegenüber einer Koalitionsregierung notwendig geworden waren, führten dazu, dass die AKP die verlorenen Stimmen zurückgewinnen konnte. Seitdem herrscht eine Atmosphäre, die von Gewalt, politischer Polarisie-rung und einer weiteren Verengung des demokratischen Raums geprägt ist. Auf-grund des Umstands, dass sich die HDP kaum von der bewaffneten Guerilla PKK abgrenzen kann, sind auch viele liberale Gezi-Stimmen, die ihr zugefallen waren, wieder ohne politische Heimat.

Der Putschversuch vom 15. Juli 2016 veränderte neuerlich grundlegend die po-litische Entwicklung in der Türkei. In Folge des Putschversuches, für den die Gül-en Bewegung verantwortlich gemacht wird, wurden die Karten im politischen Spiel neu gemischt. Die Massenmobilisierung gegen den Putsch konnte zum Teil auch kemalistische und nationalistische Kreise, die der Gülen Bewegung kritisch gegenüberstanden, umfassen. Auch die Regierungsparteien haben sich angesichts des Umsturzversuchs auf die Seite von Präsident Erdogan gestellt. In Folge dessen kam es auch zu einer gewissen Auflockerung in der Politik der Regierung, die angesichts der Herausforderungen auf die Unterstützung durch die Opposition angewiesen war. So konnte z. B. der Chef der oppositionellen CHP zum ersten Mal nach Jahren wieder in einer Sendung des staatlichen TRT Fernsehens erscheinen. Allerdings kontrollierten auch diesen Öffnungsprozess die AKP bzw. Tayyip Erdogan, so blieb z. B. die pro-kurdische HDP weiterhin isoliert.

Auch wenn der Putschversuch, die öffentliche Empörung über die Infiltrierung des Staates durch die Gülenbewegung, die „Säuberungswellen" in Ministerien und staatsnahen Betrieben, sowie die anhaltenden terroristischen Anschläge durch den IS und die PKK, die türkische Öffentlichkeit in Atem halten und eher zu einem Zusammenrücken führen, sind die Spannungen, die während der Gezi Proteste zu Tage gekommen waren, längst nicht aufgehoben. Ganz im Gegenteil, Präsident Erdogans Ankündigung nach dem Putschversuch, den Gezi Park abreißen lassen zu wollen und seine Ambitionen auf eine autoritäre Präsidialrepublik bergen noch viel Konfliktpotenzial.

Die Auswirkungen auf die Beziehungen mit der EU

Das Erstarken autoritärer Tendenzen in der Türkei wird von der EU-Kommission und dem EU-Parlament zwar mit Sorge betrachtet, allerdings sind die Reaktionen darauf relativ schwach. Die Ermahnungen und Reaktionen aus der EU gegen die Verletzung der Menschenrechte im Zusammenhang mit dem Kampf der türkischen Sicherheitskräfte mit der PKK und den mit ihr verbündeten Untergruppierungen oder aber auch auf die Festnahme von JournalistInnen, die Verhaftung von WissenschaftlerInnen bzw. auf weitere Einschränkungen demokratischer Rechte und Freiheiten waren entweder verhalten oder sie fielen ganz aus.

Der sogenannte EU-Türkei Deal über die Rückführung von Flüchtlingen aus Griechenland in die Türkei hat die ideelle Stärke der EU weiter geschwächt. Das Angebot der EU, im Gegenzug für die Rückführung von Flüchtlingen in die Türkei und die Kooperation der Türkei bei der Sicherung der EU-Außengrenzen den Beitrittsprozess wieder in Ganz zu bringen, hat mittel- bis langfristig die Glaubwürdigkeit der EU massiv geschädigt. Vor allem pro-europäische Reformkräfte, die an die EU und ihre Soft-Power geglaubt haben, wurden durch die Opferung von Werten im Namen der Realpolitik enttäuscht. Dies bedeutet aus Sicht der EU einen Freifahrtschein für Abweichungen vom demokratischen Weg, mit Auswirkungen auf andere Länder in der Region, insbesondere andere Beitrittskandidaten auf dem Balkan. Dass beinahe zeitgleich mit den Verhandlungen die Redaktion der regierungskritischen Zeitung Zaman gestürmt und diese in der Folge unter staatliche Kuratel gestellt wurde, deutet darauf hin, dass die türkische Regierung kaum bemüht war das Vorgehen gegen oppositionelle Medien zu vertuschen.

Präsident Erdogan fährt gegenüber der EU aufgrund der Flüchtlingskrise eine Politik der Stärke, die vor allem die geopolitische Lage der Türkei als ein Schlüsselland für die europäische Sicherheit in den Vordergrund stellt. Da die einzelnen europäischen Regierungen durch rechte Tendenzen im eigenen Land unter Bedrängnis stehen, wird diese Politik der Türkei weitgehend bestätigt. Alles in allem sind das nicht unbedingt gute Voraussetzungen für die Zukunft der Demokratie in der Türkei.

Die Beziehungen zwischen Ankara und der EU haben sich in Folge des Putschversuchs weiter verschlechtert. So warf die türkische Regierung den westlichen Partnern vor nicht entschieden genug gegen den Putschversuch aufgetreten zu sein, bzw. diesen nicht explizit verurteilt zu haben. Auch die kritische Berichterstattung in einzelnen EU Ländern gegenüber Präsident Erdogan verärgerte die türkische Regierung. Die Ankündigung Erdogans in der Türkei die Todesstrafe einführen zu wollen wurde von vielen BeobachterInnen als ein offener Bruch mit der EU gedeutet. Die parallel dazu verbesserten Beziehungen mit Russland führten zu Spekulationen über eine Neuausrichtung der Türkei (weg von der EU und der NATO, hin zu Russland und China). Allerdings schwächte die türkische Regierung relativ bald nach dem Putsch die Ankündigung der Wiedereinführung der Todesstrafe wieder ab.

Literatur

Antimo L. Farro und Deniz Günce Demirhisar (2014): The Gezi Park movement: a Turkish experience of the twenty-first-century collective movements, International Review of Sociology, Revue Internationale de Sociologie, 24:1, S. 176-189.

Nilüfer Göle (2013): Gezi – Anatomy of a Public Square Movement, Insight Turkey, 15:3, S. 7-14.

Coskun Tastan (2013): The Gezi Park Protests in Turkey: A Qualitative Field Research, Insight Turkey, 15:3, S. 27-38.

Cihan Tuğal (2013): 'Resistance everywhere': The Cezi revolt in global perspective, New Perspectives on Turkey, 49, S. 157-172.

Gesellschaftliche und rechtliche Auswirkungen der Digitalisierung

Peter Parycek, Bettina Rinnerbauer

Zusammenfassung

Durch die Digitalisierung vorangetriebene geänderte Bedingungen der Gesellschaft führen zu neuen Möglichkeiten und Herausforderungen. Einerseits ist die Fülle von online verfügbaren Informationen so groß wie nie zuvor. Andererseits ist der Ausschluss gewisser Personen aus der digitalen Welt evident. In diesem Beitrag werden in Bezug auf ausgewählte Bereiche Auswirkungen von Technologieverwendung auf die Gesellschaft und/oder die Rechtsordnung dargestellt. Beleuchtet werden insbesondere die Teilhabe an politischen Entscheidungen mit elektronischen Mitteln in einer repräsentativen Demokratie, der geänderte Zugang zu Informationen des Staates, Konsequenzen der einer Monopolstellung zumindest vergleichbaren wirtschaftlichen Macht global agierender Unternehmen sowie Auswirkungen neuer Formen der Kriminalität auf den Rechtsstaat.

Einleitung

Die Aktualität von Auswirkungen der Digitalisierung auf die Gesellschaft ergibt sich aus zahlreichen Beiträgen der Literatur.[1] Besonders durch die Nutzung des Internet entstehende Trends und neue Möglichkeiten werden Herausforderungen gegenübergestellt, denen sich auch der Gesetzgeber zu stellen hat.[2] Das Internet kann sowohl politischen Ungleichheiten entgegenwirken als auch bisher ungekannte Ungleichheiten schaffen, etwa durch die Anzeige (politischer) Inhalte durch Suchmaschinen nach einer durch die dahinter stehenden technischen Regeln vorgenommenen Priorisierung.[3] Es ist nicht von der Hand zu weisen, dass Programmierung eine zumindest einer rechtlichen Regelung vergleichbare Wirkung haben kann.[4] Wenn Programmzeilen NutzerInnen den Rahmen ihrer möglichen Aktivitäten vorgeben, ist mit besonderer Aufmerksamkeit zu beachten, dass sich sowohl der Staat als auch die Wirtschaft dieser technologischen Ge- und Verbote bedie-

---

1   Z.B. Helbing (2015), Schweighofer (2011).
2   Vgl. Oberndorfer (2000), Art 1, Rz 13-29 auch für eine umfassende Darstellung der verfassungsrechtlichen Normierung der Demokratie.
3   Hindman, Matthew (2009), 19 und 42-43.
4   Vgl. Lessig, Lawrence (1999).

nen können. Ebenso ist abzuwägen, ob bzw. welche Vorgehensweisen einer rechtlichen Regulierung bedürfen.

E-Partizipation und repräsentative Demokratie

Demokratie kann als Regierung durch das Volk oder durch Repräsentanten des
Volkes verstanden werden.[5] Eine Demokratie ist nach der Judikatur des EGMR
u.a. von Rechtsstaatlichkeit, Meinungsfreiheit, vom Prinzip des fairen Verfahrens,
Gerechtigkeit und Frieden sowie von der Freiheit der politischen Diskussion geprägt.[6] Der hohe Stellenwert des demokratischen Grundprinzips im verfassungsrechtlichen Rahmen Österreichs wird besonders dadurch deutlich, dass für seine
„tief greifende" Änderung (VfGH vom 28.06.2001, G103/00) neben qualifizierten
parlamentarischen Quoren eine Volksabstimmung erforderlich wäre (Art 44 Abs 3
B-VG). Die Rechtserzeugung erfolgt grundsätzlich durch allgemeine Vertretungskörper, während direkt-demokratische Mittel die repräsentative Demokratie Österreichs ergänzen.

Partizipation kann als die Möglichkeit zur Einbringung eigener Interessen be-
troffener und/oder interessierter BürgerInnen, Unternehmen, NGOs und Interes-
senvertretungen in die Entwicklung von Strategien, Rechtsakten oder die Erstellung von Plänen definiert werden.[7] E-Partizipation besteht in der Verwendung von
Mitteln der Informations- und Kommunikationstechnologie (IKT) zur Beteiligung
und ist E-Democracy zuzuordnen, womit die Nutzung von IKT zur Unterstützung
von demokratischen Entscheidungsprozessen bezeichnet wird.[8]

Die konkrete Ausgestaltung der Partizipation bestimmt das Ausmaß des Einflusses der Beteiligten auf den Entscheidungsprozess.[9] Alle BürgerInnen können
oder wollen IKT jedoch nicht in gleichem Ausmaß nutzen (Digitale Spaltung)[10].
Die gerechte Behandlung von Minderheiten in einer demokratischen Gesellschaft[11] gebietet es, inklusive Maßnahmen zu treffen wie einfach verständliche
Darstellung für mobile Endgeräte und der Möglichkeit zur Interaktion und Information für Personen, die Online Angebote nicht nutzen (können). Die Erstellung
neuer Bildungsangebote, die Einbindung von E-Partizipation in Schulen wie auch
die Bereitstellung von Erklärungen zur Art der Einhaltung datenschutzrechtlicher

---

[5]   Ljiphart, Arend (1999), 1.
[6]   Oppitz, Florian (2013), 414 und 417 mwN.
[7]   Standards der Öffentlichkeitsbeteiligung (2008), 12 und Parycek (2008), 5.
[8]   Macintosh, Ann, (2004).
[9]   Arnstein (1969) etwa unterscheidet 8 Stufen der Partizipation nach dem Einfluss, der den
      Teilnehmenden zugebilligt wird.
[10] Näheres siehe Van Deursen und Dijk (2010).
[11] In einer Demokratie sind Minderheiten gerecht zu behandeln und eine herrschende Stellung
      darf nicht missbraucht werden, auch wenn es Fälle gibt, in denen individuelle Interessen den-
      jenigen von Gruppen untergeordnet werden müssen, siehe EGMR (GK), 13.08.1981,
      7601/76, Young, James und Webster gegen das Vereinigte Königreich, Z 63.

Bestimmungen (z.B. per Video) auf jener Seite, die die E-Partizipation anbietet, wurde vorgeschlagen.[12] Im System selbst können rechtliche Bestimmungen technisch eingebaut werden[13] (z.B. privacy by design).

Grundsätzlich geben rechtliche Rahmenbedingungen vor, inwieweit BürgerInnen die Entscheidung übertragen werden kann. Nicht im Einklang mit der Rechtsordnung wäre „Volksgesetzgebung" in dem Sinn, dass ein Gesetzesbeschluss von einer bestimmten Mehrheit des Volkes auf deren Initiative hin durchgesetzt werden kann, obwohl der allgemeine Vertretungskörper selbst gegenteiliger Ansicht ist.[14] Neben der Frage der rechtlichen Bindung der Entscheidungsträger an die Entscheidung von BürgerInnen kann auch politischer Druck eine Rolle spielen, worauf etwa mediale Berichterstattung in Bezug auf den Austritt Großbritanniens aus der EU hindeutet.[15]

Die online verfügbare Fülle an Informationen kann es Personen mit der nötigen Medienkompetenz erleichtern, sich über politische Debatten zu informieren. Die Vielzahl an verfügbaren Informationen lässt nicht zwingend auf qualitativ besser informierte Beteiligte schließen, was sich ebenfalls anhand der aktuellen medialen Diskussion über den Austritt Großbritanniens aus der EU zeigt: Auch für populistische Kommunikation und überzeichnete oder falsche Informationen kann der digitale Raum genutzt werden.[16] Vorteilhaft können sich Technologien wie Visualisierungen und Verweistechniken auswirken, die Zusammenhänge ersichtlich machen. So kann einerseits die der E-Partizipation zu Grunde liegende Information über das Thema als auch die transparente Abbildung des Verlaufs des Beteiligungsprozesses unterstützt werden.

Eine Analyse des demokratischen Potentials Sozialer Online-Netzwerke zeigt auf, dass sich die Geschwindigkeit, in der Personen mobilisiert oder Informationen ausgetauscht werden können, als positiv erweisen kann. Kritisch gesehen werden mögliche kontrollierende - etwa zensurierende – Einflüsse von Institutionen durch Kontaktaufnahme mit dem Anbieter der Netzwerke oder durch Angriffe auf das System.[17]

E-Partizipation kann zur Förderung der Auseinandersetzung mit politischen Themen und damit zur politischen Meinungsbildung beitragen. Diese ist Voraussetzung für die politische Debatte, welche vom EGMR als zentrales Element der Demokratie angesehen wird. BürgerInnen können sich durch die online geführten Diskussionen potentiell ihrer Rechte wie etwa des Initiierens eines Volksbegehrens bewusster werden. Nicht zuletzt können Wahlberechtigte durch den Einblick in die Arbeit der Entscheidungsträger und die Diskussionen mit anderen Teilneh-

---

[12] Heussler et al. (2016).
[13] Roßnagel (2002), 37.
[14] Dies widerspräche dem repräsentativ-demokratischen Grundprinzip der Bundesverfassung, siehe VfGH vom 28.06.2001, G103/00. Ausführungen zu den Grenzen der direkten Demokratie in Österreich mit Blick auf Deutschland und die Schweiz enthält Balthasar (2013).
[15] Siddique (2016).
[16] Vgl. z.B. Gayle (2016).
[17] McGrath et al. (2012), 246 und 249.

merInnen bei der Wahl auf eine potentiell breitere Entscheidungsgrundlage zurückgreifen.

Digitalisierung und Grundrechte

Forderungen nach gesteigerter Transparenz des staatlichen Handelns wurden von
der Zivilgesellschaft[18] vorgebracht und auch von staatlicher Seite wurden und
werden Maßnahmen zu stärkerer Transparenz unterstützt.[19] Schweden hatte betreffend die Erlassung eines Informationsfreiheitsgesetzes eine Vorreiterrolle inne
(1766), eine zügige Verbreitung der Erlassung von Informationsfreiheitsgesetzen
wurde im Zeitraum 2001-2010 festgestellt (fast 50 Länder).[20] Die präzise Festlegung von Geheimhaltungsinteressen, die die Verweigerung des Zugangs zu Informationen im Einzelfall rechtfertigen können sowie ein Rechtsmittel gegen die
Verweigerung des Zugangs sind für BürgerInnen essentiell. Das österreichische
Parlament behandelt aktuell (Herbst 2016) das von der Regierung vorgeschlagene
Bundesverfassungsgesetz zur Änderung der derzeitigen Regelung des Zugangs zu
Informationen.[21] Neuerungen im Vergleich zur geltenden Rechtslage sollen vor allem die Verpflichtung, proaktiv Informationen zu veröffentlichen sowie die verfassungsrechtliche Gewährleistung eines Rechts auf Zugang zu Informationen
sein.[22] Insbesondere proaktiv zu veröffentlichende Informationen können Bürger-
Innen potentiell bei ihrer politischen Meinungsbildung unterstützen. Damit in en-
gem Zusammenhang sind für einen demokratischen Rechtsstaat ferner die Berichterstattung der Presse über Ideen zu politischen Fragen von zentraler
Bedeutung[23], Diskriminierungsverbote, der Grundsatz, der eine ungleiche Behandlung auf Grund einer unsachlichen Differenzierung verbietet sowie darüber hinaus
vor allem auch Grundrechte, die Voraussetzung für das Entstehen eines politischen Diskurses sind, wie etwa das Recht auf Meinungsäußerungsfreiheit.[24] Es ist
evident, dass durch das Internet potentiell eine höhere Vielfalt an Berichterstattern
geboten wird, da die Veröffentlichung von Texten – insbesondere durch Soziale
Medien – zumindest für diejenigen, die das Internet nutzen, wesentlich erleichtert
wurde. Dies indiziert jedoch gleichzeitig, dass nur mittels Medienkompetenz und
eines gesteigerten Bewusstseins, dass der Informationsgehalt kritisch hinterfragt

---

[18] Z.B. im Vorfeld der Erlassung des Hamburgischen Transparenzgesetzes: Ein Entwurf des
      Hamburgischen Transparenzgesetzes wurde mittels eines Wiki gestaltet und durch eine zivil-
      gesellschaftliche Organisation vorgeschlagen,
      http://transparenz.hamburg.de/entstehung-des-gesetzes/
[19] Z.B. Obama (2009).
[20] Brown et al. (2014).
[21] RV BlgNr 395 XXV. GP.
[22] Näheres enthalten bspw. Bertel (2014); Parycek et al. (2015).
[23] VfGH vom 28.09.1995, G 249/94, G250/94, G 251/94, G 252/94, G 253/94, G 254/94. Zur
      Bedeutung der Medien für die politische Debatte siehe auch EGMR vom 08.07.2008, Yumak
      und Sadak gegen die Türkei, 10226/03, Rz 107.
[24] Oberndorfer, Rz 27-28.

werden sollte, eine positive Auswirkung auf die Demokratie – im Sinn einer pluralistischen Gesellschaft, die ihre Informationen aus mannigfachen Quellen bezieht und sich auf einer breiten Entscheidungsgrundlage kritisch ihre Meinung bildet[25] – erreicht werden kann. Die kritische Auseinandersetzung auch mit der Quelle der Information und die Bildung der eigenen Meinung basierend auf verschiedenen Quellen sind zwar auch in der analogen Welt gefordert, werden aber durch die Fülle an digitalen Informationen in der digitalen Welt umso wichtiger. Als Spezifikum des Internet zu beachten ist die Vorauswahl von Informationen durch Suchmaschinen, die auf Faktoren wie dem vorangegangenen eigenen Suchverhalten basiert. Gleiche Suchbegriffe können so zu verschiedenen Informationen führen. Eisenberger macht auf die Problematik von unbekannten Kriterien – und Wertentscheidungen – aufmerksam, die Algorithmen für die Entscheidung verwenden, welche Informationen angezeigt werden und zeigt die Vision einer Beeinträchtigung der Meinungsbildung und eines Verlusts der Öffentlichkeit durch Personalisierung im Internet auf. Als Lösungsansätze werden insbesondere die Offenlegung der Algorithmen sowie die Kennzeichnung von personalisierten Informationen und ein Opt-In der NutzerInnen genannt, die aktiv personalisierte Informationen zulassen müssten.[26]

Der Trend zur Personalisierung ist auch in veränderten Geschäftsmodellen und -methoden erkennbar: Vertragsgestaltung, die das Entgelt für eine Leistung den beim individuellen Kunden gegebenen technologieunterstützt dokumentierten Rahmenbedingungen anpasst setzt die teilweise Preisgabe der Privatsphäre der Kunden voraus. Konkret kann die Installation eines Überwachungsgeräts im KFZ, das Daten zu dessen Nutzung aufzeichnet, zur datenabhängigen Gestaltung des Tarifes dieses Nutzers führen.[27] Laufend oder während eines bestimmten Zeitraums aufgezeichnete Standortdaten, die Fahrgeschwindigkeit, der Treibstoffverbrauch und die Tageszeit des Fahrens können mit Faktoren wie dem Alter des Fahrers und seinem Geschlecht kombiniert werden.[28] Die Entscheidung, diese Art von Vertragsgestaltung (nicht) zu wählen, steht theoretisch grundsätzlich jedem im Rahmen der Privatautonomie frei. Es hat jedoch nicht jede/r dieselben Chancen, durch verantwortungsvolles Fahren einen günstigeren Tarif zu erreichen: Die Verrichtung von Nachtdiensten und daher rührendes regelmäßiges (als tendenziell risikoreicher eingestuftes) nächtliches Fahren oder weitere Entfernungen zwischen Wohn- und Arbeitsort können dies verhindern.[29]

---

[25] Pluralismus, Toleranz und Aufgeschlossenheit kennzeichnen eine demokratische Gesellschaft, siehe EGMR (GK), 13.08.1981, 7601/76, Young, James und Webster gegen das Vereinigte Königreich, Z 63

[26] Eisenberger (2011), 519-522.

[27] Robinson et al. (2014), S. 6, mit Hinweis auf Holm (2011) .

[28] Desyllas, Panos /Sako, Mari (2013), 104-105. Für eine Analyse der Meinungen zu Pay-As-You-Drive Konzepten, basierend auf einer online-Befragung in Deutschland, siehe Gerpott, und Berg (2012).

[29] Robinson et al. (2014), 6.

Ein weiteres Diskriminierungsrisiko besteht bei vorvertraglicher Datenanalyse. Hier sind Entscheidungen zur Vergabe eines Kredites zu verorten, die sich auf unterschiedliche Daten stützen. Evident wird die Gefahr der Diskriminierung bei der Vorstellung, die Bonität eines Kunden würde von der Auswertung von Daten über Personen aus seinem familiären Umfeld oder einer Analyse der Social Media Daten abhängig gemacht.

Für die Auswahl der für eine Arbeitsstelle geeignetsten BewerberInnen könnten Algorithmen eingesetzt werden, die Fakten wie die Distanz zwischen Wohn- und Arbeitsort berücksichtigen, was sich besonders nachteilig auf sozial schwächere Personen auswirken kann, die einen langen Arbeitsweg hätten.[30] Das Resultat dieser Art der Verwendung der Datenanalyse kann eine sachlich nicht gerechtfertigte Ungleichbehandlung gleich qualifizierter Bewerber sein. Auf Datenauswertung basierende Entscheidungen bei Begründung eines Arbeitsverhältnisses können insbesondere gegen § 3 GlBG verstoßen oder sich sonst als diskriminierend erweisen.

Ausgehend vom Grundgedanken, dass NutzerInnen das Recht haben sollen, Informationen, Anwendungen und Services ihrer Wahl zu nutzen und von den Anbietern der Internetzugangdienste nicht diskriminiert werden sollen (ErwGr.3 und 8 VO (EU) 2015/2120, ABl I, L 310/1), verbunden mit der Tatsache, dass wenige Unternehmen viele Services der digitalen Welt bereitstellen, kann eine einer Monopolstellung gleichkommende tatsächliche wirtschaftliche Macht beobachtet werden (z.B. Google, Amazon). Schenkt man Medienberichten Glauben, so sperrt Amazon Kundenkonten in Abhängigkeit von der Anzahl der Rücksendungen.[31] Demzufolge wären betroffene Kunden auf Grund der Wahrnehmung ihres ihnen zustehenden Rechts vom Service eines Unternehmens mit großer wirtschaftlicher Bedeutung in der digitalen Welt schlichtweg ausgeschlossen. Es ist zu erwägen, ob und wie die Regulierung von Branchen der digitalen Welt - z.B. durch Vorgaben wie einen Kontrahierungszwang - zu mehr staatlicher Kontrolle bzw. Kontrolle auf EU-Ebene und letztlich einer Stärkung der Betroffenen führen könnte.

Digitalisierung und Rechtsstaat

Der Begriff „Rechtsstaat" wird zwar durch die österreichische Verfassung keiner Legaldefinition zugeführt, jedoch zieht der VfGH in seinen Entscheidungen seit 1949 das rechtsstaatliche Prinzip heran.[32] Dieses stellt insbesondere Anforderungen an die Begründung gerichtlicher Entscheidungen (VfGH vom 03.12.2008, U131/08), fordert dem Bestimmtheitsgebot entsprechende Gesetze (VfGH vom

---

[30] Robinson et al. (2014), 15.
[31] Etwa DerStandard vom 3. Mai 2016, Zu viele Rücksendungen: Amazon sperrt Kundenkonto, http://derstandard.at/2000036208331/Zu-viele-Ruecksendungen-Amazon-sperrt-Kundenkonto
[32] Einen Überblick über die diesbezügliche Judikatur des VfGH enthalten Hiesel (1999) und Hiesel (2016).

16.03.2013, G 82/12) und wirksame Rechtsmittel (VfGH vom 9.10.2010, U1046/10). Charakteristisch für den Rechtsstaat ist die Begrenzung und Kontrolle der politischen Macht des Staates.[33]

Mit dem Ziel, durch Kommunikationstechnologien geförderter, vernetzer Bedrohung (insbesondere Terrorismus Cyber-Angriffe) entgegenzuwirken[34], wurde das Polizeiliche Staatsschutzgesetz (PStSG) erlassen und das Sicherheitspolizeigesetz (SPG) geändert[35]. Mit 1.7.2016 wird das Bundesamt für Verfassungsschutz und Terrorismusbekämpfung (und Landesämter) insbesondere auch für den vorbeugenden Schutz vor verfassungsgefährdenden Angriffen durch eine Person eingesetzt, sofern ein begründeter Gefahrenverdacht für einen derartigen Angriff besteht, worunter die Bedrohung von Rechtsgütern durch die rechtswidrige Verwirklichung definierter Tatbestände verstanden wird (§ 6 PStSG). Technologiegestützte Ermittlung sind gemäß § 11 Abs 1 PStG Bild- und Tonaufzeichnung, automatisierte KFZ-Kennzeichenerkennung, die Einholung von Auskünften von Betreibern von Telekommunikationsdiensten (auch bezüglich nicht unmittelbar Verdächtiger), die Einholung der Auskunft von Daten betreffend Reisen (einschließlich Namen Mitreisender) von Personenbeförderungsunternehmen und die Einholung von Auskünften wie etwa betreffend Standortdaten. Als Voraussetzung dieser Ermittlungen ist grundsätzlich eine Ermächtigung des Rechtsschutzbeauftragten normiert, deren zeitlicher Rahmen jedoch nicht eindeutig festgelegt wurde (§ 14 Abs 2 PStSG). Ein Rechtsschutzsenat entscheidet gem § 14 Abs 2 PStSG über die Ermächtigung zu verdeckter Ermittlung und die Einholung der Auskunft der Daten gemäß § 11 Abs 1 Z 7 PStSG. In der Literatur wurde befürchtet, dass der Rechtsstaat dadurch geschwächt werden kann, dass der Rechtsschutzbeauftragte im Hinblick auf seine Unabhängigkeit und die Anforderungen an seine persönliche Qualifikation nicht die Voraussetzungen eines Richters zu erfüllen hat und es bezweifelt, ob dieser Einrichtung die erforderlichen Kapazitäten zur Verfügung gestellt werden.[36] Nach den Erläuterungen zur Regierungsvorlage habe sich der Rechtsschutzbeauftragte als unabhängige Kontrollinstanz bewährt und verfüge er über erforderlichen Ressourcen.[37] Nach der Kritik von Adensamer/Sagmeister an der Regierungsvorlage des PStSG erhebe das genannte Gesetz die Ausnahme zur Regel[38], womit die fehlende gerichtliche Ermächtigung für besonders eingriffsintensive Ermittlungsmaßnahmen wie etwa verdeckte Ermittlung gemeint ist. Es ist jedenfalls richtig, dass eine organisatorische Eingliederung „*in jenes Minis-*

---

[33] Schulte, Axel (2001), 72 mwN.

[34] Erl RV BlgNr 763 XXV. GP, 1.

[35] Bundesgesetz, mit dem das Bundesgesetz über die Organisation, Aufgaben und Befugnisse des polizeilichen Staatsschutzes (Polizeiliches Staatsschutzgesetz – PStSG) erlassen und das Sicherheitspolizeigesetz geändert werden, BGB 1 I, 2016/5. Eine Zusammenfassung des Ministerialentwurfs enthält Lehofer, (2015). Zum Inhalt des beschlossenen Gesetzes siehe Lehofer (2016).

[36] Kanduth, Gernot, (2016).

[37] ErlRV BlgNr 763 XXV. GP, 10.

[38] Adensamer/Sagmeister (2015), 302-303.

terium, das für die Überwachungsmaßnahmen in letzter Instanz verantwortlich ist, den objektiven Anschein einer Unabhängigkeit vermissen lässt."[39] Bezüglich des Hinweises auf § 14 Abs 2 PStSG, wonach die Ermächtigung (auch mehrmalig[40]) verlängert werden kann, kann Adensamer/Sagmeister[41] insofern zugestimmt werden, als im Hinblick auf das Bestimmtheitsgebot eine zeitliche Grenze vorgesehen werden sollte. In Übereinstimmung mit Adensamer/Sagmeister[42] sind in Debatten, die Sicherheit betreffen, immer beide Seiten zu betrachten: die Gefahr, die von BürgerInnen ausgehen kann als auch die Gefahr, die von Seiten des Staates bzw. seiner Organe ausgehen kann; Die polizeilich staatsschutzrelevante Beratung nach § 7 PStSG, die durch Öffentlichkeitsarbeit etwa an Betreiber kritischer Infrastrukturen gerichtet werden soll, um diese zum Selbstschutz zu ermächtigen[43], erinnert an die Forderung Roßnagels nach Befähigung der Bürger zum Selbstschutz durch den Staat[44]. Die Vision Helbing's[45], wonach unverantwortliche Nutzung digitaler Technologien die Gefahr in sich trägt, ein totalitäres Regime zu begünstigen, soll mahnend wirken. Helbing vergleicht die ungeregelte und unkontrollierte Nutzung einer neuen Technologie – sei es auch durch den Staat – damit, ein KFZ ohne Bremsen zu fahren.

In Einklang mit dem VfGH ist festzuhalten, dass „staatliches Handeln durch die rasche Verbreitung der Nutzung ‚neuer' Kommunikationstechnologien [...] vor besondere Herausforderungen gestellt wurde und wird"[46]. Die Frage, wie Regelung und Kontrolle in concreto gestaltet sein sollen, wird in Zukunft wiederholt zu beantworten sein. Essentiell sind kritische Betrachtungen der Erlassung von Gesetzen, die Abwägungen im Zusammenhang mit dem Eingriff in Grundrechte vornehmen. Die Komplexität der Abwägung einander gegenüberstehender Interessen zeigt sich beispielsweise anhand der Ausführungen des VfGH zur Vorratsdatenspeicherung (VfGH vom 27.06.2014, G47/2012 ua).

Zusammenfassung und Ausblick

Digitale Informationsangebote und elektronische Beteiligungsformen können in einer repräsentativen Demokratie von Nutzen sein: Durch die Förderung politischer Diskussionen kann die Meinungsbildung im Vorfeld von Wahlen potentiell auf Basis zusätzlicher Informationen vorgenommen werden. Aktuelle Ereignisse wie Brexit zeigen aber auch auf, dass digitale und soziale Medien auch zur Desinformation genutzt und Polarisierung führen können.

---

[39] Kanduth (2016), 54.
[40] ErlRV BlgNr 763 XXV. GP, 10.
[41] Siehe auch Adensamer/Sagmeister (2015), 304.
[42] Adensamer/Sagmeister (2015), 307-308.
[43] ErlRV BlgNr 763 XXV. GP, 4-5.
[44] Roßnagel (2002), 37.
[45] Helbing (2015), Rz 49-51.
[46] VfGH vom 27.06.2014, G47/2012.

Zukünftig zu beachten ist die bestmögliche Gewährleistung der gerechten Behandlung von Minderheiten durch inklusive Maßnahmen sowie eine transparente Darstellung des Partizipationsprozesses. Potentiell könnte die Nachvollziehbarkeit der Behandlung der von den TeilnehmerInnen eingebrachten Meinungen und anderen Beiträge zu einer gesteigerten Akzeptanz politischer Entscheidungen führen, weil die Rahmenbedingungen wie verfügbare Ressourcen, gangbare Alternativen und auflaufende Kosten sowie eine Bedarfserhebung, die zur gefallenen Entscheidung führten, offen gelegt werden.

Vor dem Hintergrund, dass durch den Staat und auch durch privatrechtliche Gesellschaften zunehmend Daten gesammelt und analysiert werden, ist die Schärfung des Bewusstseins der BürgerInnen durch gezielte Informationen angezeigt. Eine informierte Entscheidung für oder gegen einen Datentransfer erfordert die Kenntnis von dessen Existenz und die Abwägung der Art der Datentransfers mit den eigenen Interessen am Konsum eines bestimmten Services. Insoweit, als sowohl Privatautonomie als auch tatsächliche (Macht-)Verhältnisse keine freie Entscheidung der BürgerInnen ermöglichen, ist zu überlegen, wie von staatlicher Seite darauf reagiert werden kann. Durch rechtliche Regelungen oder Rechtsschutzinstrumente einzugreifen mag auf den ersten Blick nicht erfolgversprechend sein, wenn die in Betracht gezogenen Rechtsverhältnisse einem anderen Rechtsregime unterstehen. Theoretisch denkbar wäre der Aufbau eigener Services, im Einklang mit den rechtlichen Rahmenbedingungen. Praktische Gründe wie mangelnde Erfahrung im Angebot umfassender Services, mangelnde Wettbewerbsfähigkeit im Verhältnis zu existierenden marktbeherrschenden Unternehmen in Bezug auf Preise und höhere Ressourcenaufwände für die Entwicklung von Services mit höheren Standards zum Schutz der Privatsphäre lassen diesen Ansatz jedoch nicht erfolgversprechend sein. Daher werden spezifische Regulierungen von Branchen hinsichtlich der Datensammlung und -auswertung notwendig sein, um die Vormachtstellungen und die Auswertung der Daten mit rechtlichen Mitteln zu reduzieren.

Der Staat bzw. der Gesetzgeber sieht die Notwendigkeit der bestmöglichen Abwehr einer sich verändernden Bedrohung. Er darf dabei jedoch auch zukünftig nicht in unverhältnismäßigem Ausmaß grundrechtseinschränkende Maßnahmen vorsehen, die zu einer „Erosion"[47] des Rechtsstaates führen könnten. Bei der Weiterentwicklung von Informations- und Kommunikationstechnologiestrukturen sollte man eher an den Normalfall (E-Commerce und E-Government-Nutzung) als den Ausnahmefall (Terrorismus) denken.[48] Durch die Häufung derartiger Ausnahmefälle in den letzten 15 Jahren ist zu berücksichtigen, dass der Vorteil des Nutzens von Technologie nicht einer Seite überlassen werden kann. Aufgabe insbesondere der Gesetzgebung, der Gerichtsbarkeit und der Lehre wird weiterhin die kritische Auseinandersetzung mit der Frage sein, welche Bedingungen an einen Eingriff in ein Grundrecht im Einzelfall zu knüpfen sind.

---

[47] Diese Begrifflichkeit wurde in Anlehnung an Ortner (2015) gewählt.
[48] Roßnagel (2002), 33.

Literatur

Adensamer, Angelika/Sagmeister, Maria, Die umkämpfte Verfassung: Kommentar zum Polizei-lichen Staatsschutzgesetz, juridikum 2015, 301.

Arnstein, Sherry R. "A Ladder of Citizen Participation," JAIP, Vol. 35, No. 4, July 1969, 216-224.

Balthasar, Alexander, Grenzen direkter Demokratie (in der Legislative), in: Jusletter IT 20. Februar 2013.

Bertel, Maria, (2014), Informationsfreiheit statt Amtsgeheimnis, JRP 22, Verlag Österreich, Wien, 203

Brown, Patrick and Gutmann, Jerg and Voigt, Stefan, Let the Sunshine in: Why Countries Adopt Freedom of Information Acts (March 6, 2014) http://dx.doi.org/10.2139/ssrn.2405415

Desyllas, Panos /Sako, Mari (2013), Profiting from business model innovation: Evidence from Pay-As-You-Drive auto insurance, Research Policy 42 (2013) 101

Eisenberger, Iris (2011), Die Macht der Algorithmen: Der Verlust der Öffentlichkeit durch Per-sonalisierung im Netz In: Frühwirth, Ronald, Kaupa, Clemens, Rössl, Ines, Stern, Joachim, juridikum 4/2011, 517-522 (519-522).

Gayle, Damien in The Guardian (2016), Labour should continue to fight Brexit, says Owen Smith, http://www.theguardian.com/politics/2016/aug/24/owen-smith-labour-should-continue-to-fight-brexit

Gerpott, Torsten J. und Berg, Sabrina (2012), Preferences for pay-as-you-drive insurance offers among residential customers in Germany – a conjoint-analytical investigation, Int. J. Services Technology and Management, Vol. 17, No. 1, 22–53.

Helbing, Dirk (2015), Societal, Economic, Ethical and Legal Challenges of the Digital Revolu-tion, in: Jusletter IT 21. Mai 2015.

Heussler, Vinzenz; Schossböck, Judith; Böszörmenyi, Janos (2016), Aspekte der Inklusion aus Sicht der E-Partizipation, in: Jusletter IT 25. Februar 2016, Weblaw AG.

Hiesel, Martin (2016) Entwicklungen der Rechtsstaatsjudikatur des Verfassungsgerichtshofs, ÖJZ 2016/28.

Hiesel, Martin, (1999), Die Rechtsstaatsjudikatur des Verfassungsgerichtshofes, ÖJZ 1999, 52

Hindman, Matthew (2009), The Myth of Digital Democracy, Princeton University Press.

Holm, Erik, Progressive to Offer Data-Driven Rates, Wall St. J. (2011), http://www.wsj.com/news/articles/SB10001424052748704433904576212731238464702

Kanduth, Gernot, (2016), Auf bestem Weg zum „Rechtsstaat light"? in: Vereinigung d. ö. Rich-ter, RZ 2016, 53.

Lehofer, Hans Peter (2015), Ministerialentwurf für ein Polizeiliches Staatsschutzgesetz: Staats-schutzaufgaben Besondere Ermittlungsmaßnahmen SPG Novelle, ÖJZ 2015/45, 337.

Lehofer, Hans Peter (2016), Ein neuer Geheimdienst für Österreich? Nationalrat beschließt Polizeiliches Staatsschutzgesetz, ÖJZ 2016/20, 145.

Lessig, Lawrence (1999), Code and other Laws of Cyberspace, Basic Books.

Ljiphart, Arend (1999), Patterns of Democracy: government forms and performance in thirty-six countries, Yale University.

Macintosh, Ann, (2004), Characterizing E-Participation in Policy-Making, Proceedings of the 37th Hawaii International Conference on System Sciences.

McGrath, Kathy; Elbanna, Amany; Hercheui, Magda; Panagiotopoulos, Panagiotis; Saad, Eliza-beth (2012), Exploring the Democratic Potential of Online Social Networking: The Scope and Limitations of e-Participation, Communications of the Associationfor Information Sys-tems: Vol. 30, Article 16.

Obama, Barack (2009). Memorandum for the Heads of executive Departments and Agencies. Transparency and Open Government, http://www.whitehouse.gov/the_press_office/Transparency_and_Open_Government/

Oberndorfer in Korinek/Holoubek (Hrsg.) (2000), Österreichisches Bundesverfassungsrecht, Band II Kommenar zum B-VG, 1. Halbband, Art 1, Springer.

Oppitz, Florian (2013), Der Demokratiebegriff des EGMR, juridikum 2013

Ortner, Christian, (2015), Die Erosion des Rechtsstaates Am Beispiel der Luftraumbeschränkungen anlässlich G7 und Bilderburg, ZVR 2015/173, 321

Parycek, Peter (2008), Positionspapier zu E-Democracy und E-Participation in Österreich, http://reference.e-government.gv.at/fileadmin/_migrated/content_uploads/EDEM-1-0-0-20080525.pdf

Parycek, Peter/Rinnerbauer, Bettina /Domnik, Neja, Informationsfreiheit im Rechtsvergleich: Österreich, Hamburg, Slowenien, in: Jusletter IT 26. Februar 2015.

Robinson, David/Yu, Harlan/Rieke, Aaron, Upturn, (2014), Civil Rights, Big Data and Our Algorithmic Future: A September 2014 report on social justice and technology, Upturn, Version 1.2, veröffentlicht unter Creative Commons Attribution 4.0 license (http://creativecommons.org/licenses/by/4.0/), unter https://bigdata.fairness.io/ abrufbar.

Roßnagel, Alexander (2002), Freiheit im Cyberspace, Informatik Spektrum 25 Februar 2002, Springer.

Schulte, Axel (2001), Demokratie und Rechtsstaat als Wechselbeziehung. Zur Interpretation des Verhältnisses von Demokratie und Rechtsstaat in der politischen Philosophie von Norberto Bobbio In: Becker, Michael; Lauth, Hans-Joachim; Pickel, Gert (Hrsg.), Westdeutscher Verlag

Schweighofer, Erich (2011), Ist ICANN die Kolonialregierung des Internet? In: juridikum Nr. 4/2011, 471-477.

Siddique, Haroon in: The Guardian (2016) http://www.theguardian.com/politics/2016/jun/23/eu-referendum-legally-binding-brexit-lisbon-cameron-sovereign-parliament

Standards der Öffentlichkeitsbeteiligung (2008; vom Ministerrat beschlossen am 2.7.2008), 12 https://www.bka.gv.at/DocView.axd?CobId=33730

Van Deursen, Alexander und Dijk, Jan van (2010), Internet skills and the digital divide, new media & society 13(6) 893–911, DOI: 10.1177/1461444810386774, Sage Publications.

Europa:
Globalisierung und Regionalisierung

Wo ist Europa in der Globalisierungsdebatte?

Heinz Gärtner

Zusammenfassung

In dem Beitrag wird der Frage nachgegangen, welchen Stellenwert Europa in der akademischen Debatte in den USA über die neue Welt einnimmt. Die Auseinandersetzung wir vor allem von den großen Schulen Realisten und liberalen Internationalisten geführt. Sie dreht sich um zentrale Frage, ob sich neue konkurrierende Pole herausbilden werden, oder ob sich eine liberale Weltordnung mit gemeinsamen Regeln und Normen (Ikenberry) durchsetzen wird. Offen ist, ob die Welt „post-American" (Zakaria) oder ob sie von einem amerikanischen Jahrhundert geprägt sein wird. China wird als die große Herausforderung gesehen. Europa wird als gegebene Größe angenommen, oder die Welt als „post-European" (Haass) bezeichnet. Eine neue Dynamik erhielt die Diskussion mit der Ankündigung des US-Präsidenten Barack Obama zu Beginn 2013, ein "Transatlantic Trade and Investment Partnership" (TTIP) verhandeln zu wollen. Die USA und Europa könnten damit globale Standards und Prinzipien setzen, die autokratische Staaten wie China integrieren (liberale Internationalisten) oder isolieren (Realisten).

Die Welt aus der Sicht Europas

In der gegenwärtigen Welt bedarf es angesichts der neuen komplexen Herausforderungen globaler Lösungen. In diesem Zusammenhang stellt sich die Frage, welcher Ansatz am effektivsten wäre, um den heutigen Problemen gerecht zu werden. Sind die traditionellen transatlantischen Beziehungen, die sich auf eine gemeinsame Bedrohung, ökonomische Interdependenz und gemeinsame Werte stützen, dazu geeignet, die Sicherheitsherausforderungen zu bewältigen, oder ist Europas Rolle in der Welt, vor allem im Verhältnis zu den USA, abhängig von seinem Beitrag zur Lösung der globalen Probleme? Ist Barack Obamas Strategie des Engagements sowohl von Partnern als auch Konkurrenten und potentiellen Rivalen die richtige Herangehensweise?

Die USA und ebenso Europa stehen vor globalen Herausforderungen, wie Klimawandel, nukleare Proliferation, Terrorismus, Wirtschafts- und Finanzkrise, Energieversorgung, regionale Konflikte mit globalen Auswirkungen u.a. Die traditionellen transatlantischen Beziehungen, die auf gemeinsamen Werten und wirtschaftlicher Interdependenz beruhen, sind wichtig, reichen aber zur Lösung dieser Probleme nicht mehr aus. Genauso wie die USA muss Europa seine Rolle neu definieren. Es muss sich fragen, welchen Beitrag es in der globalisierten Welt leisten will und kann. Amerika und Europa sind wichtige Akteure, die Einbeziehung anderer ist notwendig. Auf wirtschaftlicher, institutioneller Ebene werden beispielsweise die G-20 oder auch die BRICS-Staaten immer bedeutender und lösen zunehmend die G-7/8 (wovon Russlands Mitgliedschaft 2014 wegen der Ukrainekrise ausgesetzt wurde) ab. Die BRICS repräsentieren immerhin 40 Prozent der Weltbevölkerung und generieren 20 Prozent der Weltproduktion, wobei 70 Prozent von China hergestellt werden. Sie gründeten im Sommer 2014 eine neue Entwicklungsbank und denken über regionale Sicherheitsorganisationen als Alternative zur NATO nach. Sie wollen neue Mitglieder in Afrika und Asien gewinnen.

Die Globalisierung setzte einen Prozess der Vereinheitlichung von Standards, Normen, Werten und Regulationsmustern in Gang, wodurch ökonomische und politische Differenzierungen zwischen territorial und staatlich verfassten Gesellschaften verschwimmen. „Global governance" ist ein Instrument für die Bearbeitung globaler Probleme von zunehmender Komplexität und Interdependenz. Für „global governance" ist ein dialogischer und kooperativer Prozess notwendig, der die verschiedenen Handlungsebenen aus unterschiedlichen Bereichen in der Politik, Wirtschaft und Gesellschaft zusammenführt und vernetzt. (Vgl. Gärtner 2008, S. 92) Interdependenz ist jedoch kein neues Phänomen. Ursprünglich, in den siebziger Jahren, gebrauchten Robert Keohane und Joseph Nye (1977, 2011) das Konzept der komplexen Interdependenz, um die vielfältigen, in einer sich globalisierenden Welt entstehenden Beziehungen zu beschreiben. Bereits zuvor schrieb der spätere außenpolitische Berater Barack Obamas, Anthony Lake (1976. Vgl. auch Mann 2012), dass wohl eine der größten Herausforderungen für die USA die zunehmende Interdependenz in den Bereichen Wirtschaft, Sicherheit und Ökologie sein werde. Ein System des „Mächtegleichgewichts" oder ein „globales Netzwerk politischer und militärischer Allianzen", wie das Kagan (2008) fordert, sind keine effektiven Mittel zur Bewältigung der Herausforderungen im Zeitalter der Globalisierung; militärische Instrumente allein reichen gewiss nicht aus. In der Vorstellung amerikanischer Politologen und Denker über die „postamerikanische Welt" (Zakaria, 2012) spielt Europa nur eine untergeordnete Rolle. In der Phase der „Bipolarität" hatte Europa die Funktion des abhängigen sicherheitspolitischen Juniorpartners der USA. Im „unipolaren Moment" nach Ende des Kalten Krieges gab es per definitionem keine relevante globale Entscheidungskompetenz Europas. Eine von manchen Experten befürwortete „Multipolarität" würde Europa zwar eine Weltmachtrolle zuweisen, Europa aber in einem globalen Nullsummen- und Mächtespiel, das Aufrüstungsprozesse provozieren würde, alleine lassen. Beim Aufstieg des „Rests" und der „Zweiten Welt" (Khanna 2008) geht es um die neuen Mächte China, Indien, Brasilien und nicht um das alte Europa. Ikenberry (2011) spricht von einer von den USA gebauten liberalen Weltordnung und auch der Buchtitel Robert Kagans (2012) lautet „Die Welt, die Amerika gemacht hat", wenngleich er ein Bündnis von Demokratien unter der Führung der USA fordert. Charles Kupchan (2012) benutzt die Begriffe „USA" und „der Westen" synonym.

Die Interpretation der entstehenden Weltordnung durch das „Institut der Europäischen Union für Sicherheitsstudien" (EUISS) oszilliert zwischen den Begriffen „Interdependenz" und „Multipolarität", wobei die EU als globale Akteurin gesehen wird. Grevi (2009) entwickelte die Bezeichnung „Interpolarität" durch Verbindung der beiden Begriffe. Damit sollte die Gleichzeitigkeit der Prozesse von Globalisierung und Machtdifferenzierung zum Ausdruck gebracht werden. Richard Youngs (2014) glaubt nach Russlands Verhalten auf der Krim und in der Ukraine, dass die liberal-multilateralen Prinzipien der EU nicht mehr genügen. Die viel zu vagen Begriffe wie „Multilateralismus" und „universelle Normen" müssten mit entsprechenden geo- und machtpolitischen Mitteln ausgestattet werden. Deshalb schlägt Youngs den Begriff „multipolarer Liberalismus" vor. Die Notwendigkeit „liberaler Intervention" wäre nicht verschwunden; die idealistische Form des „peace-building" müsste aber in strategische Prioritäten eingebettet werden.

Der „European Council on Foreign Relations" argumentierte 2009, dass die globale Rolle Europas von seinem Beitrag zur Weltpolitik abhänge, da die drängenden Probleme und Gefahren globaler Lösungen bedürfen. Die Herausforderungen umfassen unter anderem die Wirtschafts- und Finanzkrise, den Klimawandel, Terrorismus, nukleare Proliferation und Abrüstung, organisierte Kriminalität und Pandemien. Globale Kooperation sei des Weiteren in der Beilegung regionaler Konflikte in Afghanistan, im Nahen Osten und Iran sowie der Erreichung eines Fortschritts bezüglich des nordkoreanischen Atomprogramms erforderlich. Schließlich zahlen die Europäer für Rüstung fast ein Viertel der weltweiten Ausgaben, etwa halb so viel wie die USA. Für China sind es zehn, für Russland fünf Prozent. Sie haben auch etwa 60.000 Soldaten weltweit stationiert, obwohl sie keineswegs so viele Verpflichtungen haben wie die Weltmacht USA. Die europäischen Staaten gemeinsam mit den entsprechenden europäischen Institutionen sind trotz Wirtschaftskrise mit fast 90 Milliarden Dollar die größten Geldgeber für internationale Hilfe. Sie geben mit beinahe 300 Milliarden Dollar auch annähernd so viel für innere Sicherheit aus wie die USA.

Oft verstehen die USA Globalisierung nicht wie die Europäer als Verlust von Souveränität, sondern als das Treffen souveräner Entscheidungen im globalen Netzwerk. Dabei kommt es oft zu Missverständnissen in den transatlantischen Beziehungen. Für die Europäer ist im Laufe des Integrationsprozesses Souveränitätsabgabe geradezu zu einem Grundwert geworden, während für die Amerikaner Souveränitätserhalt und Souveränitätsgewinn der Globalisierung übergeordnet sind. Liefert der Ansatz der Einbeziehung potentieller Partner, Konkurrenten und Rivalen die richtige Lösung? Sind traditionelle, auf gemeinsamer Bedrohung beruhende „transatlantische Beziehungen" sowie wirtschaftliche Interdependenz und gemeinsame Werte besser geeignet, globale Fragen anzugehen oder ist die weltweite Rolle Europas (vor allem in Bezug auf die USA) nur dann möglich, wenn die USA zur Weltpolitik beitragen?

Es ist selbstverständlich, dass wirtschaftliche Beziehungen das Verhältnis zwischen den USA und der EU stabilisieren können und gleichzeitig deren Blockbildung mit anderen Teilen der Welt verhindern. Es steht außer Frage, dass die wirt-schaftlichen Verflechtungen maßgeblich zur Stabilität der Beziehung zwischen den USA und der EU beitragen. Gegenseitige Investitionen amerikanischer und europäischer Unternehmen in den Vereinigten Staaten und Europa schaffen etwa 15 Millionen Arbeitsplätze. Zudem stellen die USA und Europa 65 Prozent der globalen Gesamtproduktion und ein Drittel des globalen Handels. (Neuss 2009; Hamiliton 2012) Die Europäer kaufen mit etwa 300 Milliarden Dollar drei Mal mehr amerikanische Waren als die Chinesen, und die Europäer verkaufen in die USA Handelsgüter im Wert von fast 400 Milliarden Dollar, zwei Mal mehr als nach China.[1] Auf die Eurozone entfallen 16 Prozent der weltweiten Exporte, d. h. deutlich über acht Prozent der US-amerikanischen und fünf Prozent der japani-schen Exporte. Europa ist auch in Asien wirtschaftlich tätig und zwar als Chinas erster und Indiens zweitgrößter Handelspartner. Zukünftig wird China auch der größte Investor etwa in Deutschland sein. Für den „Verband Südostasiatischer Na-tionen" („Association of Southeast Asian Nations" – ASEAN) bedeutet Europa auch die wichtigste Handelsadresse. Die EU beginnt, Freihandelszonen mit ver-schiedenen asiatischen Ländern zu verhandeln. Dessen ungeachtet sehen sich Eu-ropa und die USA mit den Folgen der ökonomischen und finanziellen Krise sowie großen Herausforderungen wie Klimawandel, Proliferation und Terrorismus kon-frontiert.

Die wirtschaftliche Kooperation ist kein Garant für die Bewältigung der globa-len Probleme und hat keinen direkten Einfluss auf die Qualität der politischen Be-ziehungen. Dies wurde etwa während der Administration von George W. Bush und seiner unilateralen Außenpolitik, die keinen negativen Einfluss auf die Wirt-schaftsbeziehungen zwischen den USA und Europa hatte, deutlich. Die Wirt-schaftsbeziehungen zwischen den beiden Ländern litten nicht. Realisten sehen in der Interdependenz sogar die Ursache für Konflikte zwischen Staaten, da sie die Verwundbarkeit jener erhöht. Ein Beispiel aus der Vergangenheit dafür, dass Wirtschaftsbeziehungen keine Garantie für friedliche Beziehungen sind, ist die Tatsache, dass in der Zeit des Annäherungsprozesses zwischen England und den Vereinigten Staaten vor dem Ersten Weltkrieg der Handel zwischen den beidewn Ländern zurückging. Andererseits waren die Handelsbeziehungen zwischen den späteren Kriegsparteien weitaus stärker als jene zwischen den USA und Europa heute. (Kupchan 2010)

Während Demokratie für die politische Kooperation förderlich sein kann, ist sie gewiss nicht ausreichend. Das Bekenntnis zur Demokratie bringt zwar Vorteile für die Bürger, jedoch ist es keine Garantie für eine erfolgreiche Problembewältigung. (Kupchan 2010) In Bereichen wie nukleare Proliferation, Terrorismus, Krieg und Frieden, Krisenmanagement, Wirtschaftskrise, Kohlendioxidemissionen ist prag-matische Kooperation essentiell.

---

[1]   OECD (2012), zitiert in: Centre for European Reform, Are Europeans a better transatlantic security partner than meets the eye? July 6, 2012.

Die traditionellen transatlantischen Beziehungen, deren festes Fundament die gemeinsame Bedrohung bildete, reichen zur Bewältigung sicherheitspolitischer Herausforderungen nicht mehr aus. Eine strategische Neuorientierung im Sinne der Einbindung von Partnern und Rivalen erscheint notwendig. Erfolge verdeutlichen folgende Beispiele: die Verbesserung der Beziehungen zwischen den USA einerseits und Chile, Brasilien und Argentinien andererseits, sowie zwischen Brasilien und Argentinien in den achtziger Jahren und jenen zwischen den USA und den Philippinen unter der Herrschaft Ferdinand Marcos'.

Die NATO befindet sich in einem tiefgreifenden Wandel. Sie ist heute weitaus mehr als ein gegen die von der Sowjetunion ausgehende Bedrohung gerichtetes Verteidigungsbündnis. Mit dem Wegfall der Bedrohung durch die Warschauer-Pakt-Staaten stehen heute friedens- und stabilitätsfördernde Operationen auf der Agenda der NATO. Vor dem Hintergrund der Veränderungen in der internationalen sicherheitspolitischen Situation findet eine strategische Neuausrichtung der atlantischen Allianz statt, die den andersartigen, nicht militärischen und nicht territorialen Charakter der Herausforderungen des globalen Zeitalters berücksichtigen muss. Dazu zählen der Klimawandel, nukleare Proliferation, Terrorismus oder etwa der demografische Wandel. Auf der anderen Seite muss die NATO angesichts ihres Erbes des Kalten Krieges in der Form von einer großen Anzahl an Streitkräften eine Modifizierung hinsichtlich der in Artikel V ihres Vertrages festgelegten territorialen Verteidigung vornehmen, da nach Ende des Kalten Krieges keine unmittelbare Bedrohung des Territoriums der Allianz im klassischen Sinne mehr bestand. Einige NATO-Mitglieder sehen in der Ukrainekrise im Sommer 2014 eine Rückkehr territorialer Bedrohung durch Russland. Es muss aber betont werden, dass dadurch all die nicht territorialen Herausforderungen ja nicht verschwinden.

Obwohl Präsident Obama immer wieder betonte, dass für ihn die Europäer die bevorzugten Partner wären, ist Europa nicht mehr der alleinige und wichtigste Bezugspunkt für die USA, wie es die transatlantischen Beziehungen, die sich während des Kalten Krieges entwickelt haben, nahelegen würden. (Vgl. Leonard 2012) Auch hätten weitaus die meisten Europäer (etwa 60 Prozent) trotz zunehmender Kritik Obama wieder gewählt. Zwar waren die Europäer bei bestimmten Konflikten wie beim iranischen Nuklearprogramm, bei der Libyen- und bei der Syrienkrise die ersten Ansprechpartner. Die transatlantische Achse reicht aber bei Weitem nicht mehr aus, um den globalen Herausforderungen gerecht zu werden. Es ist richtig, dass beide Seiten des Atlantiks an der Aufrechterhaltung einer liberalen und marktwirtschaftlichen Weltordnung im Sinne Ikenberrys interessiert sind. Die USA, so wie übrigens auch China, wären aber weiterhin nicht glücklich, wenn sie durch einen vertraglichen Multilateralismus gebunden wären, während die EU an institutionalisierten Regeln bei der Lösung von globalen Fragen, wie bei Klimaerwärmung und schweren Menschenrechtsverletzungen, interessiert wäre. Für die republikanische Opposition ist die EU daher eher ein Hemmschuh, wird sie doch immer wieder als nicht nachzuahmendes Beispiel verwendet. Versuche multilateraler Großmachtkooperation wurden bereits in der Vergangenheit immer als Antwort auf große Krisen unternommen. Beispiele dafür sind der Wiener Kongress (1815), der Völkerbund (1918), die Vereinten Nationen (1945) oder die Globalisierung nach 1989/1990.

Nach dem vorläufigen Scheitern von Barack Obamas und Hillary Clintons „reset"-Politik mit Russland wegen dessen Einverleibung der Krim und Einflussnahme in der Ukraine sowie wegen Chinas offensivem Auftreten in Südostasien ist Hillary Clintons Entwurf einer „multipartnerschaftlichen Welt" in den Hintergrund getreten und das Bild einer „multipolaren Welt" wiederbelebt worden. Diese Entwicklung impliziert die Wiederkehr von geopolitischer Polarität und ideologischen Differenzen, die aber erfolgreicher globaler Kooperation die notwendigen Grundlagen entziehen.

Wir bewegen uns auf eine neue Weltordnung zu, deren künftige Gestalt noch ungewiss ist. Sie kann eine liberale Ordnung sein oder eine von autoritären Mächten dominierte, sie kann polarisierend, ein auf Regeln basierendes Mächtekonzert oder zu einem Chaos werden. Zwar ist unbestritten, dass die USA und Europa wichtige, die Weltpolitik mitgestaltende Akteure bleiben werden. Allerdings ist die Notwendigkeit der Entwicklung neuer Konzepte und Strategien zur Gestaltung der Beziehungen ebenso selbstverständlich. Nicht das Verhältnis zwischen den beiden Mächten als ein Endzustand, sondern die Frage, welchen Beitrag Europa und die USA zur Lösung globaler Probleme gemeinsam leisten können, ist hierbei vorrangig.

Eine Gesellschaft von Staaten oder eine internationale Gesellschaft entsteht dann, wenn gemeinsame Interessen und Werte einer Staatengruppe vorliegen, die sich selbst durch gemeinsame Regeln gebunden fühlt und über gemeinsame Institutionen verfügt. Dadurch verändern sich auch die „global commons", also die Güter, die für alle globalen Akteure unerlässlich sind und zu denen ein globaler Zugang möglich sein muss.

Das transatlantische Freihandelsabkommen (TTIP)

In seiner Rede zur Lage der Nation 2013 hat US-Präsident Barack Obama angekündigt, ein Freihandelsabkommen zwischen den Vereinigten Staaten und der Europäischen Union zu schaffen. Das „Transatlantische Freihandels- und Investitionsabkommen" hat ein neues Element in die Debatte eingeführt. In einer solchen Vereinbarung geht es nicht nur um die Belebung von Handel und Investitionen, Schaffung von Arbeitsplätzen und Abschaffung von Zöllen, sondern auch um die Zukunft der Welt. Liberale Internationalisten betrachten dies als eine Chance, um die regelbasierte liberale Weltordnung zu unterstützen. Diese Vereinbarung, die als „Transatlantic Trade and Investment Partnership" (TTIP) bekannt ist, könnte eine weitere stabile Basis für die Marktwirtschaft und liberale Demokratien liefern, sowie deren globalen Einfluss stärken. Des Weiteren könnte eine solche transatlantische Partnerschaft dazu beitragen, die Normen gegenüber Schwellenländern zu erweitern. Dies könnte auch das multilaterale System ergänzen und verstärken, und zur Entwicklung der globalen Regeln beitragen. Liberale Interna-

tionalisten argumentieren, dass TTIP langfristig das Potenzial hat, neue internationale Standards, gemeinsame Normen und Werte zu schaffen.

Auf der einen Seite würde TTIP die nicht teilnehmenden Mächte in das neue
System ziehen, weil sie vom Zugang zu den neuen Märkten profitieren; auf der
anderen Seite würde TTIP diese Kräfte in eine bestimmte Richtung schieben, weil
sie davon abhängig wären. Jedes Land könnte beitreten, wenn es die Normen und
Prinzipien des TTIP akzeptieren würde. Die USA und Europa würden gemeinsam
eine wirtschaftlich und politisch einigende Kraft bilden, die die neuen aufstrebenden Akteure wie China, Indien, Brasilien, Russland und andere etablierte Wirt-
schaftsmächte integrieren würde. Die Türkei hat ihr Interesse an der Teilnahme an
TTIP ausgedrückt, während Brasilien ein altes Handelsabkommen mit Europa
wiederbeleben möchte. Das würde die Bemühungen für ähnliche Abkommen mit
Asien und dem Pazifik wie z. B. die multilaterale „Trans-Pacific Partnership"
(TPP) oder das bilaterale Freihandelsabkommen mit Korea (KORUS) und Vietnam unterstützen. Die USA arbeiten noch mit Kanada, Mexiko, Peru und Chile
am östlichen Ufer des Pazifiks, um die Trans-Pazifik-Partnerschaft mit den Han-
delspartnern in Ostasien zu verhandeln. Jedoch können die näheren Vorschriften
und Normen sehr unterschiedlich sein. Es gibt grundlegende Unterschiede in der
Agrarpolitik, wie z. B. Streitigkeiten über genetisch manipulierte Produkte, Ar-
beitsgesetze in Bezug auf Mindestlöhne und Wirtschaftspolitik auf Defizitfinan-
zierung. Zusätzlich würden Kritiker behaupten, dass so ein US-EU-Abkommen
ärmere Länder ausschließen würde und daher ein globales Handelsabkommen
wünschenswert wäre. Des Weiteren würde es der Regulierungsarbeit der „World
Trade Organization" (WTO) entgegenstehen.

Geostrategen und Realisten würden argumentieren, dass eine engere amerika-
nisch-europäische Beziehung (über TTIP) und eine bessere Zusammenarbeit der
USA mit den Asien-Pazifik-Staaten (über TPP) die Hebelwirkung des Westens
mit China erhöhen würde. Das würde auch das chinesische autokratische Modell
isolieren, das die Weltordnung dominieren könnte, wie Kagan und andere es
fürchten. Dieses Abkommen würde den USA ermöglichen, in Zusammenarbeit
mit Europa die globalen Regeln zu setzen und damit die Kontrolle über die globale wirtschaftliche „governance" zu halten. Auf diese Weise würden die USA und
Europa nicht nur ihren Status als führende Volkswirtschaften festigen, sondern
auch einen politischen Block von liberalen Demokratien aufbauen. Weder verhindert wirtschaftliche Interdependenz die politischen Beziehungen zu verbessern,
noch trägt sie dazu bei, d. h. es gibt keine Garantie für die Lösung politischer
Probleme. Das Erreichen politischen „rapprochements" ist keineswegs ausreichend, um gemeinsame Probleme zu lösen. Beide Seiten des Atlantiks bleiben extrem anfällig für die Wirtschafts- und Finanzkrise, den Klimawandel, nukleare
Proliferation und Terrorismus. Realisten behaupten sogar, dass gegenseitige Abhängigkeit eine Ursache von Konflikten sein kann, weil sie die allgemeine Verwundbarkeit erhöht. Vor dem Ersten Weltkrieg waren gegenseitige Handelsbeziehungen zwischen den Ländern, die sich später zu Feinden entwickelten, stärker als
die heutigen Handelsbeziehungen zwischen den USA und Europa. Andererseits

verschlechterten sich die anglo-amerikanischen Wirtschaftsbeziehungen vor dem Ersten Weltkrieg, während sich „rapprochement" entscheidend entwickelte.

Diese Partnerschaft zwischen den USA und der EU könnte, abgesehen von den erwarteten wirtschaftlichen Vorteilen wie Ausweitung des Handels und Senkung der Zölle und nicht tarifären Handelsbeschränkungen, neue globale politische Standards, Normen und Prinzipien festlegen. Liberale Internationalisten verbinden damit die Hoffnung, dass auch Nichtteilnehmer wie Indien und Brasilien und selbst nicht demokratische Staaten wie Russland und China in den Sog dieser Dynamik geraten und diese Standards zunehmend übernehmen. Vertreter der realistischen Schule und der Geopolitik hingegen glauben, dass diese Standards und Normen nicht demokratische Staaten nicht integrieren, sondern isolieren würden.

Europa, eine militärische Macht?

Ob „Multipolarität" mit der EU als globale Akteurin, „Interpolarität" oder „Multipartnerschaft", die Welt benötigt globale Lösungen für globale Herausforderungen wie z. B. die Wirtschafts- und Finanzkrise, den Klimawandel, die Verbreitung von Atomwaffen und Abrüstung, Terrorismus, organisierte Kriminalität, Pandemien usw. Darüber hinaus erfordern regionale Konflikte wie z. B. in Afrika, am Balkan, im Nahen Osten sowie das Atomprogramm Nordkoreas gemeinsames globales Engagement.

Ein Bericht der Hohen Repräsentantin der EU[2] „The European Union in a changing global environment: A more connected, contested and complex world" (2015) fordert eine gemeinsame, umfassende und konsistente globale Strategie der Europäischen Union: "With conflicts proliferating and escalating, a proactive rather than reactive EU policy must combine early warning, conflict prevention, crisis management and peacebuilding in a coherent whole. This, in turn, is to be connected to long-term state-building and development efforts." Globale Lösungen beschränken sich nicht allein auf militärische Beiträge, wobei Europas Beitrag nicht unterschätzt oder ignoriert werden sollte.

Allgemein werden etwa 60.000 europäische Soldaten in verschiedenen ausländischen Missionen eingesetzt. Die gemeinsamen Verteidigungsausgaben der EU machen die Hälfte dessen aus, was die Vereinigten Staaten für die Verteidigung aufwenden. Die Sparpolitik auf beiden Seiten des Atlantiks verursacht Kürzungen bei den Militärausgaben. Dies wiederum führte 2011 zu Klagen des ehemaligen US-Verteidigungsministers Robert Gates, wonach die europäischen Länder zu wenig zu den gemeinsamen Verteidigungsanstrengungen beitragen würden. NATO und EU versuchen mit Konzepten wie „smart defense" und „pooling and sharing" Kosten zu reduzieren und Prioritäten zu setzen. Aber warum sollte Europa mit den USA im Verteidigungsausgabensektor konkurrieren oder gleichziehen? Sie sind

---

2   The Council of the European Union (2015): The European Union in a changing global environment: A more connected, contested and complex world, July 2015.

weder Feinde noch Rivalen. Auf EU-Militärausgaben entfallen immerhin mehr als ein Fünftel der gesamten weltweiten Militärausgaben. Die Europäer wenden so viel für die Verteidigung auf wie Russland, China, Indien und Brasilien zusammen. So gesehen erscheint die EU als echtes „militärische Schwergewicht". Im Zuge der Krise in der Ukraine wurden wieder Forderungen erhoben, dass Europa seine Verteidigungsausgaben erhöhen sollte. Dafür kann es gute Gründe geben, wobei Russlands konventionelle Bedrohung für den Westen begrenzt ist. Russland gibt ein wenig mehr aus als Großbritannien oder Frankreich und China etwa doppelt so viel wie Russland. Russlands Verteidigungsausgaben betragen etwa acht Prozent von denen des nordatlantischen Bündnisses.

Daraus ergibt sich die Frage, was der Schwerpunkt von Sicherheit ist: a) „nationale Sicherheit", die auf territoriale Verteidigung begrenzt ist, b) „menschliche Sicherheit", die die Verantwortung betont, Menschen unter den Bedingungen von regionaler Destabilisierung, zerfallenden Staaten, Armut, des demografischen Wandels und von Flüchtlingsströmen sowie Pandemien zu schützen, oder c) „globale Sicherheit", die globale Herausforderungen wie etwa die Klimaveränderung, die Verbreitung von Nuklearwaffen, den internationalen Terrorismus thematisiert. Tatsächlich scheint es, dass die USA sich immer mehr auf die „nationale Sicherheit" konzentrieren, während die EU mehr „die menschliche und globale Sicherheit" betont. Sie tut das vor allem im multilateralen Kontext der Vereinten Nationen. Die NATO hatte sich gewandelt, als sie nicht mehr mit der Herausforderung eines direkten territorialen Angriffs der Sowjetunion und des Warschauer Paktes konfrontiert war. Seit den neunziger Jahren setzte die NATO ihre Kräfte zur Unterstützung von Stabilisierungseinsätzen „out-of-area" am Balkan und „out-of-continent" in Afghanistan ein. Auf dem Chicago-Gipfel im Mai 2012 wurde von der NATO anerkannt, dass die meisten direkten Bedrohungen für die Sicherheit der NATO-Mitgliedstaaten weder einen militärischen noch einen territorialen Charakter haben, sondern Probleme wie Klimawandel, Verbreitung von Kernwaffen, Terrorismus und demografischen Wandel umfassen. Gleichzeitig gibt es in der NATO politische und militärische Kräfte, die keine strukturellen geopolitischen Veränderungen seit dem Kalten Krieg sehen. Für sie hat territoriale Verteidigung, wie das in Artikel V des Washingtoner Vertrages der NATO definiert wird, Vorrang. Die neuen EU- und NATO-Mitglieder drängen seit den Ereignissen in der Ukraine in der ersten Hälfte von 2014 zunehmend darauf, wieder die Territorialverteidigung in den Vordergrund zu stellen. Die europäischen Armeen haben die Strukturen des Kalten Krieges noch großteils beibehalten. Nur 15 Prozent der europäischen Streitkräfte sind in der Lage, in einem Expeditionskontext eingesetzt zu werden.

Dennoch, die globalen Herausforderungen sind nicht auf die Krise in der Ukraine beschränkt. Die Terrororganisation „Islamischer Staat" im Irak und in Syrien hat das überdeutlich gezeigt. Krisen wie auf dem Westbalkan und in Afrika, der Golfregion, im Nahen Osten, im Pazifik und in Ostasien werden bleiben. Wegen der globalen Anforderungen werden die USA und die EU sich bis zu einem gewissen Grad und in Bezug auf Kapazitäten und die geografischen Gebiete auf eine gewisse Arbeitsteilung einigen müssen.

Die EU-Mitgliedstaaten sind in der Lage zu handeln, wenn Probleme auftreten und gemeinsame Interessen auf dem Spiel stehen. Im Jahr 2000 schickte Großbritannien Truppen nach Sierra Leone; im Jahr 2002 wurden französische Truppen an der Elfenbeinküste, in Mali und Zentralafrika eingesetzt, um Unruhen zu unterdrücken. In Afghanistan verloren die Europäer etwa 1.000 Soldaten, während in Bosnien und im Kosovo die meisten Truppen aus Europa waren. In der Libyenmission übernahmen Großbritannien und Frankreich die Führung, auch wenn sie noch nicht über ausreichende Fähigkeiten verfügten. In Mali und Zentralafrika griff Frankreich mit wenig internationaler Unterstützung ein. In dieser Hinsicht ist es zweifelhaft, ob die USA diese Vorgänge ohne europäische Initiative durchgeführt hätten.

Die NATO-Operation in Libyen war anfänglich eine erfolgreiche US-europäische militärische Zusammenarbeit, in der die USA den größten Teil der Intelligenz, der Überwachung und der Aufklärung zur Verfügung stellten. Ebenso wurden die Ziel-fassung und das Auftanken in der Luft von den USA übernommen. Die Koalition, bestehend aus den USA und europäischen Ländern mit Unterstützung der Arabischen Liga, beschloss Gewalt anzuwenden, um libysche Zivilisten gegen be-waffnete Angriffe des libyschen Regimes zu schützen. Die Resolution 1973 des UN-Sicherheitsrates von März 2011 betonte die Verantwortung der libyschen Behörden zum Schutz der libyschen Bevölkerung. Des Weiteren mussten die Parteien während des bewaffneten Konfliktes „die nötigen Schritte in die Wege leiten, um den Schutz der Zivilbevölkerung zu gewährleisten".

Die Intervention erfüllte die Kriterien der „menschlichen Sicherheit", deren Hauptzweck der Schutz der Zivilbevölkerung vor schweren und systematischen Menschenrechtsverletzungen ist. Für das US-Außenministerium waren nicht die möglichen militärischen Gefahren ausschlaggebend, sondern die humanitären Gründe. Es gab ein Mandat des Sicherheitsrates, das von einer Koalition der NATO-Staaten umgesetzt wurde. Darüber hinaus wurde der gemeinsame Beschluss von der Arabischen Liga unterstützt. Die Vereinigten Staaten signalisierten insbesondere, dass sie diesmal auf einen einseitigen Ansatz verzichten würden, wobei Frankreich und Großbritannien die Führung offiziell übernahmen. Basierend auf dem Prinzip der „Responsibility to Protect" (R2P)[3] stellte die libysche Intervention einen Ausdruck des Wandels staatlicher Souveränitätsnormen dar und damit wurden auch neue Ideen über eine komplexe Reihe von Legitimität und Autoritätsnormen entwickelt.

Die Legitimität der Libyenintervention basierte auf dem Prinzip der R2P, das in eine Resolution des UN-Sicherheitsrates eingeschlossen war. Wenn es diese legitime, international kompetente und nachhaltige Autorität nicht gäbe, dann würden Regierungen und NGOs für sich selber entscheiden, ob und wann Menschenrechte

---

[3]   The Responsibility to Protect Report of the International Commission on Intervention and State Sovereignty, December 2001.

verletzt werden. Ähnlich würden die neokonservativen Nationalisten vielleicht bestimmen, wo die Demokratie gefördert werden muss (mit oder ohne Gewaltanwendung). Das von dem Bericht angemahnte Prinzip zur Verantworrtung zum Wiederaufbau („Responsibility to Rebuild") wurde aber nach der Intervention vollständigt vernachlässigt, sodass es zu bürgerkriegsähnlichen Zuständen kam.

Frankreichs militärische Intervention in Mali im Februar 2013 zeigte, dass Frankreich noch immer imstande ist, eine große Streitmacht in Afrika südlich der Sahara einzusetzen. Wie das Beispiel Libyens aus dem Jahr 2011 zeigt, ist die Sicherheits- und Verteidigungspolitik der EU stark von Großbritannien und Frankreich abhängig. Diese beiden Staaten sind die einzigen EU-Mitglieder, die derzeit bereit sind, Macht militärisch zu projizieren.

Laut der Resolution 2100 des Sicherheitsrates der Vereinten Nationen vom 25. April 2013 basierte die „Mehrdimensionale Integrierte Stabilisierungsmission in Mali" (MINUSMA), die die „African-led International Support Mission in Mali" (AFISMA) ersetzte, auf einem breiten Mandat. Sie unterstützt die malischen Übergangsbehörden bei der Stabilisierung des Landes, mit einem speziellen Fokus auf Ballungszentren, Kommunikationslinien, den Schutz der Zivilbevölkerung und Überwachung der Menschenrechte sowie die Schaffung von Bedingungen für die Bereitstellung humanitärer Hilfe und die Rückkehr der Vertriebenen, die Verlängerung der staatlichen Autorität und die Vorbereitung von freien, umfassenden und friedlichen Wahlen.

Dennoch sind die Europäer noch immer indirekt abhängig von US-Unterstützung, sogar ohne die Beteiligung von US-Truppen. In Libyen und Mali haben die Vereinigten Staaten Intelligenz, Drohnen, Kampfjets, die Betankung und den Transport von Flugzeugen, Munition und Raketen geliefert. Die USA scheinen diese Arbeitsteilung zu akzeptieren, vor allem weil sie mehr Ressourcen im Pazifik einsetzen wollen. Allerdings erwarten die USA, dass die Europäer mehrere Fähigkeiten bereitstellen. Das ist nicht nur eine Frage der Militärausgaben, sondern die Entstehung einer neuen globalen Strategie.

Wo ist Europa in der amerikanischen Debatte?

Seit dem Ende der Bush-Administration hat es eine Diskussion unter amerikanischen Wissenschaftlern gegeben, welche Art von Welt entstehen wird. In diesen amerikanischen akademischen Debatten spielt Europa nur eine marginale Rolle, wobei deren Hauptsorgen der wahrgenommene Niedergang der USA und der Aufstieg Chinas sind. Europa wird nicht als ein wichtiger Machtfaktor in der neuen Welt betrachtet, sondern im besten Fall eher als ein natürlicher Verbündeter, der aus Marktwirtschaften und liberalen Demokratien besteht.

Nach dem Ende sowohl der „Bipolarität" des Kalten Krieges als auch des „unipolaren Moments" sprechen die meisten Beobachter ganz allgemein von einer „multipolaren Welt", die einige wenige Akteure umfasst, darunter die USA, Europa, China und Russland. Diese Welt beinhaltet Konzepte wie Polarisierung, Kräftegleichgewicht und Nullsummenspiel. Alle Akteure sind potentielle Feinde. Richard Haass' „nicht polare Welt" würde in den G-20 größere Bedeutung sehen. Den „Aufstieg des Restes" in einer „postamerikanischen Welt" (Zakaria, 2012; Khanna, 2008) gäbe es außerhalb der USA und Europas. In Joseph Nyes (2011) globalem dreidimensionalem Schachspiel spielt Europa nur auf dem mittleren Schachbrett – im wirtschaftlichen Bereich – eine Rolle. Auf dem obersten Schachbrett befindet sich die militärische unipolare Macht Amerikas, die es noch einige Zeit bleiben dürfte. Auf dem mittleren Schachbrett ist die wirtschaftliche Macht angesiedelt, die schon seit mehr als einem Jahrzehnt multipolar ist, wobei die USA, Europa, Japan und China die wichtigsten Spieler sind. Das untere Schachbrett ist der Bereich der transnationalen Beziehungen, die sich staatlicher Kontrolle entziehen. Nye lehnt die Vorstellung einer „postamerikanischen Welt" ab. Die Vereinigten Staaten würden die „erste", aber nicht die „einzige" Weltmacht bleiben. Für Richard Haass (2013) stellt der amerikanischen Vorrang noch immer eine gewisse Überlegenheit dar: Amerika habe immerhin die größte Wirtschaft, die besten Universitäten und sei wahrscheinlich auch die innovativste Gesellschaft der Welt. Europa dagegen bleibe weiterhin unter seinem wirtschaftlichen Leistungsoptimum. Dies sei das Ergebnis von Europas „Kirchturmpolitik, seiner ausgeprägten antimilitaristischen Kultur und den ungelösten Spannungen zwischen Nationalismus und dem europäischen Engagement für eine Union". (Haass 2013, S. 39) Laut Haass wird Europa in den nächsten fünfzig Jahren an Bedeutung verlieren. Für ihn „leben wir in einer posteuropäischen Welt". Im 21. Jahrhundert werde sich die asiatisch-pazifische Region zum Schwerpunkt der Weltwirtschaft entwickeln – wenn sie friedlich verwaltet wird. Laut John Ikenberry (2011) wird es für die USA innerhalb dieser neuen Weltordnung selbst möglich sein, Macht zu teilen und sich teilweise auf andere Akteure zu verlassen. Diese neue Machtverteilung werde die amerikanisch gebaute internationale Ordnung nicht zerstören, sondern effektiver gestalten. In diesem Zusammenhang spricht Ikenberry nicht von einer amerikanisch-europäisch gebauten Weltordnung. Eine neue Welt würde auf bestimmten Regeln, Normen und eine liberale Marktwirtschaft aufgebaut sein. Auf diese Weise wäre es dann möglich, neue Möglichkeiten für Schwellenländer und Drittstaaten zu schaffen, die sich am Rand dieser Weltordnung befinden. Nach Charles Kupchan (2012) ist die Zeit der westlichen Dominanz vorbei. Die Macht werde rund um den Globus weiter verbreitet und neu verteilt, wobei die nächste Welt niemandem gehören wird. Für Zbigniew Brzezinski (2012) hängt die Kapazität des amerikanischen Systems im globalen Wettbewerb zunehmend von der Fähigkeit ab, eigene, US-interne Probleme besser zu lösen. Wenn Amerika jetzt zögere, wird die Welt wahrscheinlich nicht von einem einzigen Nachfolger (z. B. China) dominiert werden. Keine einzige Macht werde die Rolle übernehmen, die die USA nach dem Zweiten Weltkrieg gespielt hat. Die USA müssten konstruktiv Chinas wachsenden globalen Status bedienen, sowie Russland und die Türkei zur Konfliktvermeidung engagieren. Europa bleibe weiterhin in seinen kulturellen, ideologischen und wirtschaftlichen Verbindungen – und konkret durch die NATO – ein kleiner, geopolitischer Partner der Vereinigten Staaten.

Robert Kagan (2012) ist der Ansicht, dass sich im Sinne der Festigung eines „Bundes von Demokratien" die Vereinigten Staaten und Europa weiter unterstützen sollten. Es ist nicht ohne Ironie, dass die US-Präsidentschaftskandidaten John McCain und Mitt Romney gerade auf Kagans Anraten sehr kritisch gegenüber dem europäischen Sozialmodell gewesen waren. Laut Kagan sind die Amerikaner vom Mars und die Europäer von der Venus. Gegen die Idee des „Bundes von Demokratien" kann man einwenden, dass Demokratie für politische Zusammenarbeit nicht ausreichend ist. Die Verpflichtung zur Demokratie ist gut für die Bürger, jedoch ist sie keine Garantie für eine verbesserte internationale Problemlösung. Wenn es um Kernwaffen, Terrorismus, Krieg und Frieden, Krisenmanagement, die Wirtschaftskrise und Kohlendioxidemissionen geht, sind pragmatische Kooperationen erforderlich.

Ebenso genügen traditionelle transatlantische Beziehungen, die auf der Grundlage einer gemeinsamen Bedrohung basieren, nicht mehr, um globale Fragen zu beantworten. Anstelle des Konzepts einer „multipolaren Welt" für globale Problemlösung sind multilaterale Lösungen erforderlich, wo immer möglich. Dies bedeutet nicht, dass der Wettbewerb, die Polarität und die ideologischen Differenzen verschwinden würden, man könnte jedoch eine Ebene der globalen Zusammenarbeit schaffen.

Während des Kalten Krieges waren die Beziehungen der USA zu Europa die wichtigste strategische Säule der liberalen Weltordnung. Seit dessen Ende spielt Europa in der amerikanischen Perspektive eine geringe Rolle. Vielfach wird Barack Obamas Orientierung nach Asien („pivot" oder „rebalancing") so interpretiert, dass, trotz gegenteiliger Beteuerungen, Europa für die USA immer weniger Bedeutung hätte. Manche Beobachter glauben, dass sich die Welt im „asiatischen Jahrhundert" befindet. Die Europäer sollten sich aber zugleich weniger darüber Sorgen machen, dass die USA mehr Interesse am asiatisch-pazifischen Raum zeigen, sondern sich darum bemühen, sich selbst an der Lösung globaler Probleme im Allgemeinen und im pazifischen Raum im Besonderen zu beteiligen. Wenn Europa nicht in der Lage ist, globale Visionen zu entwickeln, werden sich die USA weniger für Europa engagieren. Letztlich werden die amerikanischen Truppenreduktionen in Europa stark übertrieben. Insgesamt haben die USA weltweit 160.000 Soldaten auf 50 größeren Basen in 30 Ländern stationiert, die Hälfte von ihnen in Europa. Aus Deutschland werden etwa 11.000 Personen abgezogen, wodurch die militärische Präsenz auf etwa 70.000 fällt. Budgetär macht die Anwesenheit von US-Truppen in Europa ohnehin nur weniger als ein Prozent der Verteidigungsausgaben aus.

In der amerikanischen wissenschaftlichen Diskussion wird die Rolle Europas in der zukünftigen Welt weitgehend ignoriert. Die Debatten drehen sich vor allem um die USA und China. Die Herausforderungen für die USA und Europa auf einer globalen Ebene bleiben dieselben. Dazu gehören regionale Konflikte, Klimawandel und Ressourcenknappheit, die Gefahr von Nuklearwaffen, massive Menschenrechtsverletzungen, kriminelle und terroristische Organisationen sowie Cyberkriminalität.

Die Unstimmigkeiten, die zwischen einzelnen europäischen Staaten und den USA wegen der Überwachungspraktiken der „National Security Agency" (NSA) entstanden sind, verdeutlichen die Doppeldeutigkeit des neuen internationalen Systems. Einer breiteren Öffentlichkeit wurden die Spionageaktivitäten durch die Ent-hüllungen des ehemaligen Mitarbeiters Edward Snowden seit Mitte 2013 bekannt. Überwacht wurden (und werden) nicht nur Feinde, sondern auch Freunde und Bündnispartner. Das sind Mitglieder der NATO und der EU. Einerseits streben die USA Kooperation mit und Unterstützung von ihnen an, andererseits sind sie auf globaler Ebene auch Konkurrenten. Es geht bei Weitem nicht nur um Wirtschaftsspionage, sondern vor allem um geopolitische Positionen. Diese mögen in vielen Fällen übereinstimmen, aber es kann auch ernsthafte Differenzen geben, worüber die USA genaue Informationen haben wollen. Solche hat es etwa beim Verhältnis des früheren deutschen Bundeskanzlers Gerhard Schröder zu Russland oder vor und während der Irakintervention der USA nach 2003 gegeben, die Deutschland und Frankreich ablehnten. Diese Ebenen können oft in Widerspruch stehen. So hat die NSA die deutsche Bundeskanzlerin Angela Merkel überwacht, gleichzeitig brauchen die USA Deutschlands Kooperation, damit die EU gegenüber Russland eine härtere Position wegen der Krise in der Ukraine einnimmt.

Literatur

Brzezinski, Zbigniew (2012): Strategic Vision: America and the Crisis of Global Power, Basic Books: New York.

Grevi, Giovanni (2009): The Interpolar World: A New Scenario, European Union Institute for Security Studies, Occasional Paper, 79, June 2009.

Haass, Richard N. (2013): Foreign Policy Begins at Home: The Case for Putting America's House in Order, Basic Books: New York.

Hamilton, Daniel (2012): Forging a Transatlantic Partnership for the 21st Century, Handelsblatt, May 17, 2012.

Ikenberry, G. John (2011): Liberal Leviathan: The Origins, Crisis, and Transformation of the American World Order, Princeton University: Princeton and Oxford.

Mann, James (2012): The Obamians: The struggle inside the White House to redefine American Power, Viking: London.

Kagan, Robert (2008): The Return of History and the End of Dreams, Vintage: New York).

Kagan, Robert (2012): The World America Made, Alfred A. Knopf: New York.

Keohane, Robert O./Nye, Joseph S. (2007): Power & Interdependence, Longman: New York.

Khanna, Parag (2008): The Second World: Empires and Influence in the New Global Order, Random House: New York.

Kupchan, Charles A. (2010): How Enemies Become Friends: The Sources of Stable Peace, Princeton University Press: Princeton.

Kupchan, Charles A. (2012): No One's World, the West, The Rising Rest, And The Coming Global Turn, Oxford University Press: New York.

Lake, Anthony (ed., 1076): The Vietnam Legacy, New York University Press: New York.

Leonard, Mark (2012): The End of the Affair, Foreign Policy, July 24, 2012.

Neuss, Beate (2009): Asymmetric Interdependence: Do America and Europe Need Each Other?, Strategic Studies Quarterly, Winter 2009.

Nye Jr., Joseph S. (2011): The Future of Power, Public Affairs: New York.
Nye Jr., Joseph S. (2008): The Powers to Lead, Oxford University Press: Oxford.
Youngs, Richard (2014): The EU and Global (Dis)Order, Carnegie Europe, July 2, 2014.
Zakaria, Fareed (2012): The Post-American World: Release, W. W. Norton & Company: New York.

Komplikation statt Komplexität:
Die EU als globaler Peacebuilding-Akteur

Jan Pospisil

Zusammenfassung

Die friedenspolitischen Bemühungen der Europäischen Union sehen sich zunehmenden Herausforderungen ausgesetzt: in einem großen Teil der Nachbarschaftsregionen sind bewaffnete Konflikte im Gange. Der oft zitierte Zusammenhang zwischen Integration und Frieden, für den die EU sogar den Friedensnobelpreis erhalten hat, zeigt nur mehr eingeschränkte Wirksamkeit. Im Gegensatz zu zahlreichen Stellungnahmen, die dafür technische Mängel, Uneinigkeit oder fehlenden politischen Willen verantwortlich machen, sieht dieser Beitrag die Ursache des Problems in der Fehlannahme eines neo-funktionalistisch funktionierenden Friedens begründet. Ein Frieden durch Integration funktioniert demnach nur in historischen Ausnahmesituationen, und ist keineswegs eine Gesetzmäßigkeit internationaler Politik. Die EU ist daher gefordert, sich auf ein politisches Engagement in komplexen Konfliktsituationen einzulassen.

Einleitung

Die Leistungen der Europäischen Union im internationalen Peacebuilding geben wiederholt Anlass zu kontroversiellen Einschätzungen und Diskussionen. Unzweifelhaft gibt es mittlerweile eine beachtliche Anzahl an EU-Interventionen, mit einem markanten Anstieg nach Ende des Kalten Krieges (Freire/Galantino 2015, S.1). Diese beschränken sich keineswegs nur auf die militärische oder genuin sicherheitspolitische Ebene, sondern sind breit aufgestellt, mit einem prononcierten Fokus auf der entwicklungspolitischen und humanitären Ebene. Damit einher geht ein starkes politisches Bekenntnis, das untrennbar mit der Geschichte der Union zu tun hat. Die EU ist qua ihrer Existenz mit Friedenspolitik verbunden, und hat dafür im Jahr 2012 auch den Friedensnobelpreis erhalten. Im Sinne ihrer sinnstiftenden Haupterzählung, einem funktionalistisch verstandenen Institutionalismus, hat die EU die Idee des Friedens durch Integration geprägt, basierend einerseits auf einem soliden Wertegerüst, gespickt mit Soft Power, andererseits auf einem pragmatischen, an Kooperation orientierten Umgang mit der Grundbedingung staatlicher Souveränität.

Die Erfolgsbilanz der Union ist allerdings unbestreitbar durchwachsen: Trotz massiv eingesetzter Geldmittel – so betrugen beispielsweise die kumulierten Mittel von EU und Mitgliedsstaaten in der Entwicklungszusammenarbeit im Jahr 2014

58,3 Milliarden Euro – nehmen die Konflikte selbst in der näheren Umgebung Europas nicht ab, sondern zu. Dies gilt insbesondere für das Gebiet der europäischen Nachbarschaftspolitik, wo sich die gewaltsam ausgetragenen Konflikte häufen.

Dieser Beitrag stellt sich der Frage nach den Ursachen dieser, zumindest gemessen an den eingesetzten Ressourcen, Erfolglosigkeit der EU-Bemühungen in der internationalen Friedensentwicklung. Eine solche Diskussion kann auf einem beachtlichen Maß an Selbstkritik ansetzen. Auch wenn dieser Befund in seiner Deutlichkeit strittig sein mag, werden die technischen und strukturellen Mängel der EU-Politik ausführlich diskutiert. Dazu kommt die permanente politische Herausforderung einer stringenten Strategieentwicklung: die insgesamt 32 Peacebuilding-Akteure der EU (die 28 Mitgliedsstaaten, dazu die Europäische Kommission, der Rat, das Europäische Parlament, und der Europäische Auswärtige Dienst EAD) schaffen keinen synergetischen Mehrwert, sondern eine Kakophonie an Aussagen und kurzfristigen Initiativen, die sich kaum je an einer gemeinsamen Linie orientieren.

Die hier vorgelegte These geht jedoch einen Schritt weiter. Sie argumentiert, dass sich spätestens in der gegenwärtigen Situation der angesprochene Neo-Funktionalismus als Grunderzählung der EU in einen ernsthaften Hemmschuh für deren internationales Engagement entwickelt hat. Dies gilt insbesondere für das Feld der Friedensentwicklung, wo vielversprechende theoretische und konzeptionelle Initiativen, wie der im Jahr 2013 von der EU-Kommission veröffentlichte Aktionsplan für Resilienz in von Krisen betroffenen Staaten, angesichts dieser an einem liberalen Institutionalismus orientierten Perspektive zum Scheitern verurteilt sind. Trotz, oder vielleicht gerade wegen der real existierenden politischen Divergenzen unter den Mitgliedsstaaten hat sich der Neo-Funktionalismus insbesondere in seiner friedenspolitischen Ausprägung eines Friedens durch Integration zu einem von allen Akteuren geteilten und weitgehend unhinterfragten Mythos entwickelt.

Friedensentwicklung aber, so zeigt die gegenwärtige akademische Debatte um den so genannten „Local Turn" in Friedens- und Staatsentwicklung (Mac Ginty/ Richmond 2013), muss sich lokal kontextualisieren, und sich mit komplexen, hybriden Prozessen auseinandersetzen. Der Neo-Funktionalismus kann jedoch nicht in Komplexität operieren, sondern funktioniert nur in klar begrenzten spezifischen Räumen, die sich vermutlich noch durch weitere Bedingungen (etwa lang anhaltende Konjunkturphasen) auszeichnen müssen. Als friedenspolitisches Modell ist er hingegen unbrauchbar.

Die Unfähigkeit der EU, sich vor diesem Hintergrund auf einen flexiblen, auf dem ja selbst portierten Konzept der Resilienz basierten Umgang mit Komplexität einzulassen verführt dazu, die derzeitige Problematik zu verkomplizieren: uneinheitliche politische Stoßrichtungen, strukturelle Unordnung, technische Überforderung. Statt Diversität in den Orientierungen als Stärke zu erkennen, wird sie als Problem konstatiert: eine Betonung der Komplikationen anstelle eines Einlassens auf Komplexität.

Zur Diskussion dieser These werden in einem ersten Teil die Entwicklungen im näheren Umfeld der Union empirisch beleuchtet. Die konzeptionellen und institutionellen Rahmenbedingungen der EU werden im zweiten Teil diskutiert und, im dritten Abschnitt, mit dem Konzept des „compromised peacebuilding" gefasst. Der vierte Teil des Artikels widmet sich schließlich den theoretischen Grundlagen des EU-Engagements, und diskutiert die Auswirkungen und Grenzen des institutionalistischen Funktionalismus in komplexen sozialen Systemen, wie sie bewaffnete Gewaltkonflikte darstellen. Die Schlussbetrachtungen diskutieren schließlich die Konsequenzen dieser Begrenzung.

Friedensmacht Europa – von Krieg umgeben?

135.000 Gewalttote waren in den vergangenen 15 Jahren innerhalb der EU, den aktuellen Beitrittskandidaten und den von der formalisierten EU-Nachbarschaftspolitik umfassten Staaten zu beklagen.[1] Der große Anteil dieser Zahl entfällt auf den überaus gewaltsamen Konflikt in Syrien, der angesichts seiner unglaublichen Dimension auch jede statistische Trendanalyse überlagern würde. Es ist allerdings eine empirisch nicht zu bestreitende Tatsache, dass sich der im Barcelona-Prozess, der einstmals so prominenten Mittelmeerpartnerschaft, hervorgestrichene „gemeinsame Raum des Friedens, des Wohlstands und des Fortschritts" (siehe etwa Jünemann 2005) jenseits der Unionsgrenzen kaum hat verwirklichen lassen.

Ohne Zweifel hat sich das Umfeld der EU im Verlauf der letzten beiden Jahrzehnte hinsichtlich dieser Zielsetzung ungünstig entwickelt. Zwar hat der viel zitierte Integrationssog sicherlich für Wirkungen gesorgt, zu einer konzentrischen Ausweitung einer Zone des Friedens ist es allerdings nicht gekommen. Die politische und mediale Ursachensuche erfolgt zumeist heruntergebrochen auf Teilaspekte: der problematische und konfliktive Verlauf des Arabischen Frühlings findet oftmals Erwähnung und die Akteursebene wird bemüht. So wird etwa die persönliche Verantwortung von Bashar al-Assad und Wladimir Putin an den kriegerischen Ereignissen in Kernzonen der EU-Nachbarschaftspolitik (Syrien, Ukraine) herausgestrichen, was in beiden Fällen mit einem Sanktionsregime einhergeht.

Um den Befund des Misserfolges des EU-Peacebuilding, und ihrer Friedenspolitik im weiteren Sinne, empirisch zu erhärten, ist ein Blick auf das gegenwärtige geographische Umfeld der EU notwendig. Hier muss zunächst die aktuelle Eskalation im Verhältnis mit Russland herausgestrichen werden. Es ist eine derzeit kontrovers diskutierte Frage, ob es sich bei den aktuellen Widersprüchen primär um einen Wertestreit oder um eine geopolitisch motivierte Konkurrenz verschiedener Integrationsbemühungen handelt. Ein Umschlag des Zweiten in das Erste ist kaum

---

[1] Die Zahl basiert auf einer Auswertung der Konflikte in den Jahren 2000 bis 2014 auf Basis der Daten des Uppsala Conflict Data Program, www.ucdp.uu.se.

von der Hand zu weisen, wobei sich spätestens dann die Frage der Mitverantwortung der EU stellt (vgl. Haukkala 2015). War die gegenwärtige Politik der Eskalation unvermeidlich? Ist es tatsächlich so, dass der Ukraine-Krieg einzig in der russischen Verantwortung liegt, gerade in einer mittelfristigen Zeitperspektive? Diese Fragen können an dieser Stelle nicht vertieft werden, als eine strategische Friedenspolitik ist das EU-Engagement gegenüber Russland jedenfalls kaum zu bezeichnen.

Auch in anderen Nachbarschaftsregionen nehmen die Gewaltkonflikte zu. Im März 2016 ist der seit nahezu zwei Jahrzehnten eingefrorene Konflikt zwischen Aserbaidschan und Armenien um Nagorni Bergkarabach wieder eskaliert. Ein positiver Einfluss der EU auf eine Transformation des Konfliktes ist – und war auch in den vergangenen zwei Jahrzehnten, zum Teil aus schlichter Überforderung (Wolff 2007) – nicht feststellbar. Geographisch noch näher ist die Situation um Transnistrien; auch hier wurde die Situation durch den Abschluss eines neuen Freihandelsvertrages mit Moldawien verkompliziert (Pospisil/Rodehau-Noack 2015, S. 5), ohne eine kreative Lösungsperspektive zu entwickeln. Die offizielle EU-Position ist weitgehend passiv und beschränkt sich auf ein Beschwichtigen der nationalistischen Hardliner auf moldawischer Regierungsseite, wenngleich die politischen Dinge 2016 durch Massenproteste in Chisinau massiv in Bewegung geraten sind. Ähnlich wie in der Ukraine-Problematik könnte die EU-Politik von der Realität überholt werden.

Der Arabische Frühling hat sich in letzter Konsequenz zu einem Desaster für die EU-Außenpolitik entwickelt, wobei Ansätze von Peacebuilding, abgesehen von Maßnahmen zur Eindämmung der Migrationsbewegungen, kaum erkennbar sind. In allen drei derzeit laufenden Gewaltkonflikten in Syrien, Libyen und, mit derzeit deutlich geringerem Eskalationsniveau, Ägypten,[2] startete die EU ursprünglich mit einer werteorientierten Politik des politischen Wandels, nur um dann konsterniert festzustellen, dass die Richtung dieses Wandels, und auch die Hartnäckigkeit und Langfristigkeit der damit verbundenen Transformationsprozesse, das bestehende Politikinstrumentarium bei weitem überfordern (vgl. Hollis 2012). Statt eine derart werteorientierte Friedenspolitik mit einer strategischen Integrationsperspektive fortzuführen, wie es der neo-funktionalistische Mythos eigentlich verlangen würde, dominiert seither die Fokussierung auf eine Einschränkung der Flüchtlingsproblematik. Es ist vor allem diese naheliegende Motivation, die die derzeitigen, wiederum kaum in den regionalen Kontext eingebetteten Initiativen zur Wiedererrichtung einer einheitlichen Regierung in Libyen erklärt.

Der Umgang mit dem Mitte 2015 neu eskalierten bewaffneten Konflikt in der Türkei ist der wahrscheinlich größte Sündenfall der EU-Friedenspolitik: Trotz klar sichtbarer Verantwortungslinien – die türkische Regierung beginnt den Krieg in den kurdischen Gebieten als unmittelbare Reaktion auf ihre relative Niederlage bei

---

2   Der ebenfalls laufende Krieg in Jemen ist in dieser Aufzählung nicht enthalten, da es sich bei Jemen nicht um ein Land der EU-Nachbarschaftspolitik handelt. Im Unterschied zu Libyen, mit dem im Jahr 2008 Verhandlungen um eine Integration in dieses Instrument aufgenommen worden sind, gibt es bei Jemen auch keine Schritte in diese Richtung.

den Parlamentswahlen im Juni 2015 – verhält sich die EU passiv. Diese Haltung verschärft sich im Verlauf des Jahres 2016, als sich die Türkei als der zentrale Partner zur Bewältigung der als „Flüchtlingskrise" bezeichneten Migrationsbewegungen in der Folge der weiteren Zuspitzung des Syrien-Konfliktes positioniert. Dies wird schließlich in einem Abkommen im März 2016 festgeschrieben.[3]

Durchwachsene Erfolge in der Erweiterungspolitik

Im Vertrag von Lissabon (EU 2007, Art 2 para 8) bekennt sich die Europäische Union explizit zu ihrer Verantwortung der globalen Friedensentwicklung: „It [The European Union] shall contribute to peace, security, the sustainable development of the Earth". Dies ist, wie ausgeführt, ein wesentliches Resultat ihrer Grunderzählung als zentrales Element der innereuropäischen Aussöhnung der Nachkriegsära.

Zur Umsetzung dieser Idee dient die Erweiterungspolitik als primäres friedensschaffendes Instrument. Der durch die Beitrittsperspektive geschaffene Integrationssog soll dafür sorgen – durch den unmittelbaren Erweiterungsprozess wie durch den Kandidatenstatus – dass sich die Zone des Friedens und des Wohlstandes, als die sich die Union selbst versteht, weiter ausdehnt. Die auf diesem Konzept basierenden Erfolge sind auf den ersten Blick in der Tat beachtlich: die Einbindung der mitteleuropäischen Teile des ehemaligen Ostblocks in mehreren Erweiterungsrunden, sowie die Aufnahme Sloweniens und Kroatiens in der Folge der post-jugoslawischen Zerfallskriege sind beeindruckende historische Leistungen. Zudem gelang die Befriedung und partielle Transformation innereuropäischer Konflikte, der bewaffneten Auseinandersetzungen um das Baskenland und Nordirland (für eine kritische Würdigung der Leistungen der EU im Nordirland-Friedensprozess im Kontext ihrer neo-funktionalistischen Orientierung siehe Tannam 2006). Auch wenn damit die Idee des Separatismus in beiden betreffenden Staaten (Baskenland und Katalonien in Spanien, Schottland in Großbritannien) keineswegs am Ende ist, so hat sich doch die Methode der Austragung auf die nicht-gewaltsame Ebene verlegt.

Allerdings gibt es auch weniger erfolgreiche Resultate dieser Politik. So wurde mit der Aufnahme des geteilten Zypern vor einer Lösung des Konfliktes zwischen dem griechischen und türkischen Teil der Insel ein problematischer Präzedenzfall geschaffen, der sich einer schnellen Lösung verschließt (Akbulut 2013, S. 12-19). In fast paradoxer Weise wurde damit die Gründungserzählung des Friedens durch Integration auf den Kopf gestellt, da die EU-Integration im Falle Zyperns eine Lösung mehr erschwert denn unterstützt. Die Situation in Teilen des Beitrittskandidaten Türkei ist wie gezeigt hoch problematisch, derzeit ist der Kurdistan-Friedensprozess, so von einem solchen je zu sprechen war, nicht nur formal beendet; es herrscht vielmehr offener Kriegszustand in den betreffenden Gebieten. Die EU-Politik zeigt sich wankelmütig, und angesichts der Flüchtlingskrise

---

3   European Council, EU-Turkey statement, 18 March 2016, Press release, 144/16.

herrscht gegenüber der türkischen AKP-Regierung praktischer Opportunismus vor. Ein Glaube an die positive Wirkung des Integrationssoges auf die Friedensentwicklung in Kurdistan ist bestenfalls noch Zweckoptimismus.

Auf den zweiten Blick sind aber auch die Resultate in Südosteuropa keineswegs ermutigend. Zwar stehen weder Bosnien-Herzegowina noch Kosovo vor einem erneuten Kriegsausbruch. In dezidiert negativem Sinne können somit beide Situationen als stabilisiert verstanden werden (zur Problematik des Stabilisierungs-Paradigmas siehe Mac Ginty 2012), aber bei weitem nicht als gelöst. In Bosnien wurde eine Situation des „Political Unsettlement" (Bell 2015, S. 13) institutionalisiert und formalisiert, die jede Nationalstaatsentwicklung auf Dauer verunmöglicht. Dies ist im Grunde sehr gut dokumentiert und analysiert, und die Verantwortung der internationalen Gemeinschaft – die durch ihre Politik die ethnischen Säuberungen des Krieges faktisch nachträglich legitimiert hat – ist klar herausgestrichen worden (siehe etwa Chandler 2005). Die interessante Dimension insbesondere beim Handeln der Europäischen Union liegt jedoch im theoretischen Gerüst, das für diese Situation mitverantwortlich zeichnet. Es ist die Idee, einerseits eine tragfähige einheitliche Lösung zu kreieren, die in der Folge durchgesetzt werden soll, und dies andererseits mit der felsenfesten Überzeugung zu verbinden, dass angestoßene Integrationsprozesse die institutionell gesetzten Gräben zuschütten könnten. Mittlerweile ist offenbar, dass dies zumindest im Falle Bosniens nicht gelungen ist.

Auch eine positive Entwicklung des politischen Konfliktes um Kosovo lässt auf sich warten. Zwar zeigt die gegenwärtige Regierung Serbiens einige Beweglichkeit, die sicherlich auf den Motor der EU-Integration zurückzuführen ist. Eine nachhaltige institutionelle Lösung liegt jedoch in weiter Ferne. Ohne die komplexen Ursachen der konkreten Problematik zu vertiefen, kann auch hier die Idee, dass die konkrete Integrationsperspektive eine institutionelle Dynamisierung in Richtung einer Konfliktlösung herbeiführen würde, als fehlgeleitet bezeichnet werden. Dennoch hat die EU-Politik eine relevante Sogwirkung entfaltet: Diese beschränkt sich allerdings überwiegend auf die individuelle Ebene, wie die gegenwärtigen Migrationsbewegungen zeigen. Das ist jedoch eine Entwicklung, die von der EU wiederum nicht begrüßt wird. Das Beispiel Kosovo zeigt, dass die EU sehr wohl als erfolgreiches Modell anerkannt wird, auch und gerade von den Bevölkerungen der Staaten in der formalisierten Nachbarschaft. Die Vorstellung, dass der Integrationssog in neo-funktionalistischer Weise zu einer institutionellen Transformation in den jeweiligen Regionen führen würde, hat sich aber nicht bewahrheitet. Ist eine solche institutionalistische EU-Annäherung nicht zu erwarten, bleibt die Wahrnehmung einer individuellen Migrationsperspektive in die EU der faktisch einzige logische Schritt.

Diese überaus ernüchternde Bilanz lässt sich auf unterschiedliche Ursachen zurückführen. Das gängige Erklärungsmuster (als Beispiel siehe Tocci 2015) erkennt hier ein primär technisches und strukturelles Problem. Demnach besitzt die EU nicht die Fähigkeit, auf diese Herausforderungen in ihrem Umfeld angemessen zu reagieren. Verschiedene konkrete Initiativen, wie etwa das Nachdenken über einer gemeinsamen EU-Armee, eine europäische „global strategy", oder die mit dem Lissabon-Vertrag 2007 faktisch bereits erfolgte Einrichtung des europäischen diplomatischen Dienstes weisen in diese Richtung. Die bestehenden Instrumente und Geldmittel würden also unter einem Koordinationsproblem leiden, das eine effektive Implementierung behindere.

Auf diesen technischen und strukturellen Schwachpunkten ansetzend erkennt ein zweiter Erklärungsstrang den mangelnden politischen Willen als Ursache dieser Problematik. EU-Außenpolitik muss sich demgemäß als ein hochkoordiniertes, letztendlich aber technokratisches und unpolitisches Manövrieren vollziehen, da eine echte gemeinsame Außenpolitik der EU-28 angesichts der weitgehenden Interessensdivergenzen und, historisch bedingt, unterschiedlichen Bindungsstrukturen der Mitgliedsstaaten nicht möglich ist (zu diesem Erklärungsansatz siehe etwa, aus einer konstruktivistischen Perspektive, Diez 2014).

Letztllich besteht aber die Möglichkeit eines der EU-Friedenspolitik zugrunde liegenden ontologischen Problems, bedingt durch die Fokussierung auf die Idee eines Friedens durch Integration. Der vorliegende Beitrag schlägt diesen Erklärungsansatz vor, und interpretiert die anderen beiden Ansätze, die technisch-strukturelle und die politische Problematik, als diesem ontologischen Problem untergeordnet. Im Unterschied zum Gründungsmythos der EU geht die hier entwickelte These davon aus, dass der integrationsfokussierte Neo-Funktionalismus nie in einer explizit friedensschaffenden Weise funktioniert hat. Seine partiellen Erfolge waren vielmehr durch andere, begünstigende Rahmenfaktoren bedingt. Abgesehen davon war die neo-funktionalistische Friedensidee immer eine theoretische, wenn nicht sogar eine ideologische Schimäre. Sie entfaltet aber als solche gerade nach außen eine verheerende Wirkung, weil sie den Diskurs dominiert.

Institutionelle und strukturelle Ursachen der Peacebuilding-Problematik

Eingangs wurden die massiven Herausforderungen und die sich nachhaltig verschlechternde Situation in den Regionen der EU-Nachbarschaftpolitik dargestellt. Diese Herausforderungen sind vor allem durch die Nachwehen des Arabischen Frühlings, und durch konfliktive Entwicklungen in den weiteren Einflussgebieten bedingt, insbesondere in Sub-Sahara-Afrika, das durch die AKP-Verträge eng an die Union angebunden ist. Diese sich verschlechternde Situa-tion wird in den EU-Institutionen sehr wohl wahrgenommen. Eine Neuausrichtung, speziell die Frage einer strukturellen Vereinheitlichung der EU-Außen- und Sicherheitspolitik, wird daher beständig diskutiert und in verschiedener Form auch praktisch implementiert. So haben sich die Tätigkeiten im Peacebuilding der EU dynamisiert, insbesondere seit der Europäische Auswärtige Dienst EAD seine Arbeit aufgenommen hat.

Derzeit laufen insgesamt 18 Missionen im Kontext der Gemeinsamen Sicherheits- und Verteidigungspolitik im weiteren Einflussgebiet der Union, sechs davon

mit einer militärischen Komponente. Dazu kommen verschiedene entwicklungspolitische Instrumente mit veritabler Mittelausstattung (in absoluten, kumulativen
Mitteln ist die EU der bei weitem größte internationale Geber); neben den Nach-
barschaftsinstrumenten und dem breiten Europäischen Entwicklungsfonds (EEF)
gibt es eingebettete spezialisierte Instrumente im Peacebuilding-Bereich (Instrument for Stability, African Peace Facility). Relativ neue, am Konzept der Resilienz orientierte gebündelte Programme, insbesondere in der Sahel-Zone (AGIR)
und am Horn von Afrika (SHARE), verfolgen innovative Ansätze einer Bündelung aller Interventionsebenen. Jüngst wurden diese Programmlinien um EU-
Trust-Funds für Syrien erweitert, mit dem Ziel, durch die Verfügbarmachung sub-
stanzieller Geldsummen eine Vor-Ort-Perspektive für die durch den Konflikt „verlorene Generation" Syriens zu ermöglichen (vgl. Hauck et al. 2015). Dazu kommen die Aktivitäten der Mitgliedsstaaten, die im Einzelnen gar nicht aufzulisten
sind, wenngleich sie sich auch nicht immer in Linie mit der Politik der EU befinden.

Bei der faktischen Umsetzung des Peacebuilding über die Grenzen der unmit-
telbaren Nachbarschaft hinaus gibt es relevante Schwierigkeiten. Als aussagekräf-
tiges Beispiel kann hier die Entwicklung in der Zentralafrikanischen Republik im
Jahr 2013 genannt werden. Ein Putsch führt zu einer starken Zunahme bewaffneter
Zusammenstöße, die im Ruf nach einer internationalen Intervention resultieren.
Nachdem die USA deutlich signalisieren, nicht intervenieren zu wollen, steigt der
Handlungsdruck auf die EU stark an. Nachdem sich eine gesamteuropäische Lösung allerdings als nicht machbar erweist, kommt es letztendlich zu einem militärischen Einschreiten Frankreichs, der ehemaligen Kolonialmacht, die mit dem Ruf
behaftet ist, die Zentralafrikanische Republik als ihren „Hinterhof" zu verstehen
(zur Geschichte der unglücklichen Verquickung von EU-Militärinterventionen in
der Region mit französischer Interessenspolitik siehe Bono 2011).

Auch die EU-Mediationstätigkeiten in wichtigen Konfliktherden, gerade in
Sub-Sahara Afrika, sind nicht überzeugend. Die Initiativen in der Zentralafrikanischen Republik und in Mali (siehe etwa Rouppert 2015) können hier noch als wei-
testgehend positive Beispiele gelten. In anderen Konflikten in der Region hat die
EU, trotz zum Teil relevantem diplomatischem und entwicklungspolitischem Investment, abgesehen von bilateralen Aktivitäten Großbritanniens keinen Mehrwert
beizusteuern, so etwa in Sudan/Darfur, Südsudan, oder Somalia. In Burkina Faso
ist es eher die Resilienz des burkinabischen Gemeinwesens, die einen Zusammenbruch nach dem Sturz von Blaise Compaoré im Oktober/November 2014 verhindert hat. Trotz vollen Wissens über die bevorstehende Problematik ist die EU im
Vorfeld des Sturzes von Compaoré nicht eingeschritten. Zu einem vergleichbaren
Problem kommt es in Burundi im Verlauf des Jahres 2015 im Vorfeld und als Resultat der verfassungswidrigen Amtszeitverlängerung von Pierre Nkurunziza.
Auch hier hat die EU politisch faktisch nichts anzubieten und scheitert an der Realität des in diesem Fall zumindest nicht voll eskalierten Konfliktes.

Trotz grundsätzlich entwickelter Fähigkeiten (militärisch, wie die EU-Battlegroups, oder politisch, etwa mittels Ernennung von Special Representatives im
Kontext des EAD) spielt die EU im internationalen Peacebuilding – zivil wie mili-

tärisch – damit nur eine marginale Rolle. Konkrete gesamteuropäische Initiativen beschränken sich auf effektvolle, aber kleindimensionierte Aufgaben wie etwa die Sicherung des Flughafens von Juba in der Folge der massiven Kämpfe im Südsudan im Jahr 2013. Weitergehendes friedenssicherndes Einschreiten kommt in keinem der aktuellen Brennpunkte des kriegerischen Geschehens in der EU-Nachbarschaft – Syrien, Somalia, Ukraine, um nur drei Beispiele zu nennen – in Frage. Weder wären dafür politische Mehrheiten zu finden, noch wäre sichtbar, in welcher Form dies praktisch umgesetzt werden könnte.

Die vorherrschende politische Unklarheit ist eine offensichtliche Ursache für diese Problematik, wobei hier zwischen zwei Ebenen unterschieden werden muss: der grundsätzlichen Motivation für ein internationales Engagement einerseits, und der uneinheitlichen geopolitischen Orientierung der EU-Mitgliedsstaaten andererseits. Ersteres lässt sich sehr gut anhand der EU-Peacebuilding-Initiativen in Sub-Sahara-Afrika ablesen. Dies ist beispielhaft nicht nur mit den gezeigten konkreten Schwierigkeiten bei militärischen Engagements zu belegen, sondern auch mit der strategischen Untätigkeit der eigens für derartige Fälle eingerichteten EU-Battlegroups. Sie wurden offensichtlich zum einzigen Zweck ihrer schieren Existenz eingerichtet, auf politischer Ebene zu treffende Einsatzentscheidungen sind offenbar nicht möglich.

Trotz aller Instrumente und Initiativen ist Peacebuilding kein definierter Policy-Schwerpunkt der Union, gerade im Vergleich zu internationalen Peacebuilding-„Großmächten" wie Norwegen oder der Schweiz. In der internen Bedeutungsrangfolge der EU-Policies kommt dem Thema nur nachrangige Relevanz zu, speziell im Vergleich zu traditionellen Schwergewichten wie Agrar- oder Wettbewerbspolitik. Ohne eine solche klare politische Willenskundgebung aller EU-Peacebuilding-Akteure, einschließlich der Mitgliedsstaaten, kann eine neo-funktionalistische Friedensagenda jedoch nicht implementiert werden. Die in diesem Zusammenhang in den Lissabon-Vertrag gesetzten Erwartungen (siehe etwa Keohane 2011) haben sich mittlerweile als unrealistisch erwiesen.

Die zweite Ebene ist die strukturelle Problematik, die sich als Zustand der wechselseitigen Verantwortungslosigkeit erklären lässt. Es geht dabei nicht um ein mutwilliges Versagen oder um politische Fehlentscheidungen, auch nicht um mangelnde technische Fähigkeiten, sondern um ein dezidiertes Problem der Struktur der EU-Außenpolitik. Die gegenwärtig dominante politische Erzählung meint zwar, dass dieses Problem durch entsprechend mutige, pro-europäische Entscheidungen lösbar wäre. Eine solche Einschätzung ist jedoch bereits seit Einführung der Gemeinsamen Außen- und Sicherheitspolitik vor mittlerweile fast einem Vierteljahrhundert zu hören. Zu spürbaren politischen Verschiebungen in Richtung einer einheitlichen außenpolitischen Orientierung ist es trotz aller Koordinierungsmechanismen und der Strukturänderung im Zuge des Lissabon-Vertrages aber nicht gekommen.

Das Problem der notwendigen Einstimmigkeit in Fragen der GASP ist seit ihrer Einrichtung durch den Vertrag von Maastricht 1993 bekannt. Die Mitgliedsstaaten sind bis heute nicht bereit, ihre strategischen Interessen aus der Hand zu geben, was sich auch an der mitunter naiv geführten und mehr auf moralischen denn auf rationalen Argumenten geführten Debatte um eine einheitliche Europäische Armee zeigt. Letztlich sind alle Szenarien, die in Strategiegruppen gewälzt werden, ohne die Anerkennung dieser Bedingungen realitätsfern. Das gilt gerade auch für Prozesse wie die der Entwicklung einer „Global Strategy" durch die Union (zu dieser Iniatitive vgl. Howorth 2010; Missiroli 2015).

Die hinter einer solchen globalen Strategie Pate stehende Idee – laut der Hohen Repräsentantin Mogherini die Errichtung einer „peaceful global order" mit dem zur Verfügung stehenden Instrumentarium der EU (Tocci 2015, S. 116) – ist per se neo-funktionalistisch. Die Entwicklung und spätere Existenz einer solchen Strategie soll offenbar eine Bündelung der aktuellen Vielzahl an europäischen Außenpolitiken schaffen. Damit sollte auch eine Stringenz im EU-Peacebuilding einhergehen, das ja zentraler Bestandteil einer solchen Strategie ist (respektive sein müsste). Die institutionellen und strukturellen Bedingungen, allen voran aber die historische Erfahrung, lassen dies jedoch als zweifelhaft erscheinen. Die neofunktionalistische Idee schürt hier also einerseits illusorische Hoffnungen, während sie andererseits verhindert, zu realistischeren, und vielleicht in der Praxis auch wirksameren Methoden der Friedenspolitik vorzudringen.

Die EU als prototypischer compromised peacebuilding actor

Michael Barnett und Christoph Zürcher (2009) haben internationale Bemühungen des Peacebuilding einer heuristischen, aber realitätsnahen und sehr treffenden Typologisierung unterzogen. Sie unterteilen diese Initiativen in „cooperative", „captured", „conflictive" and „compromised" Peacebuilding, wobei die kompromittierte Form gemäß dieser Einschätzung den quantitativen Hauptanteil darstellt. Während kooperatives Peacebuilding auf einer genuinen Identität der Interessenslagen zwischen (externen) Peacebuildern und (internen) politischen Akteuren aufbaut und damit faktisch tatsächlich zu der Entwicklung eines formalisierten „political settlement" (siehe dazu Bell 2015) beitragen kann, was in der Praxis jedoch nur äußerst selten der Fall ist, stellen die anderen drei Typen keine Idealfälle dar.

„Captured" Peacebuilding bedeutet hier eine vollständige Übernahme und Einordnung der Peacebulding-Bemühungen entlang der Partikularinteressen der nationalen Eliten, „conflictive" Peacebuilding die Durchsetzung der zumeist im Kontext eines liberalen Institutionalismus formulierten Interessen der externen Akeure explizit gegen den Willen dieser Eliten. Dahingegen stellt ein „compromised" Peacebuilding eine Mischform dar, die in Praxis den bei weitem häufigsten Fall ausmacht. Was ist nun unter einer solchen kompromittierten Vorgangsweise zu verstehen? „Local elites and peacebuilders negotiate a peacebuilding program that reflects the desire of peacebuilders for stability and the legitimacy of peacebuilding and the desire of local elites to ensure that reforms do not threaten their power base" (Barnett/ Zürcher 2009, S. 24).

Gewissermaßen verständigen sich Peacebuilder und nationale, regionale und lokale Eliten also auf einen spezifischen Diskurs entlang allgemein formulierter Zielsetzungen, und verfolgen dann in diesem generell gesteckten Rahmen ihre jeweiligen Partikularinteressen. Eine solche Vorgangsweise erinnert an die Idee einer „organised hypocrisy", die ja im Kontext des internationalen Peacekeeping schon diskutiert worden ist (Lipson 2007). Barnett und Zürcher gehen jedoch einen Schritt weiter und formulieren, dass diese Vorgangsweise eventuell gerade wegen ihres Opportunismus, der auch als Pragmatismus verstanden werden kann, die vielleicht bestmögliche Vorgangsweise darstellt. Wenngleich eine solche Idee grundsätzlich nicht von der Hand zu weisen ist, gilt sie jedoch für die EU nicht – und dies liegt vor allem am theoretisch-ideologischen Korsett, das die EU mitbringt und das sie zwingt, im Zweifelsfall aus einem Mix aus Opportunismus und dem Zwang zur Suche nach einem kleinsten gemeinsamen Nenner rein taktisch orientierte Entscheidungen zu treffen und ineffektive Initiativen zu unterstützen.

Angesichts der gezeigten institutionellen und strukturellen Schwächen ist die EU jedenfalls der Prototyp eines compromised peacebuilding actor. Die gegebenen strukturellen und technischen Mängel, sowie die politische Uneinheitlichkeit zwingen die EU nahezu in eine solche kompromittierte Situation, da diese ja zugleich auch hilft, die eigene innere Widersprüchlichkeit durch technokratischen Aktivismus zu überdecken. Dies lässt sich schon anhand der offenkundigen Diskrepanz zwischen Anspruch und Wirklichkeit nachzeichnen.

Die EU benötigt die explizite Anerkennung ihrer Wertehaltungen, von ihren Mitgliedern wie auch von externen Akteuren. Zugleich lassen sich diese Wertehaltungen jedoch nicht durchhalten: weder von den Partnern in den jeweiligen Regionen, wo ein Peacebuilding-Engagement erfolgt oder erfolgen soll, noch von der Union selbst, da ihre inneren Widersprüchlichkeiten bei jeder politisch zugespitzteren Situation sichtbar werden. Insofern besteht in einer kompromittierten Herangehensweise die einzige Chance gemeinschaftlichen Handelns, wobei sich hier mitunter sogar praktische Erfolge verkaufen lassen (Kosovo oder Mali, um zwei Beispiele von oben zu wiederholen).

Die Resilienz-Initiative und die Nicht-Resonanz des „Local Turn"

Im Jahr 2009 kam, ausgehend vom entwicklungspolitischen Bereich, kurzfristig Bewegung in diese festgefahrene Konstellation. Der erste Europäische Entwicklungsbericht (ERD 2009) fokussierte auf die Frage der Staats- und Friedensentwicklung in Afrika und präsentierte das Konzept der Resilienz als mögliche Basis eines originär europäischen Ansatzes in diesem Bereich. Vor dem Hintergrund der erkannten Problematik einer mangelnden Kontextsensitivität des europäischen Engagements (ebd., S. 4) wurden in theoretischer Tiefe Handlungsoptionen beleuchtet und eine mögliche Wirksamkeit des Resilienz-Konzeptes in Staats- und Friedensentwicklung dargelegt. Damit schaffte dieser Bericht zum ersten Mal, was in den vorangegangenen Jahrzehnten unmöglich schien: Friedensentwicklung als einen dynamischen, komplexen Prozess zu verstehen, der sich linearen Gesetzmäßigkeiten entzieht (siehe dazu etwa de Coning 2016).

Gerade vor diesem Hintergrund werden aber auch die Schwächen des Berichts offensichtlich. Denn obgleich seine Stoßrichtung ohne Zweifel als innovativ und potenziell bahnbrechend gesehen werden kann, gelang es ihm nicht, faktische Wirksamkeit zu entfalten. Dies ist vor allem auf zwei Gründe zurückzuführen: einerseits verabsäumt es der ERD, eine konkrete Anbindung an die bestehenden Prozessstrukturen herzustellen und sich auf die Mühen der Policy-Ebene einzulassen. Somit bietet der Bericht wenige konkrete Anknüpfungspunkte. Zugleich wird er von der EU-Kommission vor allem als Instrument einer Zurschaustellung eines neuen entwicklungspolitischen Selbstbewusstseins der EU (und damit gewissermaßen als Konkurrenzprodukt zum Weltentwicklungsbericht der Weltbank) verstanden. Für die Kommission hatte der ERD seinen Effekt somit bereits mit seiner Existenz erfüllt, eine ernsthafte Auseinandersetzung mit dem Inhalt war vor diesem Hintergrund nicht mehr notwendig.

Zugleich unterlässt es der ERD, einen Anschluss mit den in dieser Phase gerade beginnenden Debatten um einen „Local Turn" in der Staats- und Friedensentwicklung (siehe dazu Mac Ginty/Richmond 2013) herzustellen. Grundsätzlich geht es dabei um eine Re-Fokussierung der Bemühungen in der Friedensentwicklung auf die Community Ebene; die Idee, dass Frieden etwas Herzustellendes sei, wird grundlegend hinterfragt, stattdessen werden die Begriffe der Friedensermöglichung oder der Friedensformierung (Richmond 2016) forciert. Die Diskussion um den „Local Turn" bleibt keineswegs auf den akademischen Level beschränkt: die Ausrichtung verschiedener führender internationaler Peacebuilding-Akteure wird davon nachhaltig beeinflusst, auch innerhalb der EU. Großbritannien entwickelt als Antwort auf die Herausforderungen des „Local Turn" auf der Policy-Ebene das Konzept der „Political Settlements" (zur Übernahme des Konzeptes in die britische Entwicklungspolitik siehe Whaites 2008), das auf einem explizit hybriden Ansatz eines politischen Arbeitens auf Eliteebene und paralleler, vor allem im Mediationsbereich angesetzter Bemühungen auf der Community-Ebene basiert.

Auf EU-Ebene findet diese Idee keine Umsetzung, wenngleich die Resilienz-Initiative nicht fallengelassen wird. Im Jahr 2013, nach entsprechenden Vorarbeiten von Rat und Parlament, veröffentlicht die EU-Kommission einen „EU Action Plan for Resilience in Crisis Prone Countries" (EC 2013). Der Aktionsplan enthält allerdings keine Bezugnahme auf den einige Jahre zuvor veröffentlichten Europäischen Entwicklungsbericht. Erneut werden Resilienz-Konzepte aufgearbeitet und die Komplexität der Gesellschaftsentwicklung in Krisensituationen hervorgestrichen, eine explizite Verbindung zu Peacebuilding und Statebuilding wird hergestellt (ebd., S. 4), und die Notwendigkeit eines selbstreflexiven Zuganges – „Innovation, learning and advocacy" (ebd., S. 5) – betont.

Die Umsetzung dieser Initiative wird jedoch fast unmittelbar technokratisiert: primär konzentriert sich die Kommission auf eine strategische Zusammenführung der Entwicklungspolitik (DG Dev) mit dem Bereich der humanitären Hilfe

(ECHO). Dies wird einerseits in Brüssel, andererseits aber auch in zwei großen Pilotprogrammen in Afrika (AGIR im Horn von Afrika, und SHARE in der Sahel-Zone) vorangetrieben (siehe dazu Pospisil/Besancenot 2014). In diesen Pilotprogrammen sind alle Programmlinien verbunden, die in diesen Kontexten unter EU-Ägide laufen, neue Programmelemente werden ausgerichtet an der Resilienz-Doktrin entwickelt.

Ohne Zweifel hat diese Resilienz-Doktrin gerade in diesem Kontext ihre Berechtigung, da damit ein weitergehendes, systemisches Verständnis der Innovationsräume (und insbesondere von deren Marktstruktur) einhergeht. Eine politische Bezugnahme fehlt jedoch vollkommen, ebenso jede strategische Anbindung an Bemühungen des Peacebuilding. Faktisch wird das Resilienz-Konzept damit von einem potenziellen Orientierungswert der (Neu-)Ausrichtung des Peacebuilding und dem weitergehenden Bereich der Staats- und Friedensentwicklung zu einem technokratischen Tool eingestampft. Während die Komplexität des Kontextes auf Ebene der Entwicklungspolitik und der Humanitären Hilfe anerkannt wird, bleibt sie auf auf politischer Ebene ausgeblendet – hier muss die klare Orientierung an der Meta-Erählung des Friedens durch Integration, und die paradoxerweise mit dieser klaren Orientierung verbundene Unklarheit und Desorientierung der konkreten politischen Antworten, offenbar beibehalten werden.

Die Grenzen/Begrenzungen des europäischen Neo-Funktionalismus

Warum musste die Idee der Resilienz – und die damit verbundene Anerkennung des friedenspolitischen Handelns als ein Engagement in komplexen sozialen Systemen – im EU-Rahmen scheitern? Die hiervorgestellte These macht dafür die durchdringende theoretische Orientierung an einem „neo-functional Peace" (Visoka/Doyle 2015) verantwortlich. Eine solche destruktive Wirksamkeit des Neo-Funktionalismus ergibt sich gerade aus seiner Bedeutung als die entscheidende Richtschnur einer EU-Friedenspolitik (vgl. Richmond et al. 2011, S. 460) und als Erfolgsgeheimnis der Union schlechthin, auf das sich alle relevanten Akteure jenseits ihrer politischen Divergenzen und unterschiedlichen geostrategischen Orientierungen einigen können.

Entscheidend für die historische Entwicklung ist zudem eine spezifische politische Interpretation des Neo-Funktionalismus: Während etwa Mitrany (2014, S. 123) funktionalistische Kooperation im Ansatz eben nicht politisch verstehen wollte („the political way is too ambitious"), interpretiert die EU-Friedenspolitik diesen Ansatz als Methode zur Verankerung politischer Wertehaltungen, entgegen der bekannten Warnung vor den dem Neo-Funktionalismus inhärenten „fallacies of grand theorizing" (Moravcsik 2005, S. 351).

Gemäß der Idee einer EU als „normative power" basiert das friedenspolitische Engagement der EU nach Ian Manners (2002) auf neun „core values": sustainable peace, social freedom, consensual democracy, human rights, rule of law, inclusive equality, social solidarity, sustainable development, und good governance. Diese Grundwerte setzt Manners (2008, S. 47) in unmittelbare Verbindung mit einer globalen Ethik: „The ethics of the EU's normative power are located in the ability to normalize a more just, cosmopolitical world." Eine solche wertebasierte globale Orientierung erinnert an das vor drei Jahrzehnten von Dieter Senghaas (zuletzt Senghaas 2004) vorgestellte zivilisatorische Hexagon, das die Friedensorientierung der europäischen Politik auf die sechs Eckpunkte Gewaltmonopol, Demokratie, Rechtsstaatlichkeit, soziale Gerechtigkeit, Konfliktkultur und Affektkontrolle herunterbricht. Dieses Konzept hat sich insbesondere in der Ausrichtung der deutschen Friedenspolitik als überaus einflußreich erwiesen (Pospisil 2009, S. 275).

Zugleich verbindet die EU damit implizit das, was John Ruggie (1993, S. 140) als postmoderne Option – „the community may constitute nothing less than the emergence of the frist truly postmodern international political form" – bezeichnet hat, und was Borg und Diez (2016, S. 137) als alternativen Horizont charakterisieren, „in which citizens no longer attach themselves to exclusionary identities". Das konkret aus diesem Überbau formulierte friedenspolitische Programm ist nun einerseits umfassend, andererseits aber erschreckend einfach gestrickt (siehe etwa Anastasiou 2007, S. 48-49). Es entsteht nicht aus einem originären Kontext heraus, sondern ist als Programm klar definiert und abgesteckt: leistungsfähige Institutionen, Demokratie und Rechtsstaatlichkeit, ökonomische Integration, um die drei wesentlichen Eckpfeiler zu benennen. Die Logik des Zusammenspiels zwischen Technokratismus und politischer Integrationsorientierung entspricht somit einer weiter reichenden Idee (Visoka/Doyle 2015, S. 12). Nicht umsonst spricht Senghaas (1992) in diesem Zusammenhang von einem „positiven Eurozentrismus". Es ist in der Tat unmöglich, eine Reorientierung im Sinne des „Local Turn" mit diesem zivilisatorischen Programm zu verbinden (Richmond et al. 2011, S. 463-467).

Die besondere Gefahr dieses Programms liegt nun darin, dass es in der EU als unbestrittene Erfolgsgeschichte gilt. Es ist die Grunderzählung hinter der Verleihung des Friedensnobelpreises: die Zone des Friedens, der Freiheit und des Wohlstandes ist darin verewigt. Die EU funktioniert, und zwar ausschließlich, „as a successful example of peaceful reconciliation based on economic integration", wie es Herman van Rompuy und Manuel Barroso (2012) in der Nobel Prize Lecture formulieren. Dies wird explizit als globaler Anspruch verstanden. Allzu oft geht in diesem Zusammenhang allerdings die historische Perspektive verloren, entlang derer wir wissen, dass der Prozess der Herausbildung der europäischen Nationalstaatlichkeit, der die Basis der heutigen Integrationsbemühungen darstellt, nicht nur Jahrhunderte dauerte, sondern auch überaus gewaltsam und blutig verlief (siehe etwa Tilly 1985).

Die Idee des Neo-Funktionalismus dreht diese historische Wahrheit um und liefert eine faktisch zweckrationale Umdeutung des Institutionengedankens: finden soziale Konstellationen den richtigen institutionellen Rahmen vor, können sie sich daran ausrichten, und wandeln sich in diesem Prozess, und zwar – zumindest tendenziell – in die intendierte Richtung friedhafter Wohlstandsgesellschaften. So schreibt Jean Monnet (1963, S. 206): „But in the European Communities, common rules applied by joint institutions give each a responsibility for the effective working of the Community as a whole. This leads the nations, whithin the discipline of the Community, to seek a solution to the problems themselves, instead of trading temporary advantages." Klarerweise klingt diese Idee nicht nur optimistisch, sondern auch progressiv, insbesondere wenn sie in ihren theoriegeschichtlichen Kontext der Dominanz einer realistischen und später neo-realistischen Wahrnehmung der internationalen Politik oder der identitätsbasierten Gewaltkonflikte der ersten Hälfte des 20. Jahrhunderts eingebettet wird. Zugleich bietet sie auch dem Konstruktivismus gute Anknüpfungspunkte, weil einer sich sozial manifestierenden Qualität von Institutionen Raum geboten wird.

Die Problematik ist nur, dass sich aus einem einmaligen Funktionieren in einer bestimmten historischen Konstellation – dem europäischen Integrationsprozess der 1950er bis 1990er Jahre – keine allgemeingültigen theoretischen Postulate ableiten lassen. Dies gilt umso mehr, als die ontologischen Fundamente des Ansatzes mittlerweile als längst überholt gelten dürfen. Die Neue Institutionenökonomik hat in ihren Untersuchungen nicht nur eindrücklich nachgewiesen, dass das Verhältnis von Menschen zu Institutionen komplex und wechselseitig ist. Douglass North (1990, S. 3-5) verwendet in diesem Zusammenhang die berühmte Metapher der „rules of the game", die sich im Zuge dieses Spiels – in einer längeren Zeitfrist – herausschälen, aber auch permanenten Änderungen unterworfen sind. Zugleich impliziert diese Metapher aber noch etwas anders: die Spielregeln bestimmen keineswegs den Spielausgang. Gerade die Idee eines aus Regeln abzuleitenden Resultates ist jedoch die Grundaussage des Neo-Funktionalismus.

Es sind insbesondere die Arbeiten von Elinor Ostrom, die die Frage der Rolle und Gestalt von Institutionen in den weiteren Kontext des Denkens von Komplexität einbettet: soziale Systeme funktionieren in einer komplexen, nicht-linearen Weise, und sind damit einer auf Ursache und Wirkung basierenden linearen Logik nicht zugänglich (vgl. Ostrom/Janssen 2004). Es gibt keine gesicherten Vorhersagen, und es gilt die mittlerweile empirisch hart untermauerte Gewissheit, dass die Wirkung, die Institutionen entfalten, in erster Linie von ihrem jeweiligen Kontext geprägt ist. Entgegen verschiedener anderslautender Befunde (wie etwa das einflussreiche, aber erstaunlich unreflektierte Werk von Ghani/Lockhart 2008) gibt es somit kein „richtiges" institutionelles Setting, das nur korrekt implementiert werden müsste. Wenn die Grundannahme der Komplexität ernst genommen wird, kann nie davon ausgegangen werden, dass ein solches institutionelles Setting die angestrebten Wirkungen entfalten wird.

Vor dem Hintergrund der vorher geschilderten Bemühungen um einen EU-Resilienzansatz ist diese Erkenntnis für das EU-Peacebuilding nahezu paradox. Während schon im Jahr 2009, viel früher und ernsthafter als bei anderen der internationalen Akteure im Peacebuilding, komplexitätsbasierte Konzepte entwickelt, ernsthaft diskutiert und sogar partiell implementiert wurden, scheitert ihre letztendliche Annahme jedoch am ideologischen Fundament der EU. Statt daher eine Vorreiterrolle einzunehmen, wenn sich nun der Komplexitätsansatz allmählich den Weg in den internationalen Mainstream des Peacebuilding bahnt, kann die EU somit nicht anders als das bisherige „muddling through" eines „compromised peacebuilding" weiterzuverfolgen.

Im Zuge der gegenwärtigen politischen Herausforderungen – insbesondere der Infragestellung des europäischen Projektes nicht mehr nur von den politischen Rändern her, wie etwa die jüngsten Abstimmungen über die EU in den Niederlanden und Großbritannien vor Augen führen – wird ein Anzweifeln dieser Grundidee, des Erfolgs durch neo-funktionalistische Integration, in den Bereich der Häresie transferiert. Eine solche Herangehensweise zieht sich bis in den akademischen Bereich, und verhindert damit jedes substanzielle, fundamentale Nachdenken über ein europäisches Peacebuilding-Engagement. Es kann nicht sein was nicht sein darf: während technische Mängel und selbst die strukturellen Problemstellungen bei einer solchen Debatte gern und oft als tatsächliche Herausforderungen anerkannt werden (siehe etwa Tocci 2007), gibt es keine Auseinandersetzung mit der fundamentalen „Idee Europa". Komplikationen sind vor dem Hintergrund des Interesses der Aufrechterhaltung einer sinnstiftenden ideologischen Erzählung offenbar leichter zu verdauen als Komplexität.

Die „Idee Europa" – und damit den neo-funktionalistischen Ansatz eines globalen Institutionen-Crafting im Sinne eines theoretisch längst überholten „liberal peacebuilding" – als Fundament europäischer Friedenspolitik anzuzweifeln, kann weder Politik noch Policy anders als mit prinzipiellen Einwenden begegnen. Zugleich hat sich diese Idee längst diskursiv verfestigt (vgl. dazu Dietz 1999, S. 610-611). In einem Zustand der Schwäche wäre die offene Akzeptanz dieser ontologischen Problematik vielleicht tatsächlich auch der Anfang vom Ende der Integrationsidee. Insofern ist aber die EU als Akteur, soweit sie ihren Anspruch als globale Friedensmacht tatsächlich ernst nimmt, zu einem Ansatz des „liberal peacebuilding" verdammt. Folgen wir den rezenten Erkenntnissen der akademischen Debatte, kann dies wohl nur in einem permanenten Scheitern resultieren (siehe dazu Richmond 2009).

Schlussbetrachtungen

Das hier gezeichnete Bild mag erschütternd negativ wirken, vor allem weil sich keine Lösung abzeichnet. Letztlich bleibt der Grundwiderspruch bestehen, dass sich die EU entweder von ihrer neo-funktionalistischen Leitidee, der „Idee Europa", verabschiedet, oder notwendigerweise in „compromised peacebuilding" verhaftet bleibt, das von einem immer kleiner werdenden Spielraum gekennzeichnet ist. Mit der „Idee Europa" ist, von glücklichen Ausnahmefällen abgesehen, kein Frieden zu „machen" – nicht zuletzt deswegen, weil Frieden im Gegensatz zum unglücklich gewählten Begriff „peacebuilding" auch nichts „zu Machendes" darstellt.

Dennoch gibt es verschiedene Handlungsoptionen, die der EU als Peacebuilding-Akteur offenstehen. Diese beinhalten nicht nur unterschiedliche Konsequenzen, sondern sind auch in unterschiedlichem Maße realistisch:

1) Die EU verändert ihre Ausrichtung grundlegend, wird in ihrem friedenspolitischen Engagement politischer, akzeptiert die Grundbedingungen der Komplexität und der Kontextualität von Interventionen und verankert vor diesem Hintergrund den Resilienz-Ansatz als gesamteuropäisches Projekt der Friedensentwicklung nach außen. Angesichts des grundsätzlichen Widerspruchs zum gemeinsamen neo-funktionalistischen Nenner des EU-Peacebuilding ist diese Option in einem hohen Maße unrealistisch. Allerdings darf nicht vergessen werden, dass einzelne Initiativen – wie der Europäische Entwicklungsbericht 2009 und der EU Aktionsplan für Resilienz 2013 – überraschendes innovatives Potenzial offengelegt haben. Allein deswegen ist es notwendig, diese Option in der Diskussion zu behalten.

2) Die EU bleibt in ihrem derzeitigen „muddling through" verhaftet und fokussiert weiter auf die derzeitige Praxis eines „compromised peacebuilding", eventuell mit einer Verbesserung der strukturellen und technischen Rahmenbedingungen. Doch selbst falls eine solche Verbesserung gelänge zeigt sich in der gegenwärtigen internationalen Konstellation, dass sich der Spielraum einer solchen Vorgangsweise nachhaltig einschränkt. Dies ist nicht nur durch die allzu sichtbaren konkreten Misserfolge bedingt: vielmehr gibt es ein zunehmendes Bewusstsein auf Seiten der „Partnerländer" internationaler Peacebuilding-Bemühungen, sich selbst nicht mehr bedingungslos diesem kompromittierten Ansatz zu unterwerfen. Der globale Marktplatz politischer Ideen ist vielfältiger geworden (Carothers/Samet-Marram 2015). Die g7+ group von fragilen Staaten kann hier als ein Beispiel gelten, die zunehmend selbstbewusste Ablehnung von Institutionen der Global Governance, insbesondere des Internationalen Strafgerichtshofes, durch vor allem afrikanische Staaten als ein anderes. Es ist nicht unwahrscheinlich, dass sich der Spielraum für den Ansatz eines „compromised peacebuilding" vor allem im Kontext des stark werteorientierten EU-Diskurses zusehends schließt.

3) Die EU schränkt ihre Peacebuilding-Bemühungen auf ein kaum erkennbares Maß ein und konzentriert sich auf ein rein technokratisches, unpolitisches „management of effects" (Chandler 2015, S. 84). Eine solche Umorientierung ist gegenwärtig mit der Einrichtung der Trust Funds für Syrien feststellbar, und sie entbehrt auch nicht einer gewissen inneren Logik, weil eine Einigung auf kleinste gemeinsame Nenner beim derzeit laufenden Prozess der EU-Desintegration eine nachvollziehbare Vorgangsweise darstellt. Es handelt sich daher um eine absolut realistische Option, wenngleich, gerade angesichts der massiven zur Verfügung stehenden Mittel, um eine ethisch fragwürdige.

4) Die EU behält ihren friedenspolitischen Grundanspruch, fokussiert allerdings auf realistische Zielsetzungen mit einer definiert politischen Agenda, mit einer klaren Konzentration und einem entsprechenden Bekenntnis auf das Machbare: Ein Pooling von Geldmitteln und Ressourcen für lohnenswerte Initiativen ein-

zelner oder Gruppen von Staaten, die als komplementär akzeptiert werden. Politische Diversität wird nicht mehr als integrationspolitisches Problem, sondern als Chance betrachtet. Dies geht notwendigerweise mit einer Aufgabe der Idee einer einheitlichen EU-Friedenspolitik einher. Dies ist für jene, die auch den Bereich des Peacebuilding in ihrer neo-funktionalistischen Orientierung nur als einen weiteren Motor einer vertieften Integration verstehen wollen, eine enttäuschende Perspektive, aber eben im Sinne einer Ent-Täuschung. Denn es handelt sich wahrscheinlich um die bestmögliche Option in der gegenwärtigen Voraussetzung. Und die einzige, die der Komplexität der Anforderungsstruktur vielleicht gerecht werden kann.

Literatur

Akbulut, Hakan (2013): Die zypriotische Hürde: Stand und Perspektiven des Zypernkonfliktes und die Implikationen für den EU-Beitrittsprozess der Türkei. oiip Arbeitspapier Nr. 70, Wien: oiip.

Anastasiou, Harry (2007): The EU as a Peace Building System: Deconstructing Nationalism in an Era of Globalization. International Journal of Peace Studies, 12:2, S. 31-50.

Barnett, Michael, und Christoph Zürcher (2009): The Peacebuilder's Contract: how external statebuilding reinforces weak statehood. In The Dilemmas of Statebuilding: Confronting the Contradictions of Postwar Peace Operations, Roland Paris und Timothy D. Sisk (Hg.), London, New York: Routledge: S. 23-52.

Bell, Christine (2015): What we talk about when we talk about political settlements: Towards Inclusive and Open Political Settlements in an Era of Disillusionment. PSRP Working Paper 1, Edinburgh: University of Edinburgh.

Bono, Giovanna (2011): The EU's Military Operation in Chad and the Central African Republic: An Operation to Save Lives? Journal of Intervention and Statebuilding, 5:1, 23-42.

Borg, Stefan, und Thomas Diez. 2016. Postmodern EU? Integration between Alternative Horizons and Territorial Angst. Journal of Common Market Studies, 54:1, S. 136-151.

Carothers, Thomas, und Oren Samet-Marram (2015): The New Global Marketplace of Political Change. Washington, DC: Carnegie Endowment for International Peace.

Chandler, David (2015): Reconceptualizing International Intervention: Statebuilding, 'Organic Processes' and the Limits of Causal Knowledge. Journal of Intervention and Statebuilding, 9:1, 70-88.

Chandler, David (2005): From Kosovo to Kabul and Beyond: Human Rights and International Intervention. London: Pluto Press.

de Coning, Cedric (2016):. From Peacebuilding to sustaining peace: Implications of complexity for resilience and sustainability. Resilience: International Policies, Practices and Discourses. online first. DOI: 10.1080/21693293.2016.1153773.

Diez, Thomas (2014): Setting the limits: Discourse and EU foreign policy. Cooperation and Conflict, 49:3, S. 319-333.

Diez, Thomas (1999): Speaking 'Europe': the politics of integration discourse. Journal of European Public Policy, 6:4, S. 598-613.

EC – European Commission (2013): Action Plan for Resilience in Crisis Prone Countries, 2013-2020. SWD (2013) 227 final, Brussels: European Commission.

ERD – European Report on Development (2009): Overcoming Fragility in Africa – Forging a New European Approach. San Dominico di Fiesole: Robert Schuman Centre for Advanced Studies.

EU – European Union (2007): Treaty of Lisbon. Amending the Treaty on European Union and the Treaty Establishing the European Community. Official Journal of the European Union, C 306/1.

Freire, Maria Raquel, und Maria Grazia Galantino (2015): Introduction: The Role of the EU in International Peace and Security. In Managing Crises, Making Peace: Towards a Strategic EU Vision for Security and Defence, Maria Grazia Galantino und Maria Raquel Freire (Hg.), Basingstoke: Palgrave Macmillan, S. 1-18.

Ghani, Ashraf, und Clare Lockhart (2008): Fixing Failed States: A Framework for Rebuilding a Fractured World. Oxford: Oxford University Press.

Hauck, Volker, Anna Knoll, und Alisa Herrero Cangas (2015): EU Trust Funds – Shaping more comprehensive external action? ecdpm Briefing Note No. 81. Maastricht: European Centre for Development Policy Management.

Haukkala, Hisk i(2015): From Cooperative to Contested Europe? The Conflict in Ukraine as a Culmination of a Long-Term Crisis in EU-Russia Relations. Journal of Contemporary European Studies, 23:1, S. 25-40.

Hollis, Rosemary (2012): No friend of democratization: Europe's role in the genesis of the 'Arab Spring'. International Affairs, 88:1, S. 81-94.

Howorth, Jolyon (2010): The EU as a Global Actor: Grand Strategy for a Global Grand Bargain? Journal of Common Market Studies, 48:3, S. 455-474.

Jünemann, Annette (2015): Ein Raum des Friedens, der Stabilität und des gemeinsamen Wohlstands: Die Euro-Mediterrane Partnerschaft zwischen Anspruch und Wirklichkeit. Orient, 46:3, S. 350-379.

Keohane, Daniel (2011): Lessons from EU Peace Operations. Journal of International Peacekeeping, 15:1, S. 200-217.

Lipson, Michae l (2007): Peacekeeping: Organized Hypocrisy? European Journal of International Relations, 13:1, S. 5-34.

Mac Ginty, Roger (2012): Against Stabilization. Stability: International Journal of Security and Development, 1:1, S. 20-30.

Mac Ginty, Roger, und Oliver P. Richmond (2013): The Local Turn in Peace Building: a critical agenda for peace. Third World Quarterly, 34:5, S. 763–783.

Manners, Ian (2008): The normative ethics of the European Union. International Affairs, 84:1, S. 45-60.

Manners, Ian (2002): Normative Power Europe: A Contradiction in Terms? Journal of Common Market Studies, 40:2, S. 235-258.

Missiroli, Antonio (Hg., 2015): Towards an EU Global Strategy: Background, process, references. Paris: European Union Institute for Security Studies.

Mitrany, David (2014 [1943]): A Working Peace System. In The European Union: Readings on the Theory and Practice of European Integration, Fourth Edition, Brent F. Nelsen und Alexander Stubb (Hg.), Boulder, CO: Lynne Rienner Publishers, S. 105-124.

Monnet, Jean (1963): A Ferment of Change. Journal of Common Market Studies, 1:3, S. 203-211.

Moravcsik, Andrew (2005): The European Constitutional Compromise and the neofunctionalist legacy. Journal of European Public Policy, 12:2, S. 349-386.

North, Douglass C. (1990): Institutions, Institutional Change and Economic Performance. Cambridge: Cambridge University Press.

Ostrom, Elinor, und Marco A. Janssen (2004): Multi-level Governance and the Resilience of Social-Ecological Systems. In Globalisation, Poverty and Conflict: A Critical „Development" Reader, Max Spoor (Hg.), Amsterdam: Kluwer Academic Publishers, S. 239-259.

Pospisil, Jan (2009): Die Entwicklung von Sicherheit: Entwicklungspolitische Programme der USA und Deutschlands im Grenzbereich zur Sicherheitspolitik. Bielefeld: transcript.

Pospisil, Jan, und Johanna Rodehau-Noack (2015): Tauwetter im "Frozen Conflict"? Moldau und Transnistrien im Schatten der Ukraine-Krise. oiip Policy Paper 2/2015. Wien: oiip.

Pospisil, Jan, und Sophie Besancenot (2014): EU Donor Policies in Situations of Fragility: Promoting 'Resilience'? European Journal of Development Research, 26:5, S. 614-628.

Richmond, Oliver P. (2016): Peace Formation and Political Order in Conflict Affected Societies. Oxford: Oxford University Press.

Richmond, Oliver P. (2009): Becoming Liberal, Unbecoming Liberalism. Liberal-Local Hybridity via the Everyday as a Response to the Paradoxes of Liberal Peacebuilding. Journal of Intervention and Statebuilding, 3:3, S. 324-344.

Richmond, Oliver P., Annika Björkdahl, und Stefanie Kappler (2011): The emerging EU peacebuilding framework: confirming or transcending liberal peacebuilding? Cambridge Review of International Affairs, 24:3, S. 449-469.

Rouppert, Bérangère (2015): EUTM Mali: A Rapid Response Operation Launched in an Open Conflict. In: Managing Crises, Making Peace: Towards a Strategic EU Vision for Security and Defence, Maria Grazia Galantino und Maria Raquel Freire (Hg.), Basingstoke: Palgrave Macmillan, S. 236-254.

Ruggie, John Gerard (1993): Territoriality and Beyond: Problematizing Modernity in International Relations. International Organization, 47:1, S. 39-174.

Senghaas, Dieter (2004): The Civilisation of Conflict: Constructive Pacifism as a Guiding Notion for Conflict Transformation. In Berghof Handbook for Conflict Transformation, Alex Austin, Martina Fischer und Norbert Ropers (Hg.), Wiesbaden: Springer, S. 25-39.

Senghaas, Dieter (1992): Friedensprojekt Europa. Frankfurt/Main: Suhrkamp.

Tannam, Etain (2006): Cross-Border Co-Operation between Northern Ireland and the Republic of Ireland: Neo-Functionalism Revisited. The British Journal of Politics & International Relations, 8:2, S. 256-276.

Tilly, Charles (1985): War Making and State Making as Organized Crime. In Bringing the State Back In: Peter Evans, Dietrich Rueschemeyer und Theda Skocpol (Hg.), Cambridge: Cambridge University Press, S. 169-187.

Tocci, Nathalie (2015): Towards an EU global strategy. In Towards an EU Global Strategy: Background, process, references, Antonio Missiroli (Hg.), Paris: European Union Institute for Security Studies, S. 115-120.

Tocci, Nathalie (2007): The EU and Conflict Resolution: Promoting peace in the backyard. London, New York, NY: Routledge.

Van Rompuy, Herman, und José Manuel Durão Barroso (2012): From War to Peace: A European Tale. Nobel Lecture by the European Union, Oslo, 10. Dezember 2012.

Visoka, Gëzim, und John Doyle (2015): Neo-Functional Peace: The European Union Way of Resolving Conflicts. Journal of Common Market Studies, online first publication, DOI: 10.1111/jcms.12342.

Whaites, Alan (2008): States in Development: Understanding State-building. DFID Working Paper, London: DFID.

Wolff, Stefan (2007): The European Union and the conflict over the Nagorno-Karabakh Territory. Report prepared for the Committee on Member States' Obligations Parliamentary Assembly of the Council of Europe. Berlin, 4-5 November 2007.

National institutions vs common EU policies? The case of ‚free movement' in the European Union

Martin Ruhs

Abstract[1]

What explains why some EU countries have demand reforms of the current rules for free movement while other member states have opposed this idea? Why did the UK take the lead in calling for more restricted access for EU workers to welfare benefits? I argue that the analysis of these questions needs to consider at least three types of national institutons and social norms – the nature of the labour market, the type of welfare state, and citizenship norms – that differ across EU countries and that can contribute to divergent national policy preferences with regard to reforming free movement. This short chapter raises important questions for research and debates about institutional variations across EU member states, the potential tensions between national institutions/norms and common EU regulations, and the implications for the design and sustainability of different types of EU policies on migration and mobility.

Introduction

EU member states have in recent years been engaged in a highly divisive political debate about the need for reforming the policies regulating the free movement of workers in the European Union. The current rules for free movement facilitate unrestricted intra-EU migration and equal access to national welfare states for EU „workers". A group of member states, most notably the UK (where a recent referendum resulted in majority support for "Brexit" i.e. for the UK to leave the EU), has called for more restricted access for EU workers to welfare benefits. The UK has justified its call for reforming free movement by arguing that Britain's welfare state is fundamentally different („less contributory") and „exceptional" compared to the welfare states of most other EU member states. Many other EU countries have been sceptical and opposed to fundamental and permanent reform insisting

---

[1] This short article is based on a longer working paper: Ruhs, M. (2016): Is Unrestricted Immigration Compatible with Inclusive Welfare States? National Institutions, Citizeship Norms and the Politics of Free Movement in the European Union, April 13, 2016. Available at SSRN: http://ssrn.com/abstract=2625486.

that the current policy of unrestricted access to labour markets and full and equal access to welfare states for EU workers must continue.

What explains why some EU countries demand reforms of the current rules for free movement while other member states oppose this idea? There seems to be a popular view among many commentators that the perceived problems of countries demanding reform are simply due to „current domestic politics", „the media" and/or „ill-informed public opinion on immigration". While all these factors surely play a role, it is important not to dismiss the idea that there may be some important „structural differences" across EU countries that can contribute to variations in both the scale and effects of EU immigration, and to different policy responses. At the same time, it is equally important to critically assess arguments about the role and importance of these alleged structural differences, and to scrutinise the claims about „institutional exceptionalism" that some member states have made in this debate. I argue that there are at least three factors – the nature of the labour market, the type of welfare state, and social norms on the meaning and boundaries of „citizenship" – that differ across EU countries and that can, at least in theory, contribute to divergent national policy preferences with regard to reforming free movement.

Labour markets

In a free movement area with unrestricted labour migration across countries, the nature of the labour market plays an important role in shaping the scale of immigration in particular countries. More flexible labour markets tend to attract more migrant workers, especially for employment in lower-waged jobs, than more regulated labour markets. This is partly because flexible labour markets are characterized by fewer employment rights and protections, and thus make it easier and less costly for employers to hire and fire workers, than more regulated labour markets. As shown in Figure 1 below, using a standard OECD measure of labour market protection, the UK and Ireland have the most flexible labour markets among the EU 15 countries.

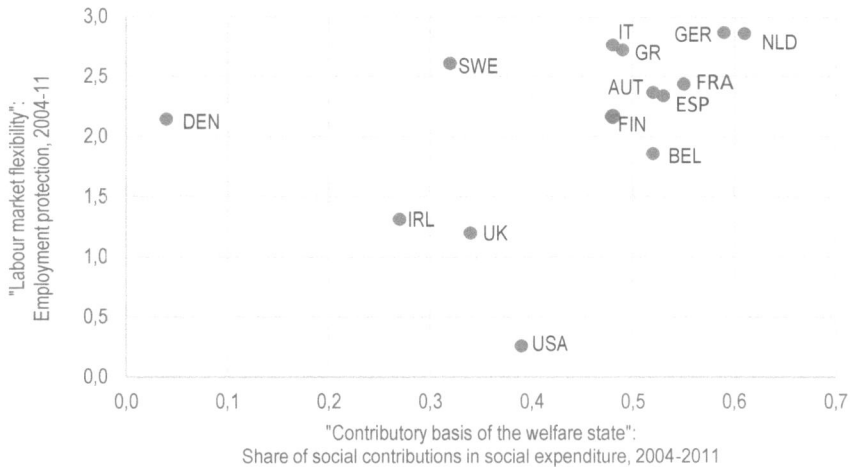

Figure 1: *Employment protection and social spending through social contributions in selected EU-15 countries and the United States, average for 2004-2011.*

Source: Ruhs (2016).
Notes: „Employment protection" refers to OECD data on „Protection of permanent workers against individual dismissal" (EPRC). A higher protection score implies less labour market flexibility; „Social contributions" are based on OECD data on „actual social contributions". „Social expenditure" includes public and private mandatory social expenditure. A higher share of social contributions in social expenditure indicates a more contributory welfare system.

Welfare states

The nature of the welfare state, especially the extent to which it provides non-contributory benefits (i.e. welfare benefits that are paid regardless of whether the beneficiary has made prior contributions or not), impacts on the net-fiscal contribution that new migrants make. In countries with welfare systems characterized by a high share of non-contributory benefits, low-skilled immigration will, everything else being equal, create a smaller net-benefit (or greater net-loss) than in countries with welfare states that include a greater share of contributory benefits (i.e. benefits that are only paid if the beneficiary and their employer has made a prior contribution), at least in the short run. The fiscal effects of immigration also depend on a range of other determinants (see Dustmann and Frattini 2014) – including, critically, the level of welfare benefits provided – but the role of non-contributory benefits is an important factor.

Another reason why immigration can create greater challenges for less-contributory benefits systems relates to public opinion and perceptions of fairness. One narrow but popular idea of fairness toward migrant workers involves the idea that newcomers should not receive benefits without prior contributions or qualifying period. Of course, this approach could also be applied to citizens who enter the low-waged labour market for the first time but it is likely to be voiced even more strongly in the case of new migrants because of their status of „outsiders".

While all migrants who are working „contribute" through their employment and income taxes, the idea of „no benefits without prior financial contribution or waiting period" may be more easily implemented (and communicated to the public) in countries whose welfare states are dominated by social insurance programmes that provide benefits to all people primarily based on prior contribution rather than based on „means". Social insurance programmes are, by design, more exclusionary toward migrants than means-tested welfare policies.

The 'contributory basis' of a welfare state is a complex and multidimensional concept that cannot be easily summarised in a single set of numbers. Using the share of social contributions in total social expenditure as a crude and imperfect proxy, Figure 1 suggests that, in addition to having a highly flexible labour market, the UK and Ireland also have among the least contributory welfare states in the EU. While more detailed empirical research is clearly needed (for a recent critique of the approach above, see Bruzelius et al 2015), I argue that the broad picture Figure 1 paints is likely to be correct and not particularly surprising given what we know from the existing research literature about labour markets and welfare states in the EU.

I suggest that in countries that have both a relatively flexible labour market and a relatively non-contributory welfare state – which, according to Figure 1, is the case in the UK and Ireland – 'free movement' can generate specific fiscal costs, economic tensions and concerns about „fairness" that are not present, at least not to the same degree, in countries characterised by more regulated labour markets and/or more contributory welfare states.

In principle, addressing these tensions and concerns does not necessarily require reducing immigration or migrants' access to the welfare state. It could instead involve „domestic solutions" such as reducing the flexibility of the labour market (which would likely reduce labour immigration) and/or making the welfare state more contributory for everybody i.e. including citizens.

Social norms on „citizenship"

Whether the combination of flexible labour markets and less contributory welfare states leads to calls for policy reform in a particular country in practice, and the extent to which „domestic solutions" to perceived tensions arising from free movement are likely to be politically feasible, critically depends on whose best interests free movement is meant to serve. This is where cross-country differences in social norms on the meaning and boundaries of „citizenship" matter.

If there is widespread agreement within the domestic policy spheres of an EU member state that the primary (or at least an important) aim of free movement is to maximize the net-benefits for the EU as a whole (i.e. for all EU citizens), the relatively greater costs incurred from immigration by selected member states, especially those with flexible labour markets and less contributory welfare states, will be less important as these costs will be easily offset by the very large gains that employment abroad generates for EU migrants and their families. I suggest that this may be the policy approach in Ireland where, according to recent data from the Eurobarometer (spring 2015) the majority (57%) of people see themselves as „European" in one way or another (52% say they feel „Irish and European") and only 43 percent see themselves as „Irish only" (see Table 1 below). Despite its similarity to the UK in terms of labour market flexibility and contributory basis of the welfare state, Ireland has not been an advocate for reforming the current rules for free movement.

If, on the other hand, there are strong domestic political pressures in a country to maximise the net-benefits from free movement for its own citizens the combination of flexible labour markets and less contributory welfare states is more likely to result in domestic political pressures for changing the rules for free movement (and it would probably make it less likely that „domestic solutions" will be acceptable). Arguably, this is the case in the UK where almost two thirds of people consider themselves as „British only". The relatively „un-European" identity of British people has been a fairly constant feature for many decades.

	UK	IRE	EU-28
See themselves as „nationality" (only)	64%	43%	38%
Feel they are a „citizen of the EU"	56%	77%	67%
Say that „The free movement of people, goods and services within the EU" is the most positive result of the EU"	44%	66%	57%

Table 1: Public attitudes to EU Citizenship, Spring 2015.

Source: European Commission (2015) Eurobarometer 83.

Conclusion

I have argued that differences in national institutions and norms – such as labour markets, welfare states and social norms on the meaning and boundaries of „citizenship" – have the potential to help explain why some EU countries have demanded fundamental reforms of the current rules for free movement while other member states have opposed this idea. My discussion has been largely theoretical. It is an important task for empirical research to study what role, if any, national institutions an social norms play in determining EU member states' national policy positions on free movement in practice. At this stage of the analysis I am not suggesting that these institutional differences can necessarily be used to justify reforms of the current rules for intra-EU labour migration – but anybody interested in the political sustainability of the free movement of workers within the EU would, in my view, be foolhardy to ignore them. In the UK, public concern about free movement was a major factor in explaining the vote for *Brexit*.

The chapter also raises broader question of whether differences between national institutions and social norms might not only cause variation in responses to free movement rules among EU member states but also explain the equally varied national policy responses that we have witnessed in recent times to inflows of migrants, including asylum seekers and refugees, from outside of the EU. EU countries have in recent months been engaged in highly divisive political debates about how to respond more effectively to the 'migration and refugee crisis' which has led to the arrival of more than one million asylum seekers and migrants in the EU in 2015. While some countries (most notably Germany) insist on a new EU policy approach that distributes refugees across EU Member States, many other EU countries have strongly objected to the idea of accepting larger numbers of refugees via a new EU-wide allocation process. In her discussion of Poland's reluctance to admit more asylum seekers from Syria, Weiner (2015) suggests that „a real refugee is quite different in the Polish and Western imagination". One can see clear parallels between this argumentation based on „structural difference" when it comes to developing common asylum policies and the claims about „institutional exceptionalism" in the debate about free movement.

Some leading EU officials have suggested that the failure to agree on workable common migration and mobility policies threatens the broader European project itself. For example, Donald Tusk, the President of the European Council, recently suggested that failure to cope with the refugee crisis via an effective collective response threatens the survival of the European Union. Clearly, more analysis of the obstacles to the development of effective common policies, including the tensions between national institutions/norms and common EU regulations, will be important not only for research but also for policy debates about the future of European integration.

Literature

Bruzelius, C., Chase, E., and M. Seeleib-Kaiser (2015): Social Rights of EU Migrant Citizens: Britain and Germany Compared, Social Policy and Society, FirstView article.

Dustmann, C. and T. Frattini (2014): The Fiscal Effects of Immigration to the UK, Economic Journal 124 (580): 593-643.

European Commission (2015): Standard Eurobarometer 83. European Commission, DG for Communication, Brussels.

Ruhs, M. (2016): Is Unrestricted Immigration Compatible with Inclusive Welfare States? National Institutions, Citizenship Norms and the Politics of Free Movement in the European Union, (April 13, 2016). Available at SSRN: http://ssrn.com/abstract=2625486.

Weiner, A. (2015): Polish response to the refugee crisis: where the wild things are? Blog post, Migration Policy Centre (MPC), European University Institute, 6 October 2015.

GLOBALISIERUNG UND MIGRATION

Migration und Flucht:
Europa im Spannungsfeld zwischen Globalisierung, Nationalisierung und Regionalisierung

Othmar Karas

Zusammenfassung

Unbestritten hat die Globalisierung unsere Welt näher zusammenrücken lassen. Sie hat vielfältige Auswirkungen auf unsere Gesellschaft und nährt gleichzeitig die weltweiten Migrationsbewegungen. Dieser Artikel zeichnet das gegenwärtige und zukünftige Bild der Europäischen Union in einer globalisierten Welt und befasst sich mit den Migrations- und Fluchtfragen in einem globalen, europäischen und regionalen Kontext. Anhand einer Analyse von Statistiken, politischen Rahmenbedingungen, Zuständigkeiten und Entscheidungsmechanismen werden Herausforderungen dargestellt, Lösungswege aufgezeigt und die gemeinsame Bewältigung der Migrations- und Flüchtlingskrise in Europa thematisiert.

Einleitung

Die Globalisierung ist ein Faktum. Wir leben in einer immer vernetzter, verflochtener und komplexer werdenden Welt. Länder, Regionen, Kommunen und Menschen werden voneinander abhängiger. Zeitzonen, Entfernungen und Sprachunterschiede spielen eine zunehmend geringere Rolle. Die Verkürzungen der Wege, der Distanzen und der damit verbundenen Zeit für Entscheidungen haben die Welt zu einem globalen Dorf werden lassen[1]. Die Ursachen dafür sind vielfältig: Bevölkerungswachstum, technischer Fortschritt, Digitale Revolution oder die Liberalisierung des Welthandels können beispielhaft genannt werden. Das Phänomen der Globalisierung hat vielschichtige Auswirkungen auf unsere heutige Gesellschaft und speist gleichzeitig die globalen Wanderungsbewegungen der Zukunft. Zentrale Fragen, die wir uns dabei in Europa stellen müssen, sind: Werden wir ein aktiver Teil der Globalisierung und können wir diese dadurch als Europäer mitgestalten? Oder werden wir in Zukunft zwei voneinander unabhängige Teile wahrnehmen – hier Europa und dort die globalisierte Welt? Und weiter: Welche Rolle spielen die globalen Wanderungsbewegungen und die Bewältigung der europäischen Migrations- und Flüchtlingskrise in diesem Spannungsfeld?

---

[1] Der Begriff „globales Dorf" wurde durch den kanadischen Medienphilosophen Herbert Marshall McLuhan in den 1960er Jahren geprägt (vgl. McLuhan, 1962).

Globalisierung und Europa:
Bewusst gestalten, was auf uns zukommt!

Globale Entwicklungen, Trends und die Rolle Europas in der Welt

Ein Faktum ist auch, dass die Weltbevölkerung weiterhin kontinuierlich wächst. Sind wir heute rund 7,39 Milliarden Menschen weltweit, werden wir laut den Vereinten Nationen bis 2050 etwa 9,7 Milliarden sein (United Nations, DESA, Population Division, 2015: 2). Dieses Wachstum findet beinahe ausschließlich in den Entwicklungsländern – vor allem in Afrika – statt. Zur selben Zeit altert und schrumpft die Bevölkerung in den Industrienationen (United Nations, DESA, Population Division, 2015: 5ff). Diese „demografische Teilung" der Welt in Gebiete mit hohem und solche mit niedrigem Bevölkerungswachstum wird sich in den nächsten Jahrzehnten weiter verfestigen.

Wie lässt sich die Entwicklung in Europa prognostizieren? Führen wir uns kurz folgendes Bild vor Augen: Wenn die Welt heute ein Dorf mit nur 100 Einwohnern wäre, wären davon 16 Afrikaner, 60 Asiaten und zehn Europäer. Bis zum Jahr 2050 würde die Zahl der Dorfbewohner auf 133 Menschen steigen. Davon wären 33 Afrikaner, 73 Asiaten und – weiterhin – zehn Europäer (Stiftung Weltbevölkerung, 2015). Der Anteil der Bürgerinnen und Bürger der Europäischen Union (EU) an der Weltbevölkerung wird also weiter sinken. Stellten wir Europäer am Anfang des 20. Jahrhunderts noch 20 Prozent der Weltbevölkerung, sind es jetzt sieben Prozent (Eurostat, 2016: 21). Bis Ende des 21. Jahrhunderts werden es nur vier Prozent sein. Auch der Anteil erwerbsfähiger Personen wird in Europa bis zum Jahre 2050 schätzungsweise um 15 Prozent zurückgehen (Eurostat, 2016a: Tabelle 1). Ohne positive Nettomigration, also einem Überschuss an Einwanderern gegenüber Auswanderern, wäre es in Europa schon im Zeitraum 2000-2015 zu einem Bevölkerungsrückgang gekommen (United Nations, DESA, Population Division, 2015a: 1).

Neben dem demografischen Wandel werden sich auch die wirtschaftlichen Machtverhältnisse in den kommenden 50 Jahren verändern. Europa wird weltweit an wirtschaftlichem Gewicht verlieren. Die Entwicklung der Forschungsausgaben, Innovationstätigkeit, wirtschaftliche Entwicklung – nicht nur in den BRIC-Staaten – Brasilien, Russland, Indien und China – führt zu einer Reduzierung des Wirtschaftsanteils der EU von derzeit knapp 20 Prozent auf unter zehn Prozent des Weltwirtschaftsvolumens.[2] Sind heute noch vier einzelne europäische Nationen – nämlich Frankreich, Italien, Großbritannien und Deutschland – Mitglied der G20, hätte in wenigen Jahrzehnten keines dieser Länder mehr die notwendige ökonomische Stärke um berechtigterweise am Tisch mit aufstrebenden Staaten wie Indien oder Indonesien zu sitzen (Karas, 2015). Die Anzahl der EU-Staaten unter den G7

---

[2] Aiginger 2015, auch Beitrag bei der Konferenz der Österreichischen Akademie der Wissenschaften (2013).

Industrienationen würde von vier auf null sinken, Deutschland dürfte sich wohl auf Platz neun oder zehn halten (PwC, 2015: 3).

Auch das Digitale Zeitalter spielt dabei im Globalisierungsprozess eine immer bedeutendere Rolle. Waren im Jahre 1993 lediglich drei Prozent der weltweiten Informationsspeicherkapazität digital, sind es mittlerweile über 94 Prozent (Hilbert & López, 2011). Drei von vier Menschen in den Ländern der OECD (Organisation for Economic Co-operation and Development) verwenden das Internet jeden Tag (OECD Observer, 2016). 90 Prozent aller Berufe in Europa werden in naher Zukunft ein gewisses Niveau an digitalen Fähigkeiten erfordern (European Commission, 2016: 4). Und 65 Prozent der heutigen Schulkinder werden einmal Berufe haben, die noch nicht erfunden sind (Department of Labor, 1999).

Kurzum: Egal ob auf politischer, wirtschaftlicher, technologischer, geistiger oder kultureller Ebene – Europa befindet sich in einem globalen Wettbewerb um die Zukunftschancen für die kommenden Generationen. Kein europäischer Staat darf diese Realitäten ignorieren. Und keiner kann auf sie alleine eine nachhaltig erfolgreiche Antwort geben. Die Frage, ob wir die Globalisierung annehmen oder nicht, stellt sich so gar nicht. Vielmehr müssen wir beantworten, wie wir mit ihr umgehen und wie wir sie – und unsere Europäische Union inmitten von ihr – gestalten wollen. Eine Studie der Bertelsmann-Stiftung (Böhmer et al., 2016) zeigt: Der jüngste Rückgang des sogenannten Globalisierungsgrades[3] in 35 Ländern, darunter Österreich, hat gesamtvolkswirtschaftlich negative Folgen. Eine wirtschaftliche Abschottung, die sich in Grenzschließungen oder anderen protektionistischen Maßnahmen äußert, geht letztendlich zulasten des Wohlstands der Bürgerinnen und Bürger. Die verstärkte Integration von Schwellen- und Entwicklungsländern in die Weltwirtschaft würde sich dagegen positiv auswirken – auch auf Europa. Denn Globalisierung bedeutet ebenso, dass der politische, wirtschaftliche, soziale, technologische und ökologische Wettbewerb vermehrt global zwischen den Kontinenten und Regionen, und nicht bloß zwischen Nationen ausgetragen wird. Daher geht es darum, die Globalisierung auf die lokale Ebene herunterzubrechen, sie zu regionalisieren und zu demokratisieren.

Letzten Endes wird es uns nicht gelingen mit verschlossenen Türen, nationalen Egoismen und Protektionismen die zahlreichen Chancen der Globalisierung zu realisieren. Wir müssen uns die Globalisierung zum Freund machen und ihre Vorteile aktiv nutzen. Europa kann seinen Bürgerinnen und Bürgern Sicherheit, Wohlstand und Demokratie in der Zukunft nur dann bieten, wenn wir zusammenstehen und gemeinsam arbeiten, handeln und aktiv werden. Gestalten wir bewusst, was auf uns zukommt. Denn wer sich abschottet, verliert!

---

[3] Der durch einen Index errechnete Globalisierungsgrad berücksichtigt neben dem Hauptfaktor der wirtschaftlichen Verflechtung (Handel und Kapital) auch Faktoren wie Tourismus oder politische Rahmenbedingungen, wie etwa der Zustand der Außenbeziehungen der Länder.

Die Europäische Union im Lichte globaler Herausforderungen

In diesem Prozess müssen wir unsere Europäische Union als Teil gemeinsamer Lösungen und nicht als Ursache der Probleme sehen. Nationale Alleingänge, selbst wenn sich einige EU-Staaten verbünden, können kein adäquater Ersatz sein für gesamteuropäische Antworten auf die drängenden Fragen unserer Zeit. Und diese globalen Herausforderungen, deren Bewältigung internationale Verständigung und Zusammenarbeit erfordern, nehmen laufend zu. Terrorismus, Extremismus und Radikalisierung, Hybride- und Cyberbedrohungen, Hunger, Armut, Umwelt-, Klima- und Naturkatastrophen, Ressourcenknappheit oder die global ansteigenden Migrations- und Fluchtbewegungen machen an keiner nationalen Grenze Halt. Allein in den letzten fünf Jahren entstanden weltweit mindestens fünfzehn neue Konflikte. Diese Zunahme an grenzüberschreitenden Herausforderungen macht das Vorantreiben einer auf Regeln basierten globalen Weltordnung immer dringlicher. Federica Mogherini, die „Außenministerin" der EU, bringt es in ihrem Konzept über eine neue Globale Strategie für die Sicherheits- und Außenpolitik der EU, auf den Punkt: „In einer immer komplexeren Welt müssen wir zusammenstehen." Unsere Sicherheit im Inneren hänge vom Frieden jenseits unserer Grenzen ab. Die Schwächen unserer Nachbarn und Partner seien unsere eigenen Schwächen. Nur mit dem gesamten Gewicht einer echten Union seien wir in der Lage, unseren Bürgern Sicherheit, Wohlstand und Demokratie zu bieten und eine positive Veränderung in der Welt zu bewirken (Mogherini, 2016a, zitiert nach Mogherini, 2016b).

Ein Mehr an internationalen Entscheidungen darf dabei aber nicht auf Kosten der Mitsprache der Bürgerinnen und Bürger gehen, sondern braucht demokratische Legitimierung. Diese Demokratisierung der Globalisierung kann von Europa ausgehen, wird aber aufgrund der demografischen und wirtschaftlichen Machtverschiebungen, nicht alleine von Europa getragen werden können.

Das Europa von morgen wird von dem Europa von heute geschaffen. Die Europäische Union ist ein Beweis dafür, dass der Mensch aus den Fehlern der Vergangenheit lernen und die richtigen Schlüsse für die Zukunft ziehen kann. Mit Blick auf die Geschichte der EU, „waren es eigentlich immer Krisen, die die Weichen für die Entwicklung des europäischen Einigungsprozesses gestellt haben" (Heise, 2011: 634). Der große Europäer Robert Schuman erklärte am 9. Mai 1950, als er die Gründung einer Europäischen Gemeinschaft für Kohle und Stahl (EGKS) anregte: „Europa lässt sich nicht mit einem Schlage herstellen und auch nicht durch eine einfache Zusammenfassung. Es wird durch konkrete Tatsachen entstehen, die zunächst eine Solidarität der Tat schaffen." Diese Tatsachen und Handlungen finden täglich nicht nur in den Regionen, Ländern und der gesamten EU statt, sondern vermehrt auch außerhalb unserer Unionsgrenzen. Und wir müssen sie verstärkt in Angriff nehmen. Die von Robert Schuman erwähnte „Solidarität der Tat" muss mit unseren Aufgaben und Herausforderungen in und um Europa wachsen. Sie bringt uns näher zur politischen Europäisierung unseres Kontinents – und ebnet den Weg zu einer echten gemeinsame Außen-, Sicherheits-, Verteidigungs-, Entwicklungs-, Migrations-, Asyl-, und Integrationspolitik, einer Wirt-schafts- und Sozialunion und schließlich zu einer politischen Union als solches. Nur anhand dieser Entwicklungen wird das europäische Projekt seine Legitimati-on und die Europäische Union eine vorreitende Rolle in einer globalisierten Welt behalten können. Daher müssen wir unentwegt auf die Vorteile unserer Gemein-schaft setzen und dürfen uns nicht auseinanderdividieren lassen (vgl. Karas, 2014).

Bedauerlicherweise sind so manche Mitgliedstaaten derzeit wieder im Begriff, ihre nationalen Positionen in der Union zu stärken, anstatt das gemeinschaftliche Europa zur Antwort auf die Krisen zu erklären. Nationalismus, Populismus und Oberflächlichkeit lösen kein einziges Problem, sondern schwächen die Gemein-schaft. Sehr deutlich zeigt sich dies im Umgang mit einer der drängendsten Fragen unserer Zeit: den Migrations- und Flüchtlingsströmen.

Migrations- und Flüchtlingsfragen im globalen, europäischen und nationalen Kontext

Definieren und Differenzieren als Grundlage gemeinsamer Lösungen

Migration hat nicht nur vielfältige Ursachen, sondern zeigt sich auch an viel-schichtigen Wanderungsmustern. Ursprünglich aus dem Lateinischen kommend, bedeutet „migratio" „(Aus)wanderung". Das Verb „migrare" wird als „wandern, wegziehen" übersetzt und beschreibt den Prozess von Menschen, über längere Wege oder Grenzen hinweg zu wandern, um dort dauerhaft oder vorübergehend zu leben.

Leider kursieren in der öffentlichen Debatte immer wieder zahlreiche Vorurtei-le und Irrtümer über das Phänomen Migration. Viele spielen mit den Verunsiche-rungen und Sorgen in der Bevölkerung. Anstatt Verantwortung zu übernehmen, sich mit den Fakten auseinanderzusetzen und zu informieren, nutzen viele die auf-geheizte Stimmung für kurzsichtige Stimmungsmache, schüren Ängste und gießen bewusst Öl ins Feuer. Dabei werden Begriffe wie „Flüchtling" oder „Migrant" vermengt, Fakten verdreht, pauschalisiert oder aus ihrem Kontext gerissen ver-breitet.

Um die unterschiedlichen Wanderungsströme im globalen Zusammenhang zu verstehen, muss man sich das Bild in seiner Gesamtheit vor Augen führen. Dabei dienen Definitionen als Grundlage der Diskussion und schaffen die Voraussetzung für gemeinsame Regelwerke und Lösungen. Nicht jeder Migrant ist ein Flüchtling, aber jeder Flüchtling ist ein Migrant! Man muss klar differenzieren: zwischen Menschen, die vor Krieg, Verfolgung, Vertreibung, Hunger, Armut, Klima-, Um-welt- und Naturkatastrophen flüchten und denjenigen, die ihr Land aus anderen Gründen verlassen haben; zwischen Flüchtlingen gemäß der Genfer Flüchtlings-konvention (GFK) (UNHCR, 1951), die auf den Ausgang ihres Asylverfahrens warten oder internationalen Schutz aufgrund anderer Gründe bedürfen; und zwischen denjenigen, die innerhalb eines Landes oder über nationale Grenzen hinwegziehen.

Werden wir wirklich „überrannt"?
Zahlen und Fakten

Blicken wir zunächst auf die globale Situation. Laut dem aktuellen Migrationsbericht der Vereinten Nationen (United Nations, DESA, Population Division, 2015a) leben weltweit rund 244 Millionen Menschen nicht in ihrem Geburtsland. Beinahe zwei Drittel dieser sogenannten internationalen Migranten leben in Europa (76 Millionen) und Asien (75 Millionen). Ihre Zahl ist in den letzten fünfzehn Jahren weltweit kontinuierlich gestiegen und insgesamt sogar schneller als die Weltbevölkerung angewachsen: Betrug der Anteil internationaler Migranten an der Weltbevölkerung im Jahre 2000 2,8 Prozent, so sind es derzeit etwa 3,3 Prozent. Diese Wanderungsbewegungen haben Auswirkungen auf das Bevölkerungswachstum von Kontinenten, Staaten und Regionen. Im Zeitraum zwischen 2000 und 2015 trug eine positive Nettomigration um 42 Prozent zum Gesamtbevölkerungswachstum in Nordamerika und um 32 Prozent in Ozeanien bei. In Afrika, Asien, Lateinamerika und der Karibik bremste eine negative Nettomigration das Bevölkerungswachstum während es in Europa ohne positive Einwanderungsüberschuss zu einem Rückgang gekommen wäre (United Nations, DESA, Population Division, 2015a; 1).

Gleichzeitig sind derzeit mit 65,3 Millionen Menschen weltweit so viele Menschen auf der Flucht wie noch nie zuvor. Während im Jahre 2005 durchschnittlich sechs Menschen pro Minute entwurzelt wurden, sind es heute 24 Menschen pro Minute – das sind statistisch zwei Menschen pro Atemzug. Davon wurden rund 40,8 Millionen Menschen innerhalb der Grenzen ihres Landes vertrieben. 21,3 Millionen sind Flüchtlinge und haben die Grenzen ihres Heimatlandes überschritten. Die verbleibenden 3,2 Millionen sind Asylsuchende und warten noch auf den Ausgang ihres Asylverfahrens (UNHCR, 2016). Diese Zahlen veranschaulichen deutlich: Migration und Flucht müssen als globale Phänomene und im globalen Kontext gesehen werden.

Die Bemühungen Europas bei der Aufnahme von rund einer Million Flüchtlingen und Migranten stehen derzeit in einem Mittelpunkt der öffentlichen und medialen Aufmerksamkeit. Tatsache ist, dass sich die große Mehrheit der Flüchtlinge außerhalb Europas aufhält. Insgesamt 86 Prozent der Flüchtlinge finden in Ländern mit niedrigem bis mittlerem Einkommen Schutz. Weltweit ist die Türkei mit 3,2 Millionen Flüchtlingen das größte Aufnahmeland. Und im Libanon, einem Land so groß wie Tirol, dessen Einwohner nur ein Fünftel des Wohlstandes der Menschen der EU genießen, sind etwa ein Viertel der Bevölkerung Flüchtlinge. Zum Vergleich: In der EU machen Flüchtlinge derzeit unter 0,3 Prozent der 510 Millionen Bürgerinnen und Bürgern aus – allein Jordanien hat mehr Flüchtlinge aus Syrien aufgenommen als alle EU-Staaten zusammen.

Vor diesem Hintergrund müssen wir uns den Fragen ehrlich stellen: Haben wir es in Europa wirklich mit einer „Invasion" zu tun? Können in einer zunehmend immer kleiner werdenden und globalisierten Welt allein nationale Maßnahmen, Abschottung, Zäune und Obergrenzen, nachhaltige Lösungen sein? Rechtfertigen sie das unerträgliche Leid? Gibt es wirklich einen Notstand? Obgleich es oftmals suggeriert wird: Nicht die Zahl der Flüchtlinge und Migranten ist unser Problem. Vielmehr legt der Umgang mit der Herausforderung die Stolpersteine auf den Weg zu nachhaltigen, gemeinsamen Lösungen. Was wir niemals übersehen dürfen, ist: Es geht immer um Menschen. Um Menschen, die vor Krieg, Verfolgung, Vertreibung, Hunger und Armut flüchten. Um Menschen, die Hoffnung haben und ihre Chancen sehen. Geben wir diesen Menschen ein Gesicht! Filippo Grandi, Hoher Flüchtlingskommissar der Vereinten Nationen, beschreibt es treffend:

„Immer mehr müssen aufgrund von Krieg und Verfolgung ihre Heimat verlassen und das allein ist höchst beunruhigend. Doch auch die Faktoren, die Flüchtlinge in Gefahr bringen, steigen um ein Vielfaches. Auf dem Meer verlieren erschreckend viele ihr Leben, der Landweg ist durch geschlossene Grenzen zunehmend blockiert und in manchen Ländern wird gegen Asyl politisch Stimmung gemacht. Die Bereitschaft von Staaten, nicht nur für Flüchtlinge, sondern im gemeinsamen Interesse der Menschlichkeit zusammenzuarbeiten, wird herausgefordert. Dabei ist es genau dieser einende Geist, der so dringend gebraucht wird!" (Grandi, zitiert nach unhcr.at, 2016)

Wer trägt wofür Verantwortung?
Rahmenbedingungen, Zuständigkeiten und Entscheidungsmechanismen

Umfragen zeichnen ein eindeutiges Bild. Migration gilt laut den aktuellen Eurobarometer-Umfragen (Europäische Kommission, 2016) als größte Herausforderung für die Europäische Union. In 20 Mitgliedstaaten ist die Zuwanderung das eine Thema, das den Bürgerinnen und Bürgern am meisten Sorgen bereitet. In allen anderen EU-Ländern rangiert es auf Platz zwei und drei der drängendsten Fragen. Auch die Österreicherinnen und Österreicher sehen in der Migration und Zuwanderung derzeit die größte Herausforderung (GfK, 2016). Gleichzeitig befürworten nahezu 67 Prozent der Europäerinnen und Europäer eine gemeinsame europäische Migrationspolitik (Europäische Kommission, 2016).

Wo liegen nun die Herausforderungen auf dem Weg zu gemeinsamen europäischen Lösungen in der Flüchtlingsfrage? Woran fehlt es und wer trägt wofür Verantwortung? Um die Antworten auf diese Fragen zu finden, muss man zum einen die globalen, europäischen, nationalen als auch regionalen Rahmenbedingungen und ihr vielschichtiges Zusammenspiel sehen. Zum anderen spielen die Zuständigkeiten und die einhergehenden Entscheidungsmechanismen eine wichtige Rolle. Da die Themen Migration und Flucht Einzug in viele mitunter unterschiedlich geregelte Bereiche haben – von Äußeren Angelegenheiten bis hin zu Arbeitsrecht, Armenwesen, Sozialhilfe oder Staatsbürgerschaftsrecht – kann es zudem zu Überschneidungen bei den Kompetenzen zwischen den verschiedenen Ebenen und dadurch zu Ineffizienzen kommen. Hinzu kommen Probleme beim Umgang mit getroffenen Entscheidungen, wie beispielsweise Mängel bei der Umsetzung von Beschlüssen und Zusagen sowie Nationalismus und Populismus gepaart mit einem Defizit an gemeinschaftlicher Verantwortung und Solidarität.

International sind die Strukturen zur Steuerung von Wanderungsbewegungen unterschiedlich stark entwickelt. Im Bereich des Flüchtlingsschutzes steht die Genfer Flüchtlingskonvention (UNHCR, 1951) mit dem Flüchtlingskommissariat der Vereinten Nationen (UNHCR) als institutioneller Rahmen im Mittelpunkt. Wenn es um Themen wie Arbeitsmigration, Familiennachzug, Migration zu Bildungs- und Ausbildungszwecken oder die Bewältigung irregulärer Ströme geht, herrscht dagegen ein „Fleckerlteppich" aus regionalen und bilateralen Abkommen sowie unterschiedlichen Koordinationsmechanismen vor. Entwicklungspolitische Aspekte werden dabei kaum systematisch betrachtet (Angenendt & Koch, 2016). Nachdem Ende Mai 2016 der erste Weltgipfel für humanitäre Hilfe in Istanbul stattfand, bot das erste Gipfeltreffen der Vereinten Nationen zu großen Wanderungsbewegungen am 19. September 2016 Gelegenheit, diesbezügliche Mängel durch einen vernetzten und partnerschaftlichen Ansatz anzugehen. Bereits Anfang August 2016 hatten sich die 193 Mitgliedstaaten der Vereinten Nationen auf einen gemeinsamen Erklärungsentwurf geeinigt, der vorsieht, bis zum Jahre 2018 zwei globale Verträge (Global Compacts) zu verhandeln: einen zur Verantwortungsteilung in Flüchtlingskrisen, den anderen betreffend sichere, geregelte und legale Migration.

In der Europäischen Union wurden die Politikfelder Außengrenzschutz, Asylpolitik sowie Einwanderungspolitik mit dem Anfang Mai 1999 in Kraft getretenen Vertrag von Amsterdam unter dem Konzept eines „Raumes der Freiheit, der Sicherheit und des Rechts"[4] in die Erste Säule der EU überführt. Mit dem Vertrag von Lissabon (2009) wurden sie weiter „vergemeinschaftet" (siehe Artikel 79 und 80 Vertrag über die Arbeitsweise der Europäischen Union - AEUV (Europäische Union, 2012)). Das heißt, dass in diesen Bereichen Entscheidungen nunmehr grundsätzlich nach dem Mitentscheidungsverfahren getroffen werden, an dem die Europäische Kommission, das Europäische Parlament und der Rat der EU beteiligt sind. Gleichzeitig werden der Arbeitsmarktzugang für Drittstaatsangehörige sowie die Integrationspolitik weiterhin vollständig auf nationaler Ebene geregelt. Auch bei der Außen- und Sicherheitspolitik sowie der Entwicklungszusammenarbeit der EU verbleibt die Entscheidungskompetenz bei den Mitgliedstaaten und Entscheidungen werden einstimmig gefällt. Was bedeutet das im Detail? Das Europäische Parlament und der Rat können zwar gemäß dem Mitentscheidungsverfahren Maßnahmen festlegen, mit denen die Bemühungen der Mitgliedstaaten um die Integration der sich rechtmäßig in ihrem Hoheitsgebiet aufhaltenden Drittstaatsangehörigen gefördert und unterstützt werden, jegliche Harmonisierung der Rechtsvorschriften der EU-Länder ist jedoch laut Artikel 79 Abs. 4 AEUV ausge-

---

[4]   Grundlage für die Schaffung des Raums der Freiheit, der Sicherheit und des Rechts sind die Programme von Tampere (1999-2004), Den Haag (2004-2009) und Stockholm (2010-2014).

schlossen. Artikel 79 Abs. 5 AEUV berührt ebenfalls nicht das Recht der Mitgliedstaaten festzulegen, wie viele Drittstaatsangehörige aus Drittländern in ihr Hoheitsgebiet einreisen dürfen, um dort als Arbeitnehmer oder Selbstständige Arbeit zu suchen. Das Prinzip der Intergouvernementalität herrscht auch in der durch den Vertrag von Maastricht (1993) eingerichteten Gemeinsamen Außen- und Sicherheitspolitik (GASP) sowie in ihrem integralen Bestandteil, der Gemeinsamen Sicherheits- und Verteidigungspolitik (GSVP) vor. Jedes EU-Land bekommt dadurch de facto ein Vetorecht und kann die Handlungsfähigkeit der Gemeinschaft schwächen. Die Ausgestaltung der Politikfelder Entwicklungszusammenarbeit und humanitäre Hilfe, die gleichermaßen eng mit den Fragen Migration und Flucht verbunden sind, liegen ebenfalls im Ermessen der EU-Staaten. Hier beschränkt sich die Zuständigkeit der Union darauf, Maßnahmen zu treffen und eine gemeinsame Politik zu verfolgen, ohne dass dies die Mitgliedstaaten daran hindert, ihre Zuständigkeit auszuüben.

Obgleich diese Fragen auf den ersten Blick technisch anmuten, sind sie hochpolitisch. Gepaart mit einem Mangel an politischem Willen, Mut und Entschlossenheit, von allen vorhandenen Fähigkeiten und Instrumenten Gebrauch zu machen, hemmt die Zuständigkeitszersplitterung und Schieflage zwischen Gemeinschaftsrecht und Intergouvernementalismus die Handlungsfähigkeit der Union sowie ihre Reaktionsfähigkeit und Schlagkraft, um effektiv auf Krisen reagieren zu können. Auch wenn die Migrations- und Flüchtlingsfragen zunehmend als Aufgabe für die Union gesehen werden, verweigern die Mitgliedstaaten der Union noch immer die für ihre Handlungsfähigkeit notwendigen Zuständigkeiten und Instrumente. Anstatt sich um die Behebung der Fehler im System zu bemühen, zücken die Mitgliedstaaten ihre „nationale Karte" und spielen sie gegen die Gemeinschaft aus. Nationale Alleingänge werden mit dem Fehlen einer gemeinsamen europäischen Lösung begründet und schwächen die Gemeinschaft weiter. Ähnlich ist diese Schieflage auf der Ebene Mitgliedsland/Bundesland zu finden, wie es in Österreich derzeit am Beispiel der Mindestsicherung und den Alleingängen einzelner Länder zu beobachten ist. Überall dort, wo gemeinschaftsrechtliche Grundlagen vorhanden sind, läuft es gut, sofern die Mitgliedstaaten die gemeinsam getroffenen Beschlüsse einhalten. Und überall dort, wo Einstimmigkeit notwendig ist, läuft es schlechter. Die Einstimmigkeit führt zur Nationalisierung Europas und zur Erpressbarkeit. Genau diese Erpressbarkeit müssen wir verhindern. Für umfassendere und schnellere Lösungen benötigen wir Mehrheitsentscheidungen und Mitbestimmung des Europaparlaments statt blockierender Einstimmigkeit im Rat. Unsere Antwort kann und darf nicht sein, sich zu desolidarisieren und die nationale Karte gegen die Gemeinschaft zu spielen. Es gibt nur einen Weg: die Europäische Union weiterzuentwickeln und konstruktiv an Problemlösungen zu arbeiten. Miteinander, nicht gegeneinander. Alles andere ist kurzsichtig und nicht auf der Höhe der zu bewältigenden Herausforderungen!

Auf dem Weg zu gemeinsamen Lösungen

Bereits im Mai 2015 legte die Europäische Kommission ihre Europäische Migrationsagenda vor (Europäische Kommission, 2015), die einerseits Sofortmaßnahmen für die Bewältigung der Krise im Mittelmeer vorsah und andererseits
Schwerpunkte für eine bessere Steuerung der Migration in den kommenden Jahren
setzte: Anreize irregulärer Migration reduzieren, Menschenleben retten und Außengrenzen sichern, eine starke gemeinsame Asylpolitik schaffen und eine neue
Politik für die legale Zuwanderung entwickeln. Im Rahmen dieser Agenda schlug
die Kommission von Beginn an zahlreiche Maßnahmenpakete vor, die unter anderem den Außengrenzschutz, die Schlepperbekämpfung, verbesserte Grenzkontroll-
und Registrierungsverfahren, Umsiedlungs- und Neuansiedlungsmechanismen, eine Vereinheitlichung des Europäischen Asylsystems, Partnerschaften mit Drittstaaten sowie eine verbesserte Rückführungspolitik und Ursachenbekämpfung
umfassen. Keine Einzelmaßnahme alleine reicht aus! Im Europäischen Parlament
haben wir manche der Gesetze – beispielsweise die Notfallregelungen über die
Umverteilung von Flüchtlingen – in beschleunigten Verfahren beschlossen. Und
um den EU-Außengrenzschutz schlagkräftiger zu machen, hat die Bürgerkammer
Europas noch vor dem Sommer 2016 über einen entsprechenden Kommissions-
vorschlag vom Dezember 2015 abgestimmt. Damit gibt es erstmals eine Notein-
satztruppe von 1.500 Grenzpolizisten, die innerhalb weniger Tage überall in ganz
Europa eingesetzt werden kann. Leider verwehren die Mitgliedstaaten der Gemeinsamen Grenz- und Küstenwache aber noch immer das Recht, Grenzschutz-
oder Rückführungseinsätze auch dann durchzuführen, wenn ein Mitgliedstaat dies
nicht zuvor beantragt hat. Letztendlich fügt sich auch die Vereinbarung mit der
Türkei als Mosaikstein in das Gesamtbild: Sie hat zu einer deutlichen Reduzierung
der Überfahrten in der Ägäis geführt, die Zahl der Schlepper reduziert und den
Schutz der Flüchtlinge erhöht.

Nicht an Vorschlägen, Ideen und Beschlüssen mangelt es, sondern vor allem
am fehlenden Willen, diese umzusetzen, sowie an gemeinschaftlicher Verantwortung in den meisten Mitgliedstaaten. Dies zeigt sich besonders deutlich am Beispiel der beschlossenen Umverteilungsregelung: Bis dato wurden erst knapp 4.700
Personen im Rahmen der im September 2015 beschlossenen Umverteilung von
160.000 Flüchtlingen aus Griechenland und Italien in andere EU-Staaten umgesiedelt. Nur acht Prozent der benötigten Plätze wurden bislang durch die Mitgliedstaaten bereitgestellt.[5] Auch bei den Beitragszahlungen in die Treuhandfonds für
Ursachenbekämpfung in Afrika und Syrien sind die EU-Länder säumig: Erst fünf
beziehungsweise 20 Prozent der benötigten Beträge sind in den Afrika- und Syri-
en-Fonds geflossen.[6] Zudem sah sich die Europäische Kommission als Hüterin der

---

[5]   Europäische Kommission (2016): Unterstützung der Mitgliedstaaten zum Notfallmechanis-
      mus für die Umverteilung von Flüchtlingen. Stand: 8. September 2016, via:
      http://tinyurl.com/jatufuw, Zugriff am 10.09.2016.

[6]   Europäische Kommission (2016): Finanzielle Beiträge für die Treuhandfonds für Afrika und
      Syrien. Stand: 7. Juni 2016, via: http://tinyurl.com/ovcf49q, Zugriff am 10.09.2016.

Verträge gezwungen, zahlreiche Vertragsverletzungsverfahren gegen EU-Staaten aufgrund unzureichender Umsetzungen von Gesetzen im Bereich Asyl und Migration, einzuleiten. Dabei sieht Artikel 80 AUEV eigentlich klar vor: „Für die unter dieses Kapitel (Raum der Freiheit, der Sicherheit und des Rechts) fallende Politik der Union und ihre Umsetzung gilt der Grundsatz der Solidarität und der gerechten Aufteilung der Verantwortlichkeiten unter den Mitgliedstaaten, einschließlich in finanzieller Hinsicht."

Derartige Blockadehaltungen gepaart mit einer mangelhaften Einhaltung von Regeln, Beschlüssen und Zusagen, schwächen die gesamte EU und machen sie handlungsunfähig. Das Problem ist kein Neues: Wir stehen vor einer gemeinsamen Herausforderung, haben aber gleichzeitig noch nicht genügend gemeinsame europäische Instrumente, um sie nachhaltig zu bewältigen. Dabei wiederholt sich ein gefährliches Spiel der Schuldzuweisungen, bei dem letzten Endes „Die EU!" für die Fehler im System verantwortlich gemacht wird, nationale Alleingänge durch ein „Versagen der EU" gerechtfertigt werden und den Bürgerinnen und Bürgern gleichzeitig verschwiegen wird, dass die Mitgliedstaaten immer eingebunden sind und bei allen Entscheidungen mit am Tisch sitzen. Aus dieser Zwickmühle müssen wir endlich heraus, so kann die Europäische Union nicht funktionieren. Denn die Europäische Union sind wir Alle und wir Alle tragen daher Mitverantwortung!

Schlussendlich liegt es in unserem Langzeitinteresse, die Zuwanderungsfragen gemeinsam erfolgreich und nachhaltig zu meistern. Im Lichte der demografischen Prognosen haben wir in einer globalisierten Welt kaum eine andere Wahl. Wir sind ein alternder Kontinent, dessen Bevölkerung schrumpft und der talentierte Arbeitskräfte dringend benötigt. Wenn die aktive Bevölkerung der EU bis zum Jahre 2060 wie prognostiziert um 50 Millionen zurückgeht und die Zahl der Pensionisten gleichzeitig um voraussichtlich 66 Millionen ansteigt, dann stellt dieser Trend eine große Gefahr für die wirtschaftliche Produktivität und damit den sozialen Zusammenhalt in der EU dar. Auf der einen Seite werden wir die Pensionisten auf dem Arbeitsmarkt ersetzen müssen und auf der anderen Seite im Pflegebereich neue Arbeitsplätze schaffen. Daher ist es so wichtig, dass die Zuwanderungsfragen für uns mit der Zeit eine neue Bedeutung bekommen. Sie müssen von einer zu bewältigenden Herausforderung zu einer gut gemanagten Ressource werden. Nehmen wir uns die Worte von Hans-Dietrich Genscher, dem ehemaligen deutschen Außenminister, zu Herzen: *„Europa ist unsere Zukunft, eine andere haben wir nicht!"* (Genscher, 2012)

Demokratische Herausforderungen als Schlussfolgerungen

Die Flüchtlings- und Migrationsbewegungen haben unterschiedlichste Ursachen und beginnen nicht erst an der Außengrenze der Europäischen Union. Schon gar nicht an den nationalen Binnengrenzen innerhalb der EU. Die Ursachen sind dort zu suchen und die Lösungen zu finden, wo die Menschen leben. „Gebt den Menschen Hoffnung dort, wo sie leben!", war die einfache und eindringliche Botschaft der Mitarbeiter des WFP[7] bei meinem Besuch in Rom im November 2015. Diesen Grundsatz sollten alle Verantwortlichen verinnerlichen. Umsetzbar ist er aber nur mit einer gemeinsamen – zumindest – europäischen Außen-, Sicherheits-, Verteidigungs-, Entwicklungs- und Investitionspolitik außerhalb der EU. Als Pilotprojekt würde sich der afrikanische Kontinent anbieten. Für Österreich wäre es eine willkommene Chance nach den (zu) vielen Alleingängen und irritierenden Wortmeldungen, wie zur Türkei, Asyl-Sonderverordnung, CETA[8], TTIP[9], dem australischen Flüchtlingsmodell, etc., solch eine willkommene außenpolitische Initiative zu setzen und zu einer gut vorbereiteten Afrika-Konferenz einzuladen. National wären begleitend alle privaten Investitionen, die den gemeinsamen Zielen entsprechen und nachhaltig Arbeitsplätze, Ausbildungsstellen sowie Wachstum schaffen, steuerlich zu unterstützen.

Diese Strategie ersetzt allerdings nicht Abkommen mit allen EU-Nachbarstaaten, um den Schleppern das Handwerk zu legen, legale Zuwanderungsmöglichkeiten zu organisieren und eine menschenwürdige Behandlung von Flüchtlingen zu gewährleisten. Der Außengrenzschutz muss Gemeinschaftskompetenz werden. Eine gemeinsame Migrations- und Zuwanderungspolitik, Asylansuchen in EU-Botschaften vor Ort, europaweite Mindeststandards für die Integrationspolitik der Mitgliedsstaaten sind unabhängig davon erforderlich.

Migranten sind auch Chance, nicht „nur Belastung". Flüchtlinge nach der Genfer Flüchtlingskonvention (GFK) (UNHCR, 1951) haben ein Recht auf Asyl. Dazu der österreichische Schriftsteller Paulus Hochgatterer[10] in seiner Rede bei der Gala anlässlich des Niederösterreichischen Landesfeiertages:

„Ich möchte nicht in einem Land leben, das den Kontakt zur Realität verliert und meint, es müsse jederzeit alles möglich sein. (...) Ich möchte in einem Land leben, in dem man gerade auf Grund eines gesunden Realitätssinnes zum Beispiel weiß, dass Menschen davonlaufen wollen, wenn ihnen das Haus hinter ihrem Rücken weggebombt wird. Ich möchte in einem Land leben, in dem man weiß, dass Menschen, die soeben alles verloren haben, nicht primär zu Demut und Dankbarkeit neigen, sondern zu Misstrauen und Angst. (...) Wenn wir in der Lage sind, zu verstehen, dass den Menschen, die gegenwärtig bei uns Schutz suchen, alles zerplatzt ist und sie neben Essen, Trinken und einem Dach über dem Kopf vor allem ein Behältnis brauchen, in dem sie diese Trümmer und Reste – Pläne, Träume, Beziehungen – verstauen können, ist viel erreicht.

---

[7]   Welternährungsprogramm der Vereinten Nationen (engl.: UN World Food Programme, WFP).

[8]   Comprehensive Economic and Trade Agreement (dt.: Umfassendes Wirtschafts- und Handelsabkommen der EU mit Kanada).

[9]   Transatlantic Trade and Investment Partnership (dt.: Transatlantische Handels- und Investitionspartnerschaft der EU mit den USA).

[10] Paulus Hochgatterer ist Facharzt für Psychiatrie und Neurologie, Facharzt für Kinder- und Jugendneuropsychiatrie, Psychotherapeut und Schriftsteller.

Ich fände es jedenfalls fein, weiterhin in einem Land zu leben, in dem man das grundsätzlich versteht. " (Hochgatterer, 2015)

Nicht die Zahlen sind für die EU ein Problem, sondern der mangelnde politische Wille, gemeinsam zu handeln, sowie der politische Umgang mit den Zahlen – hinter jeder steht ein Menschenschicksal –, den Sorgen, Ängsten und Hoffnungen der Menschen. Vergessen sollten wir dabei nicht uns Europäer selbst in den Spiegel zu schauen.

„Wir Europäer sollten uns daran erinnern, dass Europa ein Kontinent ist, auf dem im Laufe der Geschichte fast jeder einmal ein Flüchtling war. Unsere gemeinsame Geschichte ist geprägt von Millionen von Europäern, die vor religiöser und politischer Verfolgung, vor Krieg, vor Diktatur und vor Unterdrückung fliehen mussten. (...) Wir Europäer sollten wissen und niemals vergessen, warum es so wichtig ist, Zuflucht zu bieten und für das Grundrecht auf Asyl einzustehen. ", strich Kommissionpräsident Jean-Claude Juncker in seiner Rede zur Lage der Union 2015 hervor (Juncker, 2015).

Wenn dem so ist, warum spaltet das Migrationsthema unsere Gesellschaften und beeinflusst es so augenscheinlich alle demokratischen Referenda, Wahlgänge, Entscheidungen?

Weil zu wenige Politiker und Medien sich den Herausforderungen verantwortungsvoll stellen, sondern feig, populistisch, absichtlich mit den Sorgen und Ängsten der Menschen spielen. Dieser Populismus stärkt den Nationalismus. Der Nationalismus führt zu Schuldzuweisungen an „Die EU!", zur Handlungsunfähigkeit der EU aus der Sicht der Bürgerinnen und Bürger Europas und damit zum Vertrauensverlust der Gemeinschaft. Im Schnitt sprechen derzeit ein Drittel (33 Prozent) der EU-Bürgerinnen und Bürger der Europäischen Union ihr Vertrauen aus, gegenüber 55 Prozent, die eher kein Vertrauen in die EU aufbringen (Europäische Kommission, 2016). Zum Vergleich: 2007 gab noch eine Mehrheit von 57 Prozent an, eher Vertrauen in die Europäische Union zu haben.

Diese Entwicklung wird zum Problem für die europäische Demokratie. Die Verantwortungsdemokratie wird zunehmend durch Politiker und Medien von der Stimmungsdemokratie abgelöst. Die Parlamente werden entmachtet, als „Quatschbude" diskreditiert und durch Volksentscheide ersetzt. Notwendig wäre ein konkreter Master-Plan zur Schaffung aller Instrumente auf dem Boden des Gemeinschaftsrechts um die „Taten der Solidarität" schaffen zu können.

Noch ist es nicht zu spät umzukehren, Verantwortung zu übernehmen, die Gemeinschaft zu stärken, den öffentlichen Diskurs aufrichtig zu führen, auf die Menschen zuzugehen, statt neue Zäune und Mauern zu errichten, Schuld zuzuweisen und aus der übernommenen Verantwortung zu flüchten. Ein Blick in unsere eigene Geschichte würde schon reichen, um zu verstehen, wohin das Spiel mit der Stimmung führen kann. Nur miteinander, im gegenseitigen Respekt, der Achtung vor den rechtlichen Verpflichtungen und einer Europäischen Union, die glaubwürdig in der Lage ist, als Sprecher des Kontinents in der Welt zu agieren, sind wir in der Lage es zu schaffen.

Literatur

Aiginger, K. (2015). Die Chancen Österreichs in der globalisierten Welt 2050. In Hannes Androsch & Josef Taus (Hrsg.) Überlegungen zur wirtschaftlichen Zukunft des Landes. Neuer Wissenschaftlicher Verlag, Wien/Graz.

Angenendt, S., & Koch, A. (2016). *Der erste Gipfel der Vereinten Nationen zu großen Wanderungsbewegungen*. Berlin: Stiftung Wissenschaft und Politik, Deutsches Institut für Internationale Politik und Sicherheit. Abgerufen von https://www.swp-berlin.org/fileadmin/contents/products/aktuell/2016A49_adt_koh.pdf

Böhmer, M., Funke, C., Sachs, A., Weinelt, H., & Weiß, J. (2016). *Globalisierungsreport 2016. Wer profitiert am stärksten von der Globalisierung?* Gütersloh: Bertelsmann Stiftung. Abgerufen von https://www.bertelsmann-stiftung.de/fileadmin/files/BSt/Publikationen/GrauePublikationen/NW_Globalisierungsreport_2016.pdf

Department of Labor. (1999). *futurework - Trends and Challenges for Work in the 21st Century*. Washington D.C.: United States Department of Labor. Abgerufen von https://www.dol.gov/oasam/programs/history/herman/reports/futurework/report.htm

Europäische Kommission. (2015). *Die europäische Migrationsagenda*. Brüssel: Europäische Kommission. Abgerufen von http://ec.europa.eu/dgs/home-affairs/what-we-do/policies/european-agenda-migration/background-information/docs/communication_on_the_european_agenda_on_migration_de.pdf

Europäische Kommission. (2016). Standard-Eurobarometer 85, Frühjahr 2016, erste Ergebnisse. Die öffentliche Meinung in der Europäischen Union. Europäische Kommission, GD Kommunikation. Abgerufen von http://ec.europa.eu/COMMFrontOffice/PublicOpinion/index.cfm/ResultDoc/download/DocumentKy/74265

Europäische Union. (2012). *Vertrag über die Arbeitsweise der Europäischen Union*. Amtsblatt der Europäischen Union. Abgerufen von http://eur-lex.europa.eu/legal-content/DE/TXT/PDF/?uri=CELEX:12012E/TXT&from=DE

European Commission. (2016). *Digital single market: digital skills and jobs* (European Semester Thematic Fiche). Abgerufen von http://ec.europa.eu/europe2020/pdf/themes/2016/digital_single_market_skills_jobs_26105.pdf

Eurostat. (2016a). Bevölkerungsstruktur und Bevölkerungsalterung. Abgerufen von http://ec.europa.eu/eurostat/statistics-explained/index.php/Population_structure_and_ageing/de

Eurostat. (2016b). *EU in the world - 2016 edition* (statistical books). Luxembourg: Publications Office of the European Union. Abgerufen von: http://ec.europa.eu/eurostat/documents/3217494/7589036/KS-EX-16-001-EN-N.pdf

Genscher, H.-D. (2012). Europa ist unsere Zukunft. Gastbeitrag. *Mitteldeutsche Zeitung*. Halle (Saale). Abgerufen von http://www.mz-web.de/politik/gastbeitrag-von-hans-dietrich-genscher-europa-ist-unsere-zukunft-6977632

GfK. (2016). *Challenges of Nations 2016*. Nürnberg: Gesellschaft für Konsum-, Markt- und Absatzforschung (GfK).

Heise, A. (2011). European Governance: Institutionelle Reformen nach der Krise. *Wirtschaftsdienst. Zeitschrift für Wirtschaftspolitik*, *91*(9), 634–642.

Hilbert, M., & López, P. (2011). The World's Technological Capacity to Store, Communicate, and Compute Information. *Science*, *60*. Abgerufen von http://www.uvm.edu/pdodds/files/papers/others/2011/hilbert2011a.pdf

Hochgatterer, P. (2015, November). *Ein verirrter Dolmetsch, eine Bootsfahrt und ein zerplatzter Ballon. Rede über ein Kind.* Gehalten auf der Gala zum Niederösterreichischen Landesfeiertag, Grafenegg.

Juncker, J.-C. (2015, 9). *Lage der Union 2015: Zeit für Ehrlichkeit, Einigkeit und Solidarität Straßburg.* Straßburg. Abgerufen von http://europa.eu/rapid/press-release_SPEECH-15-5614_de.htm

Karas, O. (2014). Zukunftsvision Europa. In Halper, Dietmar & A. H. Kammel (Hrsg.), *Quergedacht. Perspektiven zu Politik, Sicherheit und Europa. Werner Fasslabend zum 70. Geburtstag.* Verlag noir.

Karas, O. (2015). Europa und die Globalisierung. In B. Vogel (Hrsg.), *Heimat - Vaterland - Europa. Festschrift zum 70. Geburtstag von Hans-Gert Pöttering* (S. 321–326). Köln: Böhlau.

McLuhan, M. (1962). *The Gutenberg Galaxy: The Making of Typographic Man.* Toronto: University of Toronto Press.

Mogherini, F. (2016a). Foreword. In EEAS (Hrsg.), *Shared Vision, Common Action: A Stronger Europe. A Global Strategy for the European Union's Foreign And Security Policy.* Brüssel: European External Action Service (EEAS). Abgerufen von https://eeas.europa.eu/top_stories/pdf/eugs_review_web.pdf

Mogherini, F. (2016b). Vorwort (deutschsprachige Übersetzung). In EEAS (Hrsg.), *Shared Vision, Common Action: A stronger Europe.* European External Action Service (EEAS). Abgerufen von http://eeas.europa.eu/docs/vorwort_de.docx

OECD Observer. (2016). Bridging policy silos to boost trust online. *OECD Observer i-Sheet: The digital economy. Special to OECD Ministerial Meeting on the Digital Economy: Innovation, Growth and Social Prosperity, Cancun, Mexico, 21-23 June 2016.* Abgerufen von http://www.oecdobserver.org/news/fullstory.php/aid/5589/Bridging_policy_silos_to_boost_trust_online.html

ÖAW (Österreichische Akademie der Wissenschaften) (2013). Wirtschafts- und Umweltprognose. Abgerufen von http://www.oeaw.ac.at/fileadmin/NEWS/2013/pdf/Langfristige_Wirtschafts-und-Umwelt prognose_03-12-2013.pdf

PwC. (2015). *The World in 2050 Will the shift in global economic power continue?* PricewaterhouseCoopers LLP. Abgerufen von http://www.pwc.com/gx/en/issues/the-economy/assets/world-in-2050-february-2015.pdf

Stiftung Weltbevölkerung. (2015). Die Welt - ein Dorf. Abgerufen von http://www.weltbevoelkerung.de/publikationen-downloads/infografiken/slide/die-welt-ein-dorf.html

UNHCR. (1951). *Abkommen über die Rechtsstellung der Flüchtlinge vom 28. Juli 1951.* Genf: United Nations High Commissioner for Refugees. Abgerufen von http://www.unhcr.at/fileadmin/user_upload/dokumente/03_profil_begriffe/genfer_fluechtling skonvention/Genfer_Fluechtlingskonvention_und_New_Yorker_Protokoll.pdf

UNHCR. (2016). *Global Trends. Forced Displacements in 2015.* United Nations High Commissioner for Refugees (UNHCR). Abgerufen von http://www.unhcr.org/576408cd7.pdf

unhcr.at. (2016). Flucht und Vertreibung 2015 drastisch gestiegen. Abgerufen von http://www.unhcr.at/presse/pressemitteilungen/artikel/44199bda2e38d139d3de23d269c120b3 /flucht-und-vertreibung-2015-drastisch-gestiegen-1.html

United Nations, DESA, Population Division. (2015a). *International Migration Report 2015.* New York: United Nations, Department of Economic and Social Affairs - DESA, Population Division. Abgerufen von http://www.un.org/en/development/desa/population/migration/ publications/migrationreport/docs/MigrationReport2015_Highlights.pdf

United Nations, DESA, Population Division. (2015b). *World Population Prospects: The 2015 Revision, Key Findings and Advance Tables.* New York: United Nations, Department of Economic and Social Affairs - DESA, Population Division. Abgerufen von https://esa.un.org/unpd/wpp/Publications/Files/Key_Findings_WPP_2015.pdf

„Flüchtlinge" und „Migranten" aus völkerrechtlicher und europarechtlicher Sicht. Eine längst fällige Begriffsklärung

Waldemar Hummer

Zusammenfassung

Neben der juristischen Komplexität ist es vor allem die semantisch-begriffliche Ebene, die in der gegenwärtigen „Flüchtlings"- und „Migrations"-Debatte für Konfusion sorgt. Es bedarf daher zunächst einer genauen Klärung der einzelnen Begriffe. Eine weitere Problematik resultiert aus dem subtilen Zusammenspiel der völkerrechtlichen und europarechtlichen Rechtsgrundlagen sowie deren verfassungsrechtlichen Umsetzung. Durch den Einbezug der bisher völkerrechtlichen Vertragsregime von „Schengen" und „Dublin" in das Recht der EU entstanden weitere rechtsdogmatische „Reibeflächen", die noch immer nicht zufriedenstellend gelöst werden konnten. So hat sich die „Flüchtlingskrise" zur gegenwärtig größten Herausforderung für den Weiterbestand der EU entwickelt.

Einführung

In der gegenwärtigen „*Flüchtlingsdiskussion*" werden von allen daran Beteiligten – seien es Politiker, Journalisten, Vertreter der organisierten Zivilgesellschaft, Betroffene etc. – an sich einschlägige Begriffe in einer Weise verwendet, die nicht zur Klärung, sondern eher zur allgemeinen Verwirrung beiträgt. So wird undifferenziert von „Erstasylland", „subsidiärem Schutz", „humanitärem Aufenthalt", „Begrenzung von Flüchtlingsquoten", „Obergrenze" bzw. „Richtwert", „Asyl auf Zeit", „Non-Refoulement", „Rückstellung von Flüchtlingen", „Konventionsflüchtlingen", „Migrationsflüchtlingen", „Kriegsflüchtlingen", „Migranten", „Menschen mit Migrationshintergrund", „Zuwanderern", „Versagen des ‚Dublin-Verfahrens'", „Dublin I, II und III", „Schengen I, II", „Notstandsklauseln bei Massenzustrom", „Resettlement", „Aussetzung von Schengen", „Bleiberecht", etc. gesprochen, ohne dass aber die damit gemeinte begriffliche Bedeutung exakt angegeben wird. Ob dies bewusst oder unbewusst geschieht, mag an dieser Stelle dahingestellt bleiben. Faktum ist aber, dass damit eine geordnete Erfassung und Kategorisierung der dabei auftretenden Probleme verunmöglicht wird. Werden aber die einzelnen Problemlagen nicht eindeutig identifiziert, kann über sie auch nicht sachgerecht diskutiert werden – man redet dann einfach „aneinander vorbei", wie das in praxi ja auch vielfach geschieht.

Für ein entsprechendes Verständnis der gegenwärtig so drängenden Probleme im Gefolge des Massenzustroms von „Fremden" („Flüchtlingen", „Migranten" u.a.m.) nach Österreich und anderen europäischen Ländern bedarf es daher in erster Linie einer korrekten Begriffsklärung, um auf dieser Basis überhaupt erst weiterführende Überlegungen anstellen zu können. Wenngleich die völkerrechtlichen Aspekte des *Fremdenrechts* – samt dessen speziellen Bereichen des *Flüchtlings-* und *Migrationsrechts* – ausgesprochen komplex sind, lassen sich die dabei verwendeten Begriffe für die davon erfassten einzelnen Personengruppen grundsätzlich, wie folgt systematisieren: *Fremde, (politische) Flüchtlinge, Binnenvertriebene, Wirtschaftsflüchtlinge, subsidiär Schutzberechtigte* und *Migranten.* Wenngleich diese Kategorisierung und deren inhaltliche Ausgestaltung auch als mehr oder weniger gesichert gilt, gibt es aber nach wie vor eine Reihe von formellen und materiellen Überlappungen sowie begrifflicher Grauzonen.

Innerhalb der EU kommen unionsrechtlich noch die sachgegenständlich einschlägigen Begriffe wie „*Schengen I und II*", „*Dublin I, II und III*", „*Schengen-Dublin"-Verfahren*, „*Raum der Freiheit der Sicherheit und des Rechts*", „*Gemeinsames Europäisches Asylsystem*" (EAS), „*Europäische Migrationsagenda*", „SIS I, II", „*Schengener Grenzkodex*", „*Hotspots*", „*FRONTEX*", „*EUROSUR*", „*SOPHIA*", u.a.m. hinzu.

Um einen Gesamtüberblick über alle diese Personengruppen und Sachbegriffe zu erhalten, werden nachstehend, neben den einzelnen Begriffsklärungen, zugleich auch deren jeweilige Rechtsgrundlagen kurz dargestellt. Aus Platzgründen kann dabei aber weder auf die *nationale verfassungs-* und *verwaltungsrechtliche* Situation,[1] noch auf die *unionsrechtliche* Situation in der EU (im Detail) eingegangen werden, gemäß derer rund 20 verschiedene Gruppen von Drittstaatsangehörigen mit jeweils unterschiedlichen Rechten differenziert werden müssten. Fasst man diese Gruppen wieder zu größeren Blöcken zusammen, so ergibt sich folgendes Bild[2]: Personen mit Rechten, die sich aus den Freizügigkeitsbestimmungen der EU ableiten[3], Personen mit Rechten, die sich aus völkerrechtlichen Abkommen ableiten, kurz- und langfristig aufenthaltsberechtigte Migranten, Personen, die Schutz benötigen[4] und Migranten in einer irregulären Situation[5]. Für einige dieser Gruppen, wie z.B. Asylwerber, sieht das Unionsrecht umfassende Regelungen vor, während für andere, wie z.B. Studenten, nur bestimmte Aspekte geregelt sind, sodass die einzelnen Mitgliedstaaten nach eigenem Ermessen über die Gewährung weiterer Rechte entscheiden können. Ganz allgemein sind die Mitgliedstaaten aber

---

[1]   Vgl. dazu Filzwieser, C./Frank, M./Kloibmüller, M./ Raschhofer, J. (2016): Asyl- und Fremdenrecht – Kommentar.

[2]   Vgl. dazu FRA (Hrsg., 2014): Handbuch zu den europarechtlichen Grundlagen im Bereich Asyl, Grenzen und Migration, Ausgabe, S. 16 Tab. 1.

[3]   Familienangehörige von Unionsbürgern.

[4]   Asylwerber; Personen, die subsidiären Schutz genießen; Personen, die vorübergehenden Schutz genießen; Flüchtlinge; Opfer von Menschenhandel.

[5]   Drittstaatsangehörige ohne Aufenthaltsrecht; Drittstaatsangehörige ohne Aufenthaltsrecht, deren Abschiebung aufgeschoben wurde.

frei, ihre Migrations- und Einwanderungspolitik zu regeln. Aus Platzgründen kann im Rahmen der *europarechtlichen* Grundlagen lediglich auf die aktuelle *Kompetenzlage,* das *„Schengen-Dublin"*-Verfahren, das *„Gemeinsame Europäische Asylsystem" (GEAS)*, den *„Schengener Grenzkodex"* und die *„Europäische Migrationsagenda"* kurz eingegangen werden.

Völkerrechtliche Begriffsklärungen und Rahmenbedingungen

Nachstehend sollen in aller Kürze die wichtigsten *völkerrechtlichen* Begriffe und Rechtsinstitute im Bereich von Flüchtlingen und Migranten dargestellt werden.

Fremder

Fremder ist jede Person, die im jeweiligen Aufenthaltsstaat keinen staatsbürgerschaftlichen Status hat, also Ausländer, Staatenloser oder Flüchtling ist. Abhängig vom Status des Fremden kommen dabei unterschiedliche rechtliche Regime zur Anwendung, wobei man zwischen dem Fremdenrecht im Allgemeinen, dem Flüchtlingsrecht und dem Recht der Migration, das wiederum in reguläre und irreguläre Migration unterfällt, zu unterscheiden hat.

Flüchtling

Ein (politischer) *Flüchtling* ist gemäß der Genfer Flüchtlingskonvention (1951)[6] eine Person, *„die sich aus wohlbegründeter Furcht, aus Gründen der Rasse, Religion, Nationalität, Zugehörigkeit zu einer bestimmten sozialen Gruppe oder der politischen Gesinnung verfolgt zu werden, außerhalb seines Heimatlandes befindet und (...) nicht gewillt ist, sich des Schutzes dieses Landes zu bedienen"* (Art. 1). Damit genügt für den Nachweis der Flüchtlingseigenschaft die bloße (wohlbegründete) Furcht vor *individueller* Verfolgung, die aber nur glaubhaft *gemacht,* und nicht durch vollen Beweis unmittelbar nachgewiesen werden muss – wie z.B. durch Foltermerkmale am Körper des Flüchtlings. Während aber die Tatbestandselemente „Rasse", „Religion" und „Nationalität" als individuelle Verfolgungsgründe relativ einfach zu bestimmen sind, sind die beiden weiteren Tatbestandselemente der „Zugehörigkeit zu einer bestimmten sozialen Gruppe" oder der „politischen Gesinnung" schon schwieriger zu eruieren. Nach der Judikatur des EGMR, des Gerichtshofs der EMRK, fallen z.B. auch Fahnenflüchtige bzw. Deserteure[7] oder auch Homosexuelle[8] darunter. Wie unterschiedlich diese Kriterien

---

[6]   Art. 1 lit. A Ziff. 2 des Abkommens über die Rechtsstellung der Flüchtlinge (Genfer Flüchtlings-konvention) vom 28. Juli 1951 idF des New Yorker Protokolls über die Rechtsstellung der Flüchtlinge, vom 31. Januar 1967 (BGBl. 1955/55 idF BGBl. 1974/78).

[7]   Vgl. Hummer, W. (2014): Besteht ein Recht auf Asyl auch für Deserteure?, Salzburger Nachrichten vom 8. September 2014.

aber interpretiert werden, zeigt die Einstufung der sog. „*Kriegsflüchtlinge*", auf die nachstehend noch eingegangen wird.

Ein weiteres Kriterium für das Vorliegen der Flüchtlingseigenschaft ist die Ablehnung des „diplomatischen Schutzes" durch den eigenen Heimatstaat, ein Verhalten, das aber bei einem Flüchtling grundsätzlich schon deswegen anzunehmen ist, da es in der Regel doch dessen Heimatstaat selbst ist, der diesen politisch verfolgt, weswegen er sich ja gerade außer Landes begeben hat oder – als sich bereits schon vorher im Ausland befunden habender Staatsangehöriger – nunmehr als *Flüchtling „sur place"* einzustufen ist.

„Kriegsflüchtling"

Ein Teil der Kommentatoren, und wohl auch die überwiegende Zahl der (österreichischen) Politiker, bezeichnen den „Kriegsflüchtling" geradezu als Prototyp eines Flüchtlings – und zwar in dem Sinn, dass vor allem „Kriegsflüchtlinge" aus Syrien, dem Irak und Afghanistan „asyliert" werden müssen. Sie gehen dabei davon aus, dass Art. 1 der Genfer Flüchtlingskonvention nur eine demonstrative Aufzählung der (individuellen) Fluchtgründe enthält, ein Krieg aber eine umfassende Gefährdung Einzelner darstellt und dementsprechend auch für diese ganz allgemein einen Fluchtgrund abgeben und in der Folge einen Flüchtlingsstatus konstituieren kann.

Im Gegensatz dazu vertritt die herrschende Meinung – in enger Auslegung der taxativ enumerierten und bloß *individuell* zu verstehenden Gefährdungselemente des Art. 1 der Genfer Flüchtlingskonvention – die Ansicht, dass die Genfer Flüchtlingskonvention nur auf rassisch, ethnisch, religiös und politisch Verfolgte (sog. „*Konventionsflüchtlinge*") abstellt und für „Kriegsflüchtlinge" nicht gilt, die bloß ein Anrecht auf temporären „subsidiären Schutz"[9] haben.

Während „Konventionsflüchtlinge" asyliert werden können und in der Folge einen „Flüchtlingspass" erhalten, bekommen Personen, die bloß „subsidiären Schutz" genießen, eine „graue Karte" und haben Anspruch auf die Ausstellung eines „Fremdenpasses".

Asylsuchender

Ein Asylsuchender wiederum ist ein Fremder ab Einbringung eines Antrages auf internationalen Schutz bis zum rechtskräftigen Abschluss, zur Einstellung oder Gegenstandslosigkeit des von ihm angestrengten Asylverfahrens.[10]

---

[8] Vgl. Hummer, W. (2013): Besteht ein Asylrecht auch für Homosexuelle?, EU-Infothek vom 19. November 2013.

[9] Frey, E. (2016): Obergrenzen sind keine Rechtsfrage, Der Standard vom 22. Jänner 2016, S. 32; vgl. auch: Baumann, M. (2016): Ein Signal und ein Hilferuf, NZZ vom 23. Januar 2016, S. 3.

[10] § 2 Ziff. 14 Asylgesetz 2005; BGBl. I Nr. 100/2005 idF BGBl. I Nr. 135/2009.

„Subsidiär Schutzberechtigter"

Subsidiär Schutzberechtigte[11] sind Fremde, deren Asylantrag zwar abgewiesen wurde, deren Leben oder Gesundheit im Falle einer Abschiebung bzw. Rückstellung in ihre Herkunftsstaaten aber bedroht ist. Sie sind daher weder „Asylwerber" noch „Asylberechtigte" im Sinne der Genfer Flüchtlingskonvention (1951), benötigen aber Schutz vor Zurück- oder Abschiebung in ihren Heimatstaat, in dem ihnen politische Verfolgung droht. Subsidiär Schutzberechtigte können in Österreich beim Bundesasylamt einen Antrag auf *internationalen Schutz* stellen, der mit einer befristeten Aufenthaltsberechtigung verbunden ist. Der Status des subsidiär Schutzberechtigten erlischt, wenn diesem in der Folge doch der Status eines Asylberechtigten zuerkannt werden sollte.[12] Durch das FNG-Anpassungsgesetz[13], das vor allem in Umsetzung der sogenannten „*EU-Qualifikationsrichtlinie*"[14] erlassen wurde, wurden in Österreich eine Reihe weiterer einschlägiger Änderungen des Rechtsstatus des „subsidiär Schutzberechtigten" eingeführt.

Daneben kann aber auch, vordringlich aus humanitären Gründen, nicht asylberechtigten Personen durch die Republik Österreich ein sogenannter „*vorübergehender Schutz*" gewährt werden.

Völkerrechtliches „Erstasylland"

Gemäß Art. 33 Ziffer 1 der Genfer Flüchtlingskonvention darf ein *politischer* Flüchtling an der Grenze des Staates, in dem er um Asyl ansuchen will, nicht zurückgewiesen oder -geschoben werden („Non-Refoulement-Gebot"). Dabei ist aus völkerrechtlicher Sicht das „Erstasylland-Prinzip" zu beachten, das gegenwärtig völlig missverstanden und auch stets mit dem „Schengener" und dem „Dubliner" Erstasylland-Prinzip verwechselt wird. Völkerrechtlich wird mit dem „Erstasylland-Prinzip" ein sehr sinnvolles Postulat statuiert, bedeutet es doch, dass der (politische) Flüchtling im ersten freien Land, das er nach seiner Flucht aus seinem Heimatstaat betritt, seinen Asylantrag zu stellen hat und sich daher seinen „Asylstaat" nicht „ad libitum" aussuchen kann. Das erste freie Land wird in der Regel ein Nachbarstaat seines Heimatstaates sein, wo sich der *Flüchtling* mehr oder weniger „in seinem gewohnten Milieu" befindet, d.h. auf seinem Kontinent mit ähnlichen sozio-kulturellen, ökonomischen, sprachlichen, religiösen, klimatischen etc. Bedingungen, verbleibt. So haben von den gegenwärtig weltweit 22 Mio. Flüchtlingen und Asylwerbern 86% in den Nachbarländern ihres Heimat-

---

11 Gemäß § 8 Asylgesetz 2005 (BGBl. I 2005/100 idF BGBl. I 2009/122).
12 Vgl. dazu die Erkenntnisse des VerfGH U 1053/2012-14, vom 12. September 2013 und U 2478/2012-17, vom 13. September 2013.
13 BGBl. I 2013/68.
14 Richtlinie 2011/95/EU des Europäischen Parlaments und des Rates vom 13. Dezember 2011 über Normen für die Anerkennung von Drittstaatsangehörigen oder Staatenlosen als Personen mit Anspruch auf internationalen Schutz, für einen einheitlichen Status für Flüchtlinge oder für Personen mit Anrecht auf subsidiären Schutz und für den Inhalt des zu gewährenden Schutzes (Neufassung); Amtsblatt EU 2011, L 337, S. 9 ff.

staates Aufnahme gefunden. Was den Konflikt in Syrien betrifft, so wurden 95% aller syrischen Flüchtlinge in den Nachbarländern aufgenommen, wobei z.b. im Libanon, einem Land nicht größer als das österreichische Bundesland Tirol, neben den 4,4 Mio. Einheimischen derzeit über eine Million Flüchtlinge leben (sic).[15] 2014 hielten sich 3,3 Mio. syrische Flüchtlinge in den Nachbarländern Syriens auf und nur rund 126.000 Syrer stellten einen Asylantrag in einem EU-Mitgliedstaat.[16]

Das völkerrechtliche „Erstasylland-Prinzip" verbietet daher einen sog. „Asyltourismus" in Form eines „asylum shopping", der darin besteht, dass ein Flüchtling sich das Asylland seiner Wahl frei aussucht, und dabei in der Regel seinen angestammten Kontinent verlässt, um sich in ein Land eines anderen Kontinents zu begeben, von dem er glaubt, dort die für sein Fortkommen besten (wirtschaftlichen) Verhältnisse vorzufinden. Damit ist aber die Nähe des „politischen" Flüchtlings zu einem bloßen „Wirtschaftsflüchtling" bereits offensichtlich, auf den nachstehend noch einzugehen ist.

Unter dieser Voraussetzung des „Erstasylland"-Prinzips kann z.b. Österreich auf dem Landweg, d. h. über Schiene und Straße, von einem Flüchtling nicht mehr korrekt erreicht werden, da Österreich ringsum von freien Nachbarstaaten umgeben ist, in denen der vermeintliche Flüchtling spätestens seinen Asylantrag hätte stellen müssen. Lediglich auf dem Luftweg wäre eine solche Konstellation denkbar, tritt aber auch dort nicht ein, da jede Fluglinie verpflichtet ist, Passagiere, die über keine Berechtigung verfügen, in das Destinationsland des Fluges korrekt einzureisen, von dort wieder auf eigene Kosten auszufliegen.

Unter Berücksichtigung des „Erstasylland-Prinzips" hätten die Länder der „ersten Welt" aber die Verpflichtung gehabt, den Ländern der „dritten Welt", die als Hauptaufnahmeländer von Flüchtlingen die finanzielle Hauptlast tragen, wirtschaftlich unter die Arme zu greifen. Das bedeutet vor allem für Europa, dass es den aktuellen „Fluchtländern" in Afrika und Asien verstärkt finanzielle – und wohl auch operative – Hilfestellung hätte anbieten müssen, damit diese ihrer flüchtlingsrechtlichen Verantwortung entsprechend nachkommen können, was (unverständlicherweise) nicht geschah.[17] Europa wird jetzt mit dem Massenzustrom an Flüchtlingen und Migranten für dieses, sein Versäumnis, abgestraft.

Wie nachstehend noch zu zeigen sein wird, kommt dem „*Erstasylland*"-Begriff im „*Schengen-Dublin*"-System innerhalb der EU eine völlig andere Bedeutung zu, als die vorstehend angeführte völkerrechtliche Konnotation.

[15] Zahlen und Fakten statt Vorurteile, OK für Europa, Sondernewsletter zur Flüchtlingsfrage, Nr. 192, Dezember 2015, S. 1 f; vgl. Europäische Kommission, Unterstützung der EU für den Libanon und Jordanien seit Ausbruch der Syrienkrise.

[16] UNHCR (Hrsg., 2015), Asylsuchende in Österreich, S. 2

[17] Vgl. Ferber, M. (2016): In der Flüchtlingskrise drängt die Zeit. Deutscher Finanzminister Schäuble regt „Marshall-Plan" für Länder im Nahen Osten und in Nordafrika an, NZZ vom 23. Januar 2016, S. 9.

Binnenvertriebener

Binnenvertriebene sind Opfer von Krieg und Verfolgung, fliehen zwar aus ihrer umkämpften Heimatregion, aber nicht außer Landes, sondern ziehen sich nur in sicherere Gegenden ihres Heimatstaates zurück. Sie sind im Grunde „Flüchtlinge im eigenen Land", ohne aber den rechtlichen Status eines Flüchtlings zu besitzen, der ja definitionsgemäß „außer Landes" geflohen sein muss. Binnenvertriebene genießen daher völkerrechtlich weder rechtlichen noch physischen Schutz und leben gleichsam als „Ausgestoßene" in ihren eigenen Heimatländern.[18] Von den rund 69,5 Mio. Menschen, die 2014 weltweit auf der Flucht waren, waren allein 38,2 Mio. Binnenvertriebene.[19] Sie stellen daher die größte Gruppe von schutzbedürftigen Menschen dar.

Wirtschaftsflüchtling

Ein *Wirtschaftsflüchtling*, der nicht politisch verfolgt wird und seinen Heimatstaat nur deswegen verlassen hat, um seine wirtschaftliche Situation zu verbessern, darf grundsätzlich nicht asyliert werden. Der Grund dafür ist, dass der asylgewährende Staat ansonsten dem Heimatstaat des Flüchtlings gegenüber den (unwiderlegbaren) Vorwurf erheben würde, „repressiv" zu sein und damit „politische Flüchtlinge" zu produzieren – da ja nur solche asyliert werden dürfen. In Wahrheit hat aber der Heimatstaat des Wirtschaftsflüchtlings diesen keinesfalls „politisch verfolgt", sondern ihm nur ungenügende wirtschaftliche Möglichkeiten für dessen Fortkommen eröffnet. So verständlich aus individueller Sicht die Situation eines „Wirtschaftsflüchtlings", der sich und seiner Familie bessere Lebensumstände ermöglichen will, auch sein mag, so wenig kann ihn das Völkerrecht über die Begrifflichkeit eines „Flüchtlings" begünstigen, die zu recht allein „politisch Verfolgten" vorbehalten ist. Ob einem Wirtschaftsflüchtling allenfalls Migrantenstatus zugebilligt wird, steht allein im Ermessen des jeweiligen Staates, in den er eingereist ist und richtet sich nach der Ausgestaltung von dessen Einwanderungspolitik. Laut dem derzeitigen Vizepräsident der EU-Kommission, Frans Timmermans, waren unter den Flüchtlingen und Migranten, die im Dezember 2015 nach Europa kamen, insgesamt 60% Wirtschaftsflüchtlinge.[20]

Migrant

Im Gegensatz zu Flüchtlingen sind *Migranten* aus der Sicht ihres Herkunftslandes *Auswanderer* (Emigranten), aus der Sicht des Aufnahmelandes hingegen *Zu-* oder

---

18   2014 befand sich der Großteil der Binnenvertriebenen in Syrien (7,6 Mio.), gefolgt von Kolumbien (5,3 Mio.) und der Demokratischen Republik Kongo (2,9 Mio.); http://www.unhcr.at/man-dat/questions-und-answers/binnenvertriebene.h...

19   Flüchtlinge im eigenen Land; http://www.unhcr.at/mandat/binnenvertriebene.html; Zahlen und Fakten statt Vorurteile, OK für Europa (Fn. 25), S. 1.

20   Vgl. Gabriel, A./Anwar, A. (2016): Plan für einen völligen Stopp auf der Balkanroute, Die Presse vom 29. Jänner 2016, S. 3.

Einwanderer (Immigranten). In diesem Zusammenhang ist zunächst zwischen *re-gulärer* und *irregulärer* Migration zu unterscheiden. Während erstere unter Be-achtung der Einreise- und Aufenthaltsbestimmungen des Ziellandes erfolgt, ge-schieht letztere – als illegale Einwanderung – unter Verstoß gegen diese.[21] Illegale oder irreguläre Migranten sind also Personen, die ohne gültige Einreise- oder Auf-enthaltspapiere in einen Staat einreisen, oder in diesem weiter verbleiben, obwohl die Gültigkeit ihrer Papiere bereits abgelaufen ist. Wenngleich der Migrant nicht immer den Gefährdungen ausgesetzt ist, die einen Flüchtling bedrohen, handelt es sich bei dessen Flucht aber ebenfalls um eine riskante Tätigkeit, die immer wieder Opfer fordert. Wie der Generalsekretär der Vereinten Nationen, Ban Ki-moon, in seiner „Message on International Migrants Day", dem 18. Dezember 2015,[22] aus-führte, haben 2015 mehr als 5.000 Frauen, Männer und Kinder bei ihrer Suche um Schutz und bessere Lebensbedingungen ihr Leben verloren.

Im Gegensatz zur Flüchtlingseigenschaft, deren Status, wie vorstehend ausge-führt, gewissen völkerrechtlichen Vorgaben genügen muss, die der Aufnahmestaat zu beachten hat, kann ein Staat seine Zu- oder Einwanderungspolitik gegenüber Migranten an sich nach freiem Ermessen gestalten und ist diesbezüglich an keine völkerrechtlichen Vorgaben gebunden. Wie das aktuelle Beispiel Australiens an-schaulich belegt, kann sich die Einwanderungspolitik eines Staates – je nach des-sen innenpolitischen Verhältnissen – von heute auf morgen schlagartig ändern. Australien, bisher eines der weltweit führenden Einwanderungsländer, hat gegen-wärtig einen äußerst restriktiven Kurs gegenüber Migranten und Flüchtlingen ein-geschlagen und interzeptiert sogar Flüchtlingsboote auf Hoher See, um sie nicht in seine Hoheitsgewässer eindringen zu lassen und sie in der Folge in benachbarte Staaten abzuschleppen, mit denen es entsprechende Übernahmeabkommen abge-schlossen hat.[23]

Personen mit Migrationshintergrund

Unter *Personen mit Migrationshintergr*und werden – exemplifiziert am Fall Öster-reich – in Österreich ansässige Menschen bezeichnet, die entweder Einwande-rer/Migranten „erster" (sie selbst wanderten ein) oder „zweiter" Generation (sie sind in Österreich geborene Kinder von Einwanderern „erster" Generation) sind. *Österreich* wurde aufgrund seiner geopolitisch exponierten Lage immer wieder

---

[21] Vgl. u.a. Ludwig, A. (2013): Irreguläre Migration: Das Phänomen und Lösungsansätze im Umgang mit irregulärer Migration in der Europäischen Union; Satola, A./ Honer, A. (2015): Migration und irreguläre Pflegearbeit in Deutschland: Eine biographische Studie; Wester-mann, S. (2009): Irreguläre Migration – ist der Nationalstaat überfordert? Staatliches Regie-ren auf dem Prüfstand; Sanz Días, C./Mahn, J. (2010): „Illegale", „Halblegale", „Gastarbei-ter": Die irreguläre Migration aus Spanien in die Bundesrepublik Deutschland; Ludwig, K. (2008): Citoyen Sans-Papiers: Irreguläre MigrantInnen als politische AkteurInnen in Frank-reich (Politik und Demokratie).

[22] UNIS/SGSM/706, vom 17. Dezember 2015.

[23] Vgl. dazu Staudinger, M./Treichler, R. (2016): Wie abweisend ist die „Festung Europa"? Ein Vergleich, profil.at vom 30. März 2016.

mit Flüchtlings- und Migrationsbewegungen konfrontiert, meisterte diese Herausforderungen aber stets mit großem Einsatz und hat diesbezüglich eine mehr als positive Bilanz aufzuweisen. Sowohl die Bewältigung der Ungarn-Krise (1956/57)[24], als auch die des „Prager Frühlings" (1968)[25] sowie der weiteren flüchtlings- und migrationsrechtlichen Vorkommnisse im Gefolge der Vorgänge in Polen (1982), im Zuge des Falles der „Berliner Mauer" bzw. des „Eisernen Vorhangs" (1989) und des Zerfall's Jugoslawiens (1992-1995)[26] u.a.m. stellten Österreich aufgrund seiner großzügigen Asylpolitik und Aufnahmepolitik von Migranten vor große Probleme, die aber stets zufriedenstellend gelöst werden konnten.

Dementsprechend haben von den 8,4 Mio. Österreichern (Referenzjahr 2014) insgesamt 20% – und damit jeder fünfte Staatsbürger – einen Migrationshintergrund. Die meisten Migranten (39%) kommen dabei aus einem anderen EU- bzw. EWR-Staat, 29% aus den Nachfolgestaaten Jugoslawiens außerhalb der EU, 15% haben einen türkischen Migrationshintergrund und 17% stammen aus anderen Nicht-EU-Staaten. Damit stellt Österreich EU-weit das Land mit dem höchsten Anteil an EU-BürgerInnen an der Gesamtmigrationsbevölkerung dar.

Was die Verteilung der Personen mit Migrationshintergrund auf die einzelnen Bundesländer betrifft, so leben von den Migranten der „ersten Generation" 40% in Wien, 13,1% in Oberösterreich, 12.5% in Niederösterreich, 9% in der Steiermark, 8,1% in Tirol, 6,2% in Salzburg, 4,8% in Vorarlberg, 4,1% in Kärnten und 2% im Burgenland.[27]

Im Gegensatz dazu ist der Prozentsatz von Bürgern mit „Migrationshintergrund" in den ehemaligen kommunistischen Ländern Mittel- und Osteuropas (MOEL) sehr gering – Polen (0,3%), Rumänien (0,4%), Kroatien (0,7%), Litauen (0,7%), Bulgarien (0,8%), Slowakei (1,1%), Ungarn (1,4%), Tschechien (4,1%), Slowenien (4,7%) – und erreicht nur in Estland (14,8%) und Lettland (15,2%) annähernd vergleichbar hohe Werte.[28] Das ist mit auch ein Grund, warum sich die MOEL bei der Aufnahme und Umverteilung von Flüchtlingen sehr zurückhaltend zeigen.

Europarechtliche Begriffsklärungen und Rahmenbedingungen

Bevor auf die speziellen flüchtlings- und migrationsrechtlichen Bestimmungen in der Europäischen Union eingegangen werden kann, muss zunächst die verblüffende Frage beantwortet werden, warum deren Mitgliedstaten in diesen souveräni-

---

[24] Mit über 180.000 Flüchtlingen.
[25] Mit über 160.000 Flüchtlingen.
[26] Mit 90.000 Flüchtlingen; http://bit.ly/1Ne4ETO.
[27] Statistik Austria (Hrsg.), Integrationsbericht 2015; vgl. auch Statistik: Jeder Fünfte hat Migrationshintergrund – vor allem aus der EU, WU.Alumni.News, Nr. 90 – Dezember 2015, S. 16.
[28] Mayer, T.-Prantner, C. (2015): Dunkle Schatten über Europas Mitte, Der Standard, vom Sa./So., 19./20. Dezember 2015, S. 6.

tätsmäßig so empfindlichen Materien wie Flüchtlings- und Einwanderungsrecht überhaupt bereit waren, der EU einschlägige Hoheitsrechte abzutreten. Jahrhundertelang war die Bestimmung der eigenen Staatsangehörigkeit ureigenste Domäne souveräner Staaten, die damit Fragen der Ein- und Ausreise sowie des Verbleibs im eigenen Staatsgebiet im Sinne einer Einbürgerung nicht aus der Hand geben wollten. Auch völkerrechtlich haben sie sich erst Anfang der 1950er Jahre durch die Genfer Flüchtlingskonvention (1951) vertraglich auf Grundprinzipien eines *Flüchtlings-* und *Asylrechts* verständigt, der zur Zeit aber bereits mehr als 150 Staaten als Vertragspartner angehören.

Der Grund für die Übertragung flüchtlings- und migrationsrechtlicher Bestimmungen auf die EU war der wahrlich „revolutionäre" Paradigmenwechsel durch die „*Schengen-Philosophie*", die in der Folge noch durch das „*Dublin*-System" ergänzt wurde.

Das „Schengen"- und „Dublin"-System

Ausgehend vom „*Weißbuch* der Kommission über die Vollendung des Binnenmarktes" vom 14. Juni 1985[29] wurde am 17. bzw. 28. Februar 1986 die „*Einheitliche Europäische Akte*" beschlossen,[30] die u.a. die Errichtung eines „*Binnenmarktes*" in der EU innerhalb von sechs Jahren, dh bis zum 31. Dezember 1992, vorsah. Dies bedeutete aber, dass die nunmehr im Binnenmarkt allgemein bzw beruflich mobil werdenden Unionsbürger – entweder als *unselbständig* (als freizügigkeitsbegünstigte Wanderarbeitnehmer) oder *selbständig Erwerbstätige* (als Erbringer von Dienstleistungen oder als niedergelassene Unternehmer) – sich frei über die Binnengrenzen in der EU hinweg bewegen durften, ohne dabei einer persönlichen Grenzkontrolle unterworfen zu sein. In praxi war das aber schwer durchzuführen: Kam nämlich eine Gruppe von Fremden auf eine Binnengrenze zu, dann mussten die Zöllner ja alle Personen kontrollieren, um damit feststellen zu können, wer als Nicht-Unionsbürger einer Personen- und Zollkontrolle unterworfen werden muss bzw. wer als werktätiger Unionsbürger einer solchen nicht unterzogen werden darf. Um die Nicht-Unionsbürger zu identifizieren, mussten also unvermeidlich auch die an sich frei mobilen Unionsbürger kontrolliert werden. Um dieses an sich unlösbare Problem überhaupt nicht erst auftreten zu lassen, wurde daher der Vorschlag gemacht, von einer Personenkontrolle an den Binnengrenzen gänzlich abzusehen.

Dieser „radikalen" Philosophie – eine Reihe der damaligen EWG-Mitgliedstaaten fürchtete im Falle eines Wegfalls der Personenkontrollen (von Nicht-Unionsbürgern) an den Binnengrenzen ein „Überschwappen" der Kriminalität in ihre Staatsgebiete – konnten sich zunächst nur ganze fünf Mitgliedstaaten der Europäischen Gemeinschaften anschließen, die 1985 das Schengener Übereinkom-

---

[29] KOM(85) 310 endg.
[30] ABl. 1987, L 169, S. 1 ff.

men („Schengen I")[31] abschlossen, das in der Folge durch das Schengener Durchführungsübereinkommen (SDÜ) (1990) („Schengen II")[32] inhaltlich ausgeweitet und auf weitere Mitgliedstaaten ausgedehnt wurde.

Diese beiden bisherigen *völkerrechtlichen* Übereinkommen Schengen I (1985) und Schengen II (1990) sowie die sekundären Rechtsakte des Schengener Exekutivausschusses als Vertragsanwendungsorgan wurden in der Folge auf der Grundlage des dem Vertrag von Amsterdam (1997) angefügten „Protokoll zur Einbeziehung des Schengen Besitzstands in den Rahmen der Europäischen Union"[33], durch einen Beschluss des Rates in die EU übergeführt.[34] Diese Überführung des *völkerrechtlichen* „Schengen-acquis" in den *supranationalen* Bereich der EU erfolgte dabei nicht durch einen einheitlichen Rechtsakt der EU, sondern wurde detailliert, „Bestimmung für Bestimmung", vorgenommen.[35]

Flankierend dazu wurde, neben dem 2002 vom Schengener Exekutivausschuss angenommenen „*Gemeinsamen Handbuch*"[36], vor allem der „Schengener Grenzkodex" ausgearbeitet, der 2006 durch eine Verordnung des Europäischen Parlaments und des Rates[37] eingerichtet wurde. Nach mehreren grundlegenden Änderungen wurde eine Kodifizierung[38] des Schengener Grenzkodex ins Auge gefasst und – auf der Basis des Vorschlags der Kommission vom 20. Jänner 2015[39] – am 9. März 2016 im ordentlichen Gesetzgebungsverfahren vom Europäischen Parlament und vom Rat auch definitiv verabschiedet.[40]

Im Oktober 2013 wurde wiederum ein eigener „*Schengen-Evaluierungs- und Überwachungsmechanismus*" für die Überprüfung der Anwendung des Schengen-

---

31 Übereinkommen von Schengen vom 14. Juni 1985 zwischen den Regierungen der Staaten der Benelux-Wirtschaftsunion, der Bundesrepublik Deutschland und der Französischen Republik betreffend den schrittweisen Abbau der Kontrollen an den gemeinsamen Grenzen; ABl. 2000, L 239, S. 13 ff.

32 Übereinkommen zur Durchführung des Übereinkommens von Schengen (1985) (SDÜ) (1990); ABl. 2000, L 239, S. 19 ff.

33 ABl. 1997, C 340, S. 93 ff.

34 Beschluss 1999/436/EG des Rates vom 20. Mai 1999; ABl. 1999, L 176, S. 17 ff.

35 Vgl. dazu Schweitzer, M./Hummer, W./Obwexer, W. (2007): Europarecht, S. 461 ff.; Elsen, C. (2001): Die Übernahme des „Schengen-acquis" in den Rahmen der EU, in: Hummer, W. (Hrsg.), Rechtsfragen in der Anwendung des Amsterdamer Vertrages (2001), S. 39 ff.

36 ABl. 2002, C 313, S. 97 ff.

37 Verordnung (EG) Nr. 562/2006 des Europäischen Parlaments und des Rates vom 15. März 2006 über einen Gemeinschaftskodex für das Überschreiten der Grenzen durch Personen (Schengener Grenzkodex), ABl. 2006, L 105, S. 1 ff.

38 Die Kommission hat mit Beschluss vom 1. April 1987 [KOM(87) 868 PV] ihre Dienststellen ange-wiesen, alle Rechtsakte spätestens nach der zehnten Änderung zu kodifizieren.

39 COM(2015) 8 final.

40 Verordnung (EU) 2016/399 des Europäischen Parlaments und des Rates vom 9. März 2016 über einen Gemeinschaftskodex für das Überschreiten der Grenzen durch Personen (Schengener Grenzkodex) (Kodifizierter Text), ABl. 2016, L 77, S. 1 ff.

Besitzstandes[41] geschaffen, der Mitte Dezember 2015, unter besonderem Bezug auf Griechenland, bereits zum achten Mal aktiviert wurde. Parallel dazu wurde von den zwölf Mitgliedstaaten der damaligen EWG am 15. Juni 1990 das *„Übereinkommen über die Bestimmung des zuständigen Staates für die Prüfung eines in einem Mitgliedstaat der Europäischen Gemeinschaften gestellten Asylantrags"* (*„Dubliner Erstasylabkommen"*) („Dublin I")[42] zur einheitlichen Regelung der Asylverfahren unterzeichnet, das als *völkerrechtlicher* Vertrag ebenfalls außerhalb des Rechts der EWG stand. Dessen Überführung erfolgte hingegen – im Gegensatz zur vorstehend erwähnten „punktuellen" Überführung des „Schengen-acquis" – rechtstechnisch anders, nämlich kollektiv durch eine Verordnung des Rates.

Nachdem es durch den Vertrag von Amsterdam (1997) zu einem Kompetenzübergang in der Materie der Asyl- und Flüchtlingspolitik auf die nunmehrige EU[43]) gekommen war, wurde Mitte Februar 2003 der bisher *völkerrechtliche* Besitzstand von „Dublin I" durch eine supranationale *Verordnung* des Rates in das Unionsrecht übergeführt („Dublin II").[44] 2013 wurde die bisherige „Dublin II"-Verordnung des Rates durch eine weitere Verordnung des Europäischen Parlaments und des Rates zu „Dublin III"[45] näher ausgestaltet, die seit dem 1. Januar 2014 unmittelbar anzuwenden war.

Ganz allgemein wurde damit sowohl der „Schengen-Besitzstand" als auch der „Dublin-acquis" von seinen völkerrechtlichen Rechtsgrundlagen gelöst, in das Recht der EU übergeführt und in der Folge durch den Vertrag von Lissabon (2007) – mit dessen Inkrafttreten am 1. Dezember 2009 – zu einem wichtigen Bestandteil des *„Raums der Freiheit, der Sicherheit und des Rechts"*[46] ausgestaltet.

---

[41] Verordnung (EU) Nr. 1053/2013 des Rates vom 7. Oktober 2013 zur Einführung eines Evaluierungs- und Überwachungsmechanismus für die Überprüfung der Anwendung des Schengen-Besitzstandes (…), ABl. 2013, L 295, S. 27 ff.

[42] Das Dubliner Erstasylabkommen trat am 1. September 1997 in Kraft; ABl. 1997, C 254, S. 1 ff.

[43] Art. 63 EUV.

[44] Verordnung (EG) Nr. 343/2003 des Rates vom 18. Februar 2003 zur Festlegung der Kriterien und Verfahren zur Bestimmung des Mitgliedstaats, der für die Prüfung eines von einem Drittstaatsangehörigen in einem Mitgliedstaat gestellten Asylantrags zuständig ist (ABl 2003, L 50, S. 1 ff.) und VO (EG) Nr. 1560/2003 der Kommission vom 2. September 2003 mit Durchführungsbestimmungen zur VO (EG) Nr. 343/003 des Rates … (ABl. 2003, L 222, S. 3 ff.) samt Durchführungs-VO (EU) Nr. 118/2014 der Kommission vom 30. Januar 2014 zur Änderung der VO (EG) Nr. 1560/2003… (ABl. 2014, L 39, S. 1 ff.).

[45] Verordnung (EU) Nr. 604/2013 des Europäischen Parlaments und des Rates vom 26. Juni 2013 zur Festlegung der Kriterien und Verfahren zur Bestimmung des Mitgliedstaats, der für die Prüfung eines von einem Drittstaatsangehörigen oder Staatenlosen in einem Mitgliedstaat gestellten Antrags auf internationalen Schutz zuständig ist (ABl 2013, L 180, S. 31 ff.).

[46] Art. 67 bis Art. 89 AEUV.

Der Raum der Freiheit, der Sicherheit und des Rechts

Gemäß Art. 67 Abs. 1 AEUV hat die EU einen „Raum der Freiheit, der Sicherheit und des Rechts" auszubilden, in dem die Grundrechte und die verschiedenen Rechtsordnungen und -traditionen der Mitgliedstaaten geachtet werden. Dazu hat sie spezielle Politiken in den Bereichen „*Grenzkontrollen, Asyl und Einwanderung*" (Art. 77ff. AEUV), „*Justizielle Zusammenarbeit in Zivilsachen*" (Art. 81 AEUV), „*Justizielle Zusammenarbeit in Strafsachen*" (Art. 82 ff. AEUV) sowie „*Polizeiliche Zusammenarbeit*" (Art. 87 ff. AEUV) auszuarbeiten. Alle diese Bereiche sind mehr oder weniger für die gegenständliche Problematik einschlägig, wenngleich nachstehend nur auf die flüchtlings- und migrationsrechtlichen Bestimmungen schwerpunktmäßig eingegangen wird.

Gemäß Art. 67 Abs. 2 AEUV hat die EU eine gemeinsame Politik in den Bereichen *Asyl, Einwanderung und Kontrollen an den Außengrenzen* zu entwickeln, die sich auf die Solidarität der Mitgliedstaaten gründet und gegenüber Drittstaatsangehörigen sowie Staatenlosen angemessen ist. Gemäß Art.78 Abs. 1 AEUV wiederum hat die EU eine gemeinsame Politik im Bereich *Asyl, subsidiärer Schutz und vorübergehender Schutz* auszugestalten, mit der jedem Drittstaatsangehörigen, der internationalen Schutz benötigt, ein angemessener Status angeboten und die Einhaltung des vorerwähnten Grundsatzes der Nicht-Zurückweisung („Non-Refoulement") gewährleistet werden soll, so wie dies in der Genfer Flüchtlingskonvention (1951) und dem einschlägigen New Yorker Protokoll (1967) verankert ist.

Gemäß Art. 79 AEUV hat die EU aber auch eine gemeinsame *Einwanderungspolitik* zu entwickeln, die in allen Phasen eine wirksame Steuerung der Migrationsströme sowie die Verhütung und Bekämpfung von illegaler Einwanderung und Menschenhandel, insbesondere mit Frauen und Kindern, gewährleisten soll.

Bei all diesen Kompetenzzuweisungen an die EU handelt es sich aber um keine ausschließlichen Kompetenzen derselben, sondern lediglich um zwischen der EU und ihren Mitgliedstaaten *geteilte* Kompetenzen[47]. Trotzdem ist die EU aufgerufen, für sich eine konsistente Asylpolitik auszubilden, was Schritt für Schritt mit den vielfältigen sekundärrechtlichen Regelungen im Rahmen des „Gemeinsamen Europäischen Asylsystem" (GEAS) auch geschah.

In der Folge soll zunächst die bisherige sekundärrechtliche Ausgestaltung des „*Gemeinsamen Europäischen Asylsystems*" (GEAS) sowie die „*Europäische Migrationsagenda*" kurz dargestellt werden, um danach auf einige wichtige asyl- und migrationsrechtliche Begriffe und Institute im „Raum der Freiheit, der Sicherheit und des Rechts" einzugehen.

Das „Gemeinsame Europäische Asylsystem" (GEAS)

Seit der Sondertagung des Europäischen Rates in Tampere vom 15./16. Oktober 1999 arbeitet die EU an der Ausbildung eines „*Gemeinsamen Europäischen Asyl-*

---

[47] ISv Art. 4 Abs. 2 lit. j) AEUV.

systems" (GEAS), das sich gegenwärtig aus folgenden sekundärrechtlichen Bestimmungen (Richtlinien und Verordnungen) zusammensetzt[48]:

1) Überarbeitete Asylverfahrens-Richtlinie 2013:[49] Diese schafft, in Weiterentwicklung einer Richtlinie vom 1. Dezember 2005, ein kohärentes System, das effizientere und gerechtere Asylentscheidungen sowie die Prüfung der Anträge in allen Mitgliedstaaten nach gemeinsamen qualitativ hochwertigen Standards sicherstellen soll. Die Asylverfahrens-RL war bis zum 20. Juli 2015 umzusetzen.

2) Überarbeitete Richtlinie über die Aufnahmebedingungen 2013:[50] Diese regelt, in Weiterentwicklung einer Richtlinie vom 27. Jänner 2003, vor allem den Zugang zum Arbeitsmarkt für Asylwerber während der Prüfung ihres Asylantrags. Sie stellt den Zugang der Antragsteller zu Unterkunft, Verpflegung, Gesundheitsversorgung und Beschäftigung sowie medizinischer und psychologischer Versorgung sicher. Nach spätestens neun Monaten muss einem Asylwerber Zugang zu Beschäftigung gewährt werden. Die Richtlinie über die Aufnahmebedingungen war bis zum 20. Juli 2015 umzusetzen.

3) Überarbeitete Anerkennungs-Richtlinie 2011:[51] Diese, auch *„Qualifikationsrichtlinie"* genannt, präzisiert in Weiterentwicklung einer Richtlinie vom 29. April 2004, die Gründe für die Gewährung internationalen Schutzes und soll damit zu gesicherteren Asylentscheidungen führen. Sie enthält dementsprechend eine Reihe von Rechten zum Schutz vor Zurückweisung, zu Aufenthaltstiteln, Reisedokumenten und Zugang zu Beschäftigung und Bildung, sozialer Absicherung, Gesundheitsvorsorge, Unterkunft und Integrationsmaßnahmen sowie spezielle Vorschriften für Kinder und besonders schutzbedürftige Personen. Die „Anerkennungs-Richtlinie" war bis zum 21. Dezember 2013 umzusetzen.

4) Rückführungs-Richtlinie 2008:[52] Diese Richtlinie, die bis zum 24. Dezember 2010 umzusetzen war, harmonisiert die Bestimmungen und Verfahren, die bei der Rückführung von Drittstaatsangehörigen ohne gültigen Aufenthaltstitel zur Anwendung kommen. Der erste Schritt besteht im Erlass einer Rückkehrentscheidung, im Rahmen derer die freiwillige Ausreise des illegal aufhältigen Drittstaaters innerhalb einer gewissen Frist – in der Regel zwischen sieben und 30 Tagen – Vorrang hat. Erfolgt diese nicht, dann können die Mitgliedstaaten

---

[48] Für eine umfassende Kommentierung der Bestimmungen des GEAS siehe: Hailbronner, K./Thym, D. (Hrsg., 2016: EU-Immigration and Asylum Law. A Commentary, 2. Aufl.

[49] Richtlinie 2013/32/EU des Europäischen Parlaments und des Rates vom 26. Juni 2013 zu gemeinsamen Verfahren für die Zuerkennung und Aberkennung des internationalen Schutzes, ABl 2013, L 180, S. 60 ff.

[50] Richtlinie 2013/33/EU des Europäischen Parlaments und des Rates vom 26. Juni 2013 zur Festlegung von Normen für die Aufnahme von Personen, die internationalen Schutz beantragen; ABl 2013, L 180, S. 96 ff.

[51] Siehe Fn. 23.

[52] Richtlinie 2008/115/EG des Europäischen Parlaments und des Rates vom 16. Dezember 2008 über gemeinsame Normen und Verfahren in den Mitgliedstaaten zur Rückführung illegal aufhältiger Drittstaatsangehöriger, ABl 2008, L 348, S. 98 ff.

eine zwangsweise Abschiebung vornehmen. Ist eine solche wegen des Verhaltens des Betroffenen nicht möglich, dann kann dieser in Haft genommen werden, die so kurz als möglich sein muss und höchstens 18 Monate betragen darf. Italien hielt sich nicht an diese Vorgaben und wurde dementsprechend vom EuGH am 28. April 2011 auch verurteilt.[53]

Österreich führte z.B. 2015 insgesamt 8.365 Abschiebungen durch, wobei 5.087 Personen sich dieser Prozedur freiwillig unterzogen, 3.278 aber abgeschoben werden mussten. Der neue österreichische Verteidigungsminister Hans Peter Doskozil bot dafür neuerdings sogar „Herkules"-Transportmaschinen des Bundesheeres an, falls das Innenministerium diese anfordern sollte.[54] Schweden wiederum will in den nächsten Jahren von den 163.000 Personen, die 2015 einen Asylantrag gestellt hatten, 80.000 illegal Aufhältige zurückstellen, wobei die Kosten einer jeden dieser Rückführungen mit etwa 20.000 Euro zu veranschlagen sind.[55]

5) Überarbeitete Dublin III-VO 2013:[56] Kernbestimmung der Dublin III- VO ist, dass die Zuständigkeit für die Antragsprüfung hauptsächlich bei dem Staat liegt, der die wichtigste Rolle bei der Einreise des Antragstellers in die EU gespielt hat. Die Kriterien reichen von familiären Umständen über den Besitz eines Visums oder Aufenthaltstitels für einen Mitgliedstaat bis hin zur Frage, ob der Antragsteller regulär oder irregulär in die EU eingereist ist.[57] Ebenso werden klare Fristen festgelegt: Das gesamte „Dublin-Verfahren" darf nicht länger als elf Monate dauern, um eine Person aufzunehmen, und nur neun Monate, um sie zurückzustellen – außer bei Fluchtgefahr oder Inhaftierung.

6) Überarbeitete EURODAC-VO 2013:[58] Mit dieser Verordnung (die eine Verordnung vom 11. Dezember 2000 aktualisiert, die Mitte Januar 2003 operativ

---

[53] EuGH, Rs. C-61/112 PPU, Hassen El Dridi, Slg. 2011, I-3015 ff; vgl. Hummer, W. (2011): Kriminalisierung von Flüchtlingen, Salzburger Nachrichten vom 21. Juni 2011.

[54] Doskozil bietet Heeresflugzeuge für Abschiebungen an, Der Standard vom 23./24. Jänner 2016, S. 1.

[55] Botzenhart, U./Kramar, K./Mayer-Kilani Rom, D./Peternel, E. (2016): Abschiebungen als Signal gegen den Flüchtlingsstrom, Kurier vom 29. Jänner 2016, S. 6 f.

[56] Verordnung (EU) Nr. 604/2013 des Europäischen Parlaments und des Rates vom 26. Juni 2013 zur Festlegung der Kriterien und Verfahren zur Bestimmung des Mitgliedstaats, der für die Prüfung eines von einem Drittstaatsangehörigen oder Staatenlosen in einem Mitgliedstaat gestellten Antrags auf internationalen Schutz zuständig ist (Neufassung); ABl 2013, L 180, S. 31 ff.

[57] Aus Österreich wurden 2014 insgesamt 1.327 Personen aufgrund der Nichterfüllung der Dublin III-VO – Kriterien wieder in ein anderes EU-Land zurückgeschickt; UNHCR (Hrsg.), Asylsuchende in Österreich (Fn. 26), S. 5 f.

[58] Verordnung (EU) Nr. 603/2013 des Europäischen Parlaments und des Rates vom 26. Juni 2013 über die Einrichtung von Eurodac für den Abgleich von Fingerabdruckdaten zum Zwecke der effektiven Anwendung der VO (EU) Nr. 604/2013 zur Festlegung der Kriterien und Verfahren zur Be-stimmung des Mitgliedstaats, der für die Prüfung eines von einem Drittstaatsangehörigen oder Staatenlosen in einem Mitgliedstaat gestellten Antrags auf internationalen Schutz zuständig ist und über der Gefahrenabwehr- und Strafverfolgungsbehörden dienenden Anträge der Gefahrenabwehr- und Strafverfolgungsbehörden der Mitgliedstaaten und

wurde), die am 20. Juli 2015 in Kraft trat, wurde die EU-Fingerabdruck-
Datenbank im Bereich Asyl dahingehend aktualisiert, dass sichergestellt wird,
dass Daten innerhalb von 72 Stunden an das Zentralsystem übermittelt werden.
EURODAC, das zunächst nur im Bereich Asyl eingerichtet wurde, wurde in
der Folge auch für Polizei und EUROPOL im Rahmen ihrer strafrechtlichen
Untersuchungen – allerdings nur zum Zweck der Verhütung und Aufdeckung
schwerer Verbrechen und von terroristischen Straftaten – geöffnet.

7) VIS-VO 2008:[59] Diese Verordnung enthält Bestimmungen über den Datenaustausch zwischen den Mitgliedstaaten über Visa für einen Kurzaufenthalt.

Dass die Europäische Kommission im Zuge des gegenwärtigen Massenzustroms
von Flüchtlingen und Migranten die Einhaltung des dadurch massiv betroffenen
„Gemeinsamen Europäischen Asylsystems" (GEAS) stärker überwachen will, geht
daraus hervor, dass sie am 23. September 2015 – zusätzlich zu den 34 bereits an-
hängigen Fällen – weitere 40 Vertragsverletzungsverfahren gem. Art. 258 AEUV
beim Gerichtshof initiiert hat. Am 10. Dezember 2015 leitete sie weitere acht Vertragsverletzungsverfahren ein, die sich gegen Griechenland, Italien, Kroatien,
Malta und Ungarn[60] richteten. Im Falle Ungarns rügte die Kommission die kürz-
lich verabschiedeten ungarischen Asylrechtsvorschriften, die in einigen ihrer Bestimmungen nicht mit der Asylverfahrens-Richtlinie 2013[61] sowie der Richtlinie
2010/64/EU über das Recht auf Dolmetschleistungen und Übersetzungen in Straf-
verfahren[62] übereinstimmen. Auch scheint die ungarische Regelung, dass gerichtliche Entscheidungen von bloßen Gerichtssekretären auf vorgerichtlicher Ebene
getroffen werden können, nach Ansicht der Kommission einen Verstoß sowohl
gegen die Asylverfahrens-Richtlinie, als auch gegen Art. 47 der EU-
Grundrechtecharta[63] darzustellen. Die Kommission forderte außerdem Griechenland, Italien und Kroatien mit Nachdruck zur korrekten Anwendung der
EURODAC-VO 2013[64] auf, ebenso wie sie auch Griechenland und Malta ultima-
tiv ersuchte, ihr die nationalen Maßnahmen zur Umsetzung der Asylverfahrens-
Richtlinie und der Richtlinie über die Aufnahmebedingungen 2013[65] umgehend
mitzuteilen.[66]

Europols auf den Abgleich mit Eurodac-Daten sowie zur Änderung der VO (EU) Nr.
1077/2011 zur Errichtung einer Europäischen Agentur für das Betriebsmanagement von IT-
Großsystemen im Raum der Freiheit, der Sicherheit und des Rechts (Neufassung), ABl 2013,
L 180, S. 1 ff.

[59] Verordnung (EG) Nr. 767/2008 des Europäischen Parlaments und des Rates vom 9. Juli 2008
über das VISA-Informationssystem (VIS) und den Datenaustausch zwischen den Mitgliedstaaten über Visa für einen kurzfristigen Aufenthalt (VIS-VO); ABl. 2008, L 218, S. 60 ff.

[60] IP/15/6228.

[61] Siehe Fn. 62.

[62] ABl. 2010, L 280, S. 1 ff.

[63] ABl. 2000, C 364, S. 1 ff idF ABl. 2012, C 326, S. 391 ff.

[64] Siehe Fn. 71.

[65] Siehe Fn. 63.

[66] IP/15/6276.

Die „Europäische Migrationsagenda"

Die *„Europäische Migrationsagenda"* 2015 ist eine Mitteilung der Kommission von Mitte Mai 2015[67], in der sie versucht, die Migrationsfrage in ihrer ganzen Vielschichtigkeit zu erfassen. Sie will die Migration nicht länger als isolierten Aspekt betrachten, sondern vielmehr in all ihre – internen und externen – Politikbereiche einbeziehen. Dementsprechend legt die Kommission auch einen neuen strategischen Ansatz für eine bessere mittel- bis langfristige Migrationssteuerung fest, der auf folgende vier Schwerpunkte hin ausgerichtet ist:
1) Reduzierung der Anreize für irreguläre Migration,
2) Rettung von Menschenleben und Sicherung der Außengrenzen,
3) Ausarbeitung einer starken gemeinsamen Asylpolitik und
4) Konzipierung einer neuen Politik für legale Migration.[68]

Am 27. Mai 2015 präsentierte die Kommission das erste Maßnahmenpaket zur Umsetzung der Migrationsagenda[69] mit Vorschlägen für eine Umverteilung von 40.000 Personen aus Griechenland und Italien, die Neuansiedlung von 20.000 Personen aus Drittländern, einen EU-Aktionsplan gegen die Schleusung von Migranten und eine Verdreifachung der Haushaltsmittel und der Ausrüstung für Such- und Rettungseinsätze auf See. Ferner wurden Leitlinien für die Abnahme von Fingerabdrücken erstellt, um den Mitgliedstaaten bei der Registrierung von Migranten zu helfen.[70]

Am 9. September 2015 stellte die Kommission ein zweites Maßnahmenpaket[71] vor, das Vorschläge für die Umverteilung von weiteren 120.000 Asylwerbern aus Mitgliedstaaten, die sich unter besonderem Druck befinden[72], einen dauerhaften Umverteilungsmechanismus für Krisensituationen, eine europäische Liste sicherer Herkunftsländer, einen Aktionsplan und ein Handbuch zum Thema Rückkehr/ Rückführung und einen Vorschlag für die Einrichtung eines Treuhandfonds für Afrika enthielt. Letzterer Vorschlag wurde wenig später konkret umgesetzt: Am 11./12. November 2015 fand in La Valletta der *Migrationsgipfel* statt, der sich der neuen Priorität der Migrationsproblematik in den Beziehungen der EU zu ihren afrikanischen Partnern widmete und die Einrichtung eines „Nothilfe-Treuhandfonds" der EU für Afrika in Höhe von 1,8 Mrd. Euro beschloss.

---

[67] COM(2015) 240 final, vom 13. Mai 2015, samt Anhang zur Bewältigung der Flüchtlingskrise: operative, haushaltspolitische und rechtliche Sofortmaßnahmen im Rahmen der Europäischen Migrationsagenda, COM(2015) 490 final, vom 23. September 2015; vgl. dazu auch den Anhang dazu [COM(2015) 490 final, Annex 3, vom 23. September 2015.

[68] http://bit.ly/1JHfDBL

[69] Europäische Kommission – Pressemitteilung, Erste Vorschläge der Europäischen Kommission zur Umsetzung der Migrationsagenda, Brüssel, 27. Mai 2015.

[70] IP/15/6324.

[71] Europäische Kommission – Pressemitteilung, Flüchtlingskrise: die Europäische Kommission handelt, Straßburg, 9. September 2015.

[72] Bis zum Jahreswechsel 2015/2016 sind allerdings erst 272 Personen (!) umverteilt worden; Europäische Kommission – Pressemitteilung, Flüchtlingskrise: Kommission rekapituliert Maßnahmen des Jahres 2015 und legt Prioritäten für 2016 fest, Brüssel, 13. Januar 2016, S. 3.

Am 15. Dezember 2015 nahm die Kommission ihr drittes Maßnahmenpaket an und schlug darin 16 konkrete Maßnahmen zur Umsetzung der dabei eingegangenen Verpflichtungen vor.[73]

„Schengen-Dublin"-Erstasylland

Das vorstehend erwähnte völkerrechtliche „Erstasylland-Prinzip" wird in der gegenwärtigen Flüchtlingsdiskussion immer wieder fälschlicher Weise auch auf das „Schengen-Dublin"-System übertragen, in dem es aber eine völlig andere Konnotation bekommt. Dem „Schengen-Dublin-Erstasylland"-Begriff kommt eine rein technische Funktion zu. Im „Schengen-System" bedeutet dieser nämlich, dass grundsätzlich der erste „Schengen-Staat", dessen Außengrenze durch einen Flüchtling überschritten wird, auch derjenige Staat ist, der für die Durchführung von dessen Asylverfahren zuständig ist.[74] Dieses Land ist in der Folge exklusiv für die Behandlung des Asylantrags des Flüchtlings verantwortlich und präjudiziert damit alle anderen „Schengen-Staaten". Wird ein Flüchtling in dem „Schengen-Staat", in dem er erstmals in den „Schengen-Raum" eingereist ist, als „Flüchtling" anerkannt oder abgelehnt, sind alle anderen „Schengen-Staaten" an diese Entscheidung gebunden. So bedeutet z.B. ein negativer Asylbescheid Italiens oder Griechenlands als hauptsächliche „Schengen-Erstasylländer", dass der vermeintliche Flüchtling in keinem anderen „Schengen-Staat" Asyl gewährt bekommt und von diesen daher in seinen Heimatstaat zurückgeschickt werden kann.

Daraus ist ersichtlich, dass es sich dabei keinesfalls um das *völkerrechtliche* „Erstasylland-Prinzip" handeln kann, wie es vorstehend dargestellt wurde. Den Schengener „Erstasylland-Staat" kann sich der (potentielle) Flüchtling durch die Wahl seiner Fluchtroute auf dem Land- oder Seeweg nämlich aussuchen, wie er will – und begeht dabei kein unzulässiges „asylum-shopping". Dementsprechend haben sich bereits eine Reihe traditioneller Fluchtrouten ausgebildet,[75] wobei der gegenwärtige Flüchtlingsstrom bis vor Kurzem noch bevorzugt über die *Westbalkanroute*, d.h. über die Türkei, Griechenland, Mazedonien, Serbien und Ungarn nach Österreich[76] – zunächst über das Burgenland und danach über die Südsteiermark – und die anderen Länder Mittel- und Nordeuropas kam. Nach der Errichtung eines durchgehenden Zauns an der Grenze zu Serbien Mitte September 2015 durch Ungarn und der Schließung des Grenzübergangs Röszke, sah sich Serbien gezwungen, die Flüchtlingsströme zur serbisch-kroatischen Grenze bei Šid-Tovarnik umzuleiten. Seitdem kommen die Flüchtlinge und Migranten auf der

---

[73] Europäische Kommission – Pressemitteilung, Ein europäischer Grenz- und Küstenschutz für die Außengrenzen Europas, Straßburg, 15. Dezember 2015; vgl. auch IP/15/6337.

[74] Art. 30 Abs. 1 lit. d) und e) Schengener Durchführungsübereinkommen (1990) (Fn. 43).

[75] Westafrikanische Route, Westliche Mittelmeer-Route, Zentrale Mittelmeer-Route, Route über Apu-lien und Kalabrien, Östliche Mittelmeer-Route, Balkan-Route, Osteuropäische Route, Westbalkan-Route u.a.m; vgl. dazu Hummer, W. (2013): FRONTEX und EUROSUR: Fluch oder Segen für „boat people"?, EU-Infothek, vom 5. November 2013.

[76] Vgl. Jureković, P. (2016): Die internationale Flüchtlingskrise als Herausforderung für den Westbalkan, IFK Monitor Jänner 2016.

Westbalkanroute über die österreichisch-slowenische Grenze bei Spielfeld nach Österreich. Mitte Februar 2016 wurde die Westbalkanroute ganz geschlossen, was an der griechisch-mazedonischen Grenze bei Idomeni zu katastrophalen Zuständen bei den dort gestrandeten 13.000 Flüchtlingen führte.[77]

Das „*Dubliner Erstasylabkommen*" 1990 („Dublin I"),[78] bestimmte den für die Prüfung eines Asylantrags allein zuständigen Mitgliedstaat danach, welcher Staat denn die wichtigste Rolle bei der Einreise des Asylwerbers in die EG gespielt hat (Art. 3 Abs. 2). Im sog. „Dublin I-Verfahren" reichten die Kriterien für die Feststellung der Zuständigkeit (Art. 4 bis 8) von familiären Umständen über den Besitz eines Visums oder Aufenthaltstitels für einen Mitgliedstaat bis hin zur Frage, ob der Antragsteller regulär oder irregulär in die EG eingereist ist. Der Grundgedanke war dabei der, dass derjenige Mitgliedstaat für die Durchführung des Asylverfahrens zuständig sein soll, der die Einreise veranlasst oder zumindest nicht verhindert hat. Ein Staat war daher grundsätzlich dann zuständig, wenn der Asylsuchende mit einem von diesem Staat ausgestellten Visum eingereist ist, oder dessen Grenze illegal überschritten hat, ohne daran gehindert worden zu sein. Berücksichtigt wurden aber auch humanitäre Gesichtspunkte, vor allem der Grundsatz der Familieneinheit u.a.m.

In der Folge kam es aber durch den Vertrag von Amsterdam (1997) zu einem Kompetenzübergang in der Materie der Asyl- und Flüchtlingspolitik auf die nunmehrige EU[79] und Mitte Februar 2003 wurde der bisherige *völkerrechtliche* Besitzstand von „Dublin I" durch eine supranationale *Verordnung* des Rates in das Unionsrecht übergeführt („Dublin II")[80] und 2013 durch eine weitere *Verordnung* des Europäischen Parlaments und des Rates zu „Dublin III"[81] näher ausgestaltet, die seit dem 1. Januar 2014 unmittelbar anzuwenden ist. Die Hauptunterschiede zwischen „Dublin II" und „Dublin III" liegen zum einen darin, dass „Dublin III" nicht mehr nur für die Zuerkennung der Flüchtlingseigenschaft, sondern auch für den „internationalen Schutz" insgesamt, d.h. auch für den subsidiären Schutz, gilt,

---

[77] Vgl. Hummer, W. (2016): Mazedonien: Ein Staat, zwei Namen. Flüchtlingstragödie überlagert einen lange schwelenden Namens- und Territorialkonflikt am Balkan. „Republik Mazedonien" oder „Former Yugoslav Republic of Mazedonia" (FYROM)?, EU-Infothek vom 24. März 2016, S. 1 ff.

[78] Das Dubliner Erstasylabkommen trat am 1. September 1997 in Kraft; ABl. 1997, C 254, S. 1 ff.

[79] Art. 63 EUV.

[80] Verordnung (EG) Nr. 343/2003 des Rates vom 18. Februar 2003 zur Festlegung der Kriterien und Verfahren zur Bestimmung des Mitgliedstaats, der für die Prüfung eines von einem Drittstaatsangehörigen in einem Mitgliedstaat gestellten Asylantrags zuständig ist (ABl 2003, L 50, S. 1 ff.) und VO (EG) Nr. 1560/2003 der Kommission vom 2. September 2003 mit Durchführungsbestimmungen zur VO (EG) Nr. 343/003 des Rates … (ABl. 2003, L 222, S. 3 ff.) samt Durchführungs-VO (EU) Nr. 118/2014 der Kommission vom 30. Januar 2014 zur Änderung der VO (EG) Nr. 1560/2003… (ABl. 2014, L 39, S. 1 ff.).

[81] Verordnung (EU) Nr. 604/2013 des Europäischen Parlaments und des Rates vom 26. Juni 2013 zur Festlegung der Kriterien und Verfahren zur Bestimmung des Mitgliedstaats, der für die Prüfung eines von einem Drittstaatsangehörigen oder Staatenlosen in einem Mitgliedstaat gestellten Antrags auf internationalen Schutz zuständig ist (ABl 2013, L 180, S. 31 ff.).

aber auch Überstellungen von Asylwerbern in andere europäische Staaten vorsieht.[82] Zum anderen sind in „Dublin III" die wichtigsten einschlägigen Grund-
satzurteile des Europäischen Gerichtshofs für Menschenrechte (EGMR)[83] in
Straßburg und des Gerichtshofs der EU in Luxemburg[84] inhaltlich bereits weitgehend berücksichtigt bzw. werden noch zu berücksichtigen sein. So urteilte der Gerichtshof am 17. März 2016,[85] dass es die Dublin III-Verordnung erlaubt, eine Person, die um internationalen Schutz ansucht, in einen sicheren Drittstaat zurück-
oder auszuweisen, unabhängig davon, ob es sich dabei um den für die Bearbeitung
des Asylantrags zuständigen Mitgliedstaat oder einen anderen Mitgliedstaat handelt. Das gesamte „Dublin-Verfahren" darf, wie bereits erwähnt, nicht länger als
elf Monate dauern, um einer Person ihren Asylstatus zu bescheinigen, und neun
Monate, um sie zurückzuschicken (außer bei Flucht oder Inhaftierung).

Trotz dieser Überarbeitungen funktioniert das „Dublin-System" im Zuge der
massiven aktuellen Flüchtlingsströme nicht so, wie es sollte. Es war lediglich für
kleine Flüchtlingszahlen konzipiert, gilt aber inzwischen angesichts des Massen-
andrangs als untauglich, da es die Hauptlast auf die Mittelmeerländer abwälzt, die
noch dazu durch die Finanzkrise (Griechenland) finanziell extrem geschwächt
sind. So wurden 2014 72% aller in der EU gestellten Asylanträge von lediglich
fünf Mitgliedstaaten bearbeitet,[86] eine Verteilung, die auf Dauer nicht beibehalten
werden kann. Gegen die zum Ausgleich beschlossene „Umverteilungs"- oder
„Quotenregelung" wehren sich aber die mittel- und osteuropäischen Länder
(MOEL) und Großbritannien vehement und die „Visegrád-Gruppe", bestehend
aus Polen, Ungarn, der Slowakei und Tschechien, lehnt die Quotenregelung explizit ab. In der südslowakischen Gemeinde Gabcikovo wurde im August 2015 sogar
eine lokale Volksabstimmung über die Unterbringung von 500 Asylanten auf dem
Areal der Technischen Universität abgehalten. Anfang Dezember 2015 haben sowohl Ungarn als auch die Slowakei gegen den Umverteilungsbeschluss des Rates
vom 22. September 2015 – gemäß dessen sie jeweils rund 2.300 Flüchtlinge aufzunehmen gehabt hätten – Klage beim EuGH erhoben.[87]

---

[82]   Vgl. Römer, L. (2015): Europäisierter und internationalisierter Verwaltungsrechtsschutz ge-
       gen Überstellungen nach der Dublin III-Verordnung.
[83]   Vgl. z.B. EGMR, Case of Hirsi Jamaa and others v. Italy (Application no. 27765/09), Judg-
       ment, 23 February 2012.
[84]   Vgl. z.B. EuGH, verb. Rs. C-411/10, N. S./Secretary of State for the Home Department und
       Rs. C-493/10, M. E. ua/Refugee Applications Commissioner und Minister for Justice, Equali-
       ty and Law Reform, ECLI:EU:C:2011:865.
[85]   Urteil des Gerichtshofs in der Rs. C-695/15 PPU, Shiraz Baig Mirza/Bevándorlási és Állam-
       polgársági Hivatal (ECLI:EU:C:2016:188) vom 17. März 2016.
[86]   MEMO/15/4957, S. 5.
[87]   Klage, eingereicht am 3. Dezember 2015 – Ungarn/Rat der Europäischen Union (Rs. C-
       647/15); vgl. Schubert, G. (2015): Tschechiens Regierung akzeptiert EU-Flüchtlingsquoten,
       Der Standard, vom 5./6. Dezember 2015, S. 14.

EU-Liste „sicherer Herkunftsländer"

Sowohl die Genfer Flüchtlingskonvention (1951), als auch die Asylverfahrens-Richtlinie erachten dann ein Land als sicher, wenn es über ein demokratisches System verfügt und in ihm keine Verfolgung herrscht, keine Folter oder unmenschliche oder erniedrigende Behandlung oder Bestrafung stattfindet, sowie keine Androhung von Gewalt und kein bewaffneter Konflikt existiert.

Bisher haben 12 EU-Mitgliedstaaten[88] nationale Listen von sieben sicheren Herkunftsländern erstellt, die sich vorwiegend am Balkan befinden (Albanien, Bosnien & Herzegowina, FYROM[89], Kosovo, Montenegro, Serbien und die Türkei). Etwa 17% aller in der EU gestellten Asylanträge kamen von Bürgern eines dieser sieben Länder. Da es sich bei diesen Westbalkan-Staaten und der Türkei um Beitrittskandidaten handelt, gelten für sie ohnehin die sog. „Kopenhagener-Kriterien", sodass EU-Beitrittskandidaten an sich als „sichere Herkunftsländer" einzustufen sind, was aktuell im Fall der Türkei allerdings fraglich ist.

Die Kommission schlägt in Ergänzung dazu die Erstellung einer gemeinsamen Liste sicherer Herkunftsländer vor.

Umverteilung von Flüchtlingen

Umverteilung ist die Verlegung von Personen, die Anspruch auf „internationalen Schutz" haben, von einem EU-Mitgliedstaat in einen anderen EU-Mitgliedstaat. Im Mai 2015 schlug die Kommission vor, innerhalb von zwei Jahren 40.000 Personen aus Italien und Griechenland umzuverteilen. Im September 2015 besserte sie nach und schlug vor, innerhalb von zwei Jahren weitere 120.000 Personen aus Italien, Griechenland und Ungarn umzuverteilen. Bis 12. Jänner 2016 wurden allerdings erst 280 Flüchtlinge aus Italien und Griechenland in andere Staaten gebracht – das Ziel liegt aber bei insgesamt 160.00 (!) bis 2017.[90]

Die Umverteilung basiert auf einem Verteilungsschlüssel, der auf der Basis folgender objektiver und messbarer Kriterien berechnet wird: Größe der Bevölkerung (40%), Gesamt-BIP (40%), durchschnittliche Anzahl von Asylanträgen in den vergangenen vier Jahren und Arbeitslosenrate. Aufnehmende Mitgliedstaaten erhalten 6.000 € für jede aufgenommene Person. Italien, Griechenland und Ungarn erhalten 500 € für jede umgesiedelte Person, um die Transportkosten zu decken.

Eine Umverteilung kann aber nur für Antragsteller Anwendung finden, deren durchschnittliche Quote für die Anerkennung eines „internationalen Schutzes" auf EU-Ebene bei über 75% liegt. Gegenwärtig haben nur drei Nationalitäten solche hohen Anerkennungsquoten, nämlich Syrer, Iraker und Eritreer.[91]

---

[88] Belgien, Bulgarien, Deutschland, Frankreich, Irland, Luxemburg, Lettland, Malta, Österreich, Slowakei, Tschechische Republik und Vereinigtes Königreich.

[89] Zur Wahl dieses Namens für Mazedonien vgl. Hummer, W. (2016): Mazedonien: Ein Staat, zwei Namen, EU-Infothek vom 24. März 2016.

[90] Aussage von Kris Pollet im Interview mit Irene Brickner (2016): „Flüchtlingsquoten basieren auf Willkür", Der Standard vom 18. Jänner 2016, S. 5.

[91] Aussage von Kris Pollet (Fn. 104).

Der „Schengener Grenzkodex" und die vorübergehende Wiedereinführung von Binnengrenzkontrollen

Zum „Schengen-Besitzstand" gehört auch der „Schengener Grenzkodex" (SGK) (2006)[92], der in Form einer Verordnung erstellt wurde, die Mitte Oktober 2006 in Kraft getreten ist und gem. Art. 39 die bisherigen Regelungen für den Grenzübertritt von Personen an den Binnen- und Außengrenzen der EU-Mitgliedstaaten neu regelt.[93] Eine *kodifizierte* Fassung des Schengener Grenzkodex wurde, verbunden mit einer Umnummerierung der Artikel desselben, am 9. März 2016 verabschiedet.[94] Von einigen wenigen Ausnahmefällen abgesehen, wurden dabei die Personenkontrollen an den Binnengrenzen abgeschafft. Kam es zunächst zur kurzfristigen Wiedereinführung von Grenzkontrollen aus Anlass politischer Großereignisse, Demonstrationen und Sportveranstaltungen, so lösten die im Gefolge des Arabischen Frühlings 2011 von Frankreich und Dänemark unilateral eingeführten Grenzkontrollen, deren Einführung der Kommission (rechtswidrig) nicht angezeigt wurde, politischen Aufruhr aus, der in der Folge 2013 zu einer Reform des Schengener Grenzkodex führte,[95] aufgrund derer die bisherigen zwei Ausnahmeklauseln durch eine weitere Ausnahmebestimmung (Art. 26 SGK) ausgeweitet wurden.[96]

Im Schengener Grenzkodex (SGK) sind nunmehr drei grundsätzliche Szenarien enthalten, in denen ausnahmsweise wieder Personenkontrollen an den Binnengrenzen (kurzfristig) eingeführt werden können (Art. 23 bis 26 SGK):

- Für *vorhersehbare* Vorfälle – wie z.B. zur Abwehr von Hooligans, die zu einem Sportereignis (z.B. Fußballspiel) einreisen wollen – können für die Dauer von zunächst 30 Tagen, die anlassgemäß bis maximal sechs Monate verlängert werden können, Grenzkontrollen eingeführt werden. Die betroffenen Staaten haben diese Maßnahme spätestens vier Wochen vor deren konkreten Einführung der Kommission und den anderen Mitgliedstaaten zu notifizieren (Art. 23 und 24 SGK);
- Für Fälle, die ein *sofortiges Handeln* erfordern – z.B. im Falle einer unmittelbaren Bedrohung – kann ein Mitgliedstaat, ohne es vorher anzeigen zu müssen, sofort Grenzkontrollen für die Dauer von zehn Tagen einführen. Die Dauer kann mehrfach durch weitere 20-Tages-Perioden verlängert werden, darf aber zwei Monate nicht übersteigen (Art. 25 SGK);
- Für Fälle, in denen außergewöhnliche Vorfälle das gesamte Funktionieren des „Schengen-Systems" gefährden, wie z.B. im Falle einer Bedrohung der öffent-

---

[92] Verordnung (EG) Nr. 562/2006 des Europäischen Parlaments und des Rates vom 15. März 2006 über einen Gemeinschaftskodex für das Überschreiten der Grenzen durch Personen (Schengener Grenzkodex); ABl. 2006, L 105, S. 1 ff.

[93] Vgl. Hummer, W. (2006): Der „Schengener Grenzkodex", Wiener Zeitung vom 27. Oktober 2006, S. 11.

[94] Siehe Fn. 51.

[95] Verordnung (EU) Nr. 610/2013 des Europäischen Parlaments und des Rates vom 26. Juni 2013 zur Änderung der Verordnung (EG) Nr. 562/2006 (…), ABl. 2013, L 182, S. 1 ff.

[96] Vgl. Rieder, S. (2016): Schengen und die Außengrenzen, ÖGfE Policy Brief 5, 2016, S. 5 f.

lichen Ordnung oder der inneren Sicherheit, kann der Rat, auf Vorschlag der Kommission, eine entsprechende Empfehlung an die betroffenen Mitgliedstaaten richten (Art. 26 SGK). Damit können bei anhaltenden „schwerwiegenden Mängeln" bei den Kontrollen an den Außengrenzen, Grenzkontrollen für mindestens acht Monate eingeführt werden.

In der vorstehend erwähnten kodifizierten Fassung des Schengener Grenzkodex (2016) kam es allerdings zu einer Umnummerierung, aufgrund derer die zitierten Art. 23 bis 26 nunmehr zu den Art. 25 bis 29 des Schengener Grenzkodex geworden sind. Das ganze Kapitel II: *Vorübergehende Wiedereinführung von Grenzkontrollen an den Binnengrenzen* des Titel III umfasst jetzt die Art. 25 bis 35 des kodifizierten Schengener Grenzkodex.

Interessanterweise halten sowohl die dazu einschlägige Verordnung (EU) Nr. 1051/2013[97] zur Aktualisierung des Schengener Grenzkodex, wie auch der kodifizierte Text des Schengener Grenzkodex (2016)[98] selbst, in diesem Zusammenhang in ihren jeweiligen Präambeln übereinstimmend wörtlich fest: „*Migration und das Überschreiten der Außengrenzen durch eine große Anzahl von Drittstaatsangehörigen sollte nicht an sich als Gefahr für die öffentliche Ordnung oder die innere Sicherheit betrachtet werden*".

Temporäre Grenzkontrollen an den Binnengrenzen im „Schengen-Raum" wurden bisher von folgenden Staaten verhängt:
- Österreich (vom 16. November 2015 bis zum 15. Februar 2016, mit Schwerpunkt an der österreichisch-slowenischen Grenze)[99],
- Deutschland (vom 14. November 2015 bis zum 13. Februar 2016, mit Schwerpunkt an der deutsch-österreichischen Grenze),
- Frankreich (vom 13. November 2015 bis zum 26. Februar 2016, als Notmaßnahme nach den Anschlägen in Paris vom 13. November 2015)[100],
- Dänemark (vom 4. bis zum 14. Jänner 2016, mit Schwerpunkt an der deutsch-dänischen Grenze),
- Schweden (vom 12. November 2015 bis zum 8. Februar 2016, mit Schwerpunkt an der dänisch-schwedischen Grenze auf der Öresund-Brücke) und
- Norwegen (vom 26. November 2015 bis zum 15. Jänner 2016, mit Schwerpunkt an Häfen mit Fähren-Verbindungen)[101].

---

[97] Verordnung (EU) Nr. 1051/2013 des Europäischen Parlaments und des Rates vom 26. Juni 2013 zur Änderung der VO (EG) Nr. 562/2006 (…), ABl. 2013, L 295, S. 1 ff. (Erwägungsgrund (5).

[98] Erwägungsgrund (26).

[99] Vgl. Vierte Verordnung der BM für Inneres, mit der die Verordnung der BM für Inneres über die vorübergehende Wiedereinführung von Grenzkontrollen an den Binnengrenzen, geändert wird; BGBl. II Nr. 332/2015.

[100] Vgl. dazu Hummer, W. (2015): Terrorismusbekämpfung mit unerlaubten Mitteln? Warum bemüht Frankreich das Szenario der „Beistandsklausel" und nicht das der „Solidaritätsklausel"?, ÖGfE Policy Brief 41, 2015, S. 1 ff.

[101] European Commission, Managing the Refugee Crisis. State of Play and future actions, January 2016, S. 8.

Diese temporären Suspendierungen des freien Grenzübertritts auf der Basis des Schengener Grenzkodex dürfen nicht mit der Notfallklausel des Art. 78 AEUV verwechselt werden. Befindet sich nämlich ein Mitgliedstaat aufgrund eines plötzlichen Zustroms von Drittstaatsangehörigen in einer Notlage, so kann der Rat gem. Art. 78 Abs. 3 AEUV vorläufige Maßnahmen zugunsten des betreffenden Mitgliedstaates erlassen. Die Auslösung dieses Notfalls infolge eines Massenzustroms von Drittstaatern wurde am 27. Mai 2015 seitens der Kommission erstmals zugunsten von Italien und Griechenland vorgeschlagen[102], vom Rat aber erst Mitte September 2015 konkret durch Beschluss[103] umgesetzt.

Der „Fahrplan" der Europäischen Kommission zur Wiederherstellung des „Schengen-Raumes"

Nachdem der Europäische Rat auf seiner Tagung vom 18./19. Februar 2016 den Auftrag erteilt hatte, einen normal funktionierenden Schengen-Raum in konzertierter Weise wiederherzustellen und den Schengener Grenzkodex vollständig anzuwenden,[104] legte die Europäische Kommission in ihrer Mitteilung *„Zurück zu Schengen – ein Fahrplan"* vom 4. März 2016[105], einen detaillierten Plan vor, um bis spätestens Ende 2016 wieder zu einem normal funktionierenden Schengen-Raum zurückzukehren. Dabei diagnostizierte die Kommission vor allem in folgenden drei Bereichen unmittelbaren Handlungsbedarf:

Erstens müssen die schwerwiegenden *Mängel*, die beim *Außengrenzenmanagement* in Griechenland festgestellt wurden, behoben werden. Allein 2015 sind über diesen Teil der Schengen Außengrenze über die Ägäisroute über 867.000 Personen irregulär in den Schengen Raum eingereist.[106]

Zweitens muss der Politik des *Durchwinkens* ein Ende gesetzt werden, die mit den Schengen- und Dublin-Regeln unvereinbar ist, Anreize zur Sekundärmigration schafft und letztlich auch die Umverteilungsregelungen unterläuft. Die Politik des Durchwinkens hat auch zu einem dramatischen Anstieg in der Benützung sowohl der Westbalkanroute als der Ägäisroute geführt.

Drittens müssen die derzeit unkoordinierten einseitigen Entscheidungen zur Wiedereinführung von Grenzkontrollen durch ein koordiniertes Verfahren für vor-

---

[102] Europäische Kommission, Vorschlag für einen Beschluss des Rates zur Einführung von vorläufigen Maßnahmen im Bereich des internationalen Schutzes zugunsten von Italien und Griechenland (COM(2015) 286 final).

[103] Beschluss (EU) 2015/1523 des Rates vom 14. September 2015 zur Einführung von vorläufigen Maßnahmen im Bereich des internationalen Schutzes zugunsten von Italien und Griechenland, ABl. 2015, L 239, S. 146 ff.

[104] Schlussfolgerungen des Europäischen Rates vom 18./19. Februar 2016 (EUCO 1/16 vom 19. Februar 2016), S. 4 (Punkt 8, lit. e)

[105] COM(2016) 120 final vom 4. März 2016; vgl. Zurück zu Schengen: Kommission schlägt Fahrplan für vollständige Wiederherstellung des Schengen-Systems vor (http://europa.eu/rapid/press-release_IP-16-585_de.htm)

[106] European Commission, Managing the refugee crisis. EU-Turkey Joint Action Plan: Implementation Report (2016), S. 1.

übergehende Grenzkontrollen ersetzt werden, um in der Folge – mit dem klaren Zieldatum Dezember 2016 – alle Binnengrenzkontrollen so schnell wie möglich aufzuheben. Wie vorstehend bereits erwähnt, sieht der Schengener Grenzkodex in seinem Art. 26 Abs. 2 (bzw. nunmehr Art. 29 Abs. 2) ausdrücklich ein solches koordiniertes Verfahren vor.[107]

Was die Einhaltung des „*Dublin-Systems*" zur Bestimmung des Erstasyllandes betrifft, so muss dieses, im Einklang mit der Empfehlung der Kommission vom 10. Februar 2016[108], unter uneingeschränkter Beteiligung Griechenlands schrittweise wiederhergestellt werden. Gleichzeitig müssen die Dublin-Vorschriften im Hinblick auf die angestrebte Solidarität und faire Lastenverteilung zwischen den Mitgliedstaaten verbessert werden. Die seit September 2015 bestehenden Notfall-Umverteilungsmechanismen gem. Art. 5 des vorerwähnten Beschlusses (EU) 2015/1523 des Rates[109] müssen zu konkreten Ergebnissen führen, das heißt, dass eine beträchtliche Zahl von Personen aus Griechenland auf andere Mitgliedstaaten verteilt werden muss, und Personen, die kein Bleiberecht in der EU haben, effektiv rückgeführt werden müssen.[110]

Die Übereinkunft EU-Türkei über die
Rückführung von syrischen „Kriegsflüchtlingen"

Am 18. März 2016 kamen die im Europäischen Rat vereinigten Staats- und Regierungschefs der Mitgliedstaaten mit der Regierung der Türkei überein[111], dass diese die Rückführung aller syrischen „Kriegsflüchtlinge", die nach dem 20. März 2016 in Griechenland anlanden[112], in die Türkei veranlasst, und zwar ab dem 4. April 2016. Im Gegenzug verpflichtete sich die EU, dass für jeden von der Türkei aus Griechenland zurückgenommenen Syrer, ein anerkannter syrischer Flüchtling, der sich in einem türkischen Aufnahmelager befindet, von einem EU-Mitgliedstaat übernommen wird. Damit starteten am 4. April 2016 zwei parallele Prozesse, zum einen die Rückstellung von irregulären Migranten aus Griechenland in die Türkei, und zum anderen die Neuansiedlung von syrischen Flüchtlingen aus der Türkei in einzelne Mitgliedstaaten der EU – und zwar im Verhältnis 1:1.

---

[107] Vgl. dazu auch: Rieder, S. (2016): Schengen und die Außengrenzen. Die nicht gezogenen Lehren der Schengen-Reform 2013, ÖGfE Policy Brief 5,2016, S. 6 ff..

[108] Empfehlung der Kommission an die Hellenische Republik zu den Sofortmaßnahmen, die von Griechenland im Hinblick auf die Wiederaufnahme der Überstellungen nach der Verordnung (EU) Nr. 604/2013 zu treffen sind; C(2016) 871 vom 10. Februar 2016.

[109] Siehe Fn. 117.

[110] COM(2016) 120 final, S. 2 f.

[111] Rat der Europäischen Union, Erklärung EU-Türkei, 18. März 2016, Pressemitteilung 144/16; (http://www.consilium.europa.eu/de/press/press-releases/2016/03/18-eu-turkey-statement/), die Übereinkunft trat am 20. März 2016 in Kraft.

[112] Seit dem Stichtag, dem 20. März 2016, sind das laut UNHCR bis Anfang April 2016 knapp 4.200 Personen gewesen; vgl. Jungbluth, H. (2016): EU-Türkei-Pakt: „Wo sollen die Flüchtlinge alle hin?", Kurier vom 3. April 2016, S. 10.

Als Gegenleistung bietet die EU der Türkei eine Abschaffung der Visumpflicht für türkische Staatsangehörige spätestens Ende Juni 2016, eine Beschleunigung des Beitrittsverfahrens durch die Eröffnung eines weiteren Verhandlungskapitels (Kap. 33), die Intensivierung der laufenden Arbeiten zum Ausbau der Zollunion, die Zahlung von 3 Mrd. Euro sowie weiterer 3 Mrd. Euro bis Ende 2018 an.

Was die operative Durchführung dieser Übereinkunft, die in Händen des EU-Koordinators Maarten Verwey[113] liegt, und deren weitere Konsequenzen betrifft, ist allerdings Skepsis angesagt. Zum einen müsste Griechenland dafür die Türkei als „sicheren Drittstaat" anerkennen, in den zurückgestellt werden kann, was sie aber aus politischen Gründen nicht expressis verbis erklären will. Zum anderen ist die vorgesehene „Eins-zu-Eins"-Austauschquote mit 72.000 Personen[114] viel zu gering bemessen, um eine dauerhafte Entlastung bringen zu können. Es müsste dazu auch das bilaterale griechisch-türkische Rücknahmeabkommen angepasst werden, das allerdings ab dem 1. Juni 2016 durch ein eigenes EU-Türkei-Rücknahmeübereinkommen abgelöst werden soll. Des Weiteren ist die administrative Durchführung dieser Übereinkunft keineswegs gesichert, da die EU bzw. ihre Mitgliedstaaten sowie die einschlägigen Agenturen (EASO, FRONTEX) die versprochenen 4.000 Beamten bisher noch nicht vollständig abgestellt haben. Auch würde die Visafreiheit für Türken ab dem 1. Juli 2016 zu einer „Ausreisewelle" von Kurden führen, die sich in der Türkei zusehends verfolgt fühlen, was zu einem „Export" des türkischen Kurdenproblems in eine Reihe von Mitgliedstaaten der EU führen würde, die darauf keineswegs vorbereitet sind.

Dazu kommt noch, ganz allgemein, die Kritik dazu, dass die EU hier einen „Deal" mit einer Türkei – die zwar bereits 1990 einen Beitrittsantrag gestellt hat und mit der seit 2005 Beitrittsverhandlungen aufgenommen wurden – abgeschlossen hat, die die gemeinsamen Werte des Art. 2 EUV offensichtlich nicht respektiert, da diese u.a. sowohl die Versammlungsfreiheit, als auch die Medienfreiheit, flagrant missachtet, wie die letzten Vorkommnisse belegen. Die Kommentare zu dieser Übereinkunft fallen dementsprechend kritisch aus: „Nach diesem interessengetriebenen Deal mit der Türkei können die Europäer nicht mehr in aller Welt als Moralaposteln auftreten"[115] und: „Die EU und ihre Mitgliedstaaten laufen Gefahr, ihre eigenen Grundwerte und Normen zu verraten".[116]

---

[113] Der bisherige Generaldirektor des „Structural Reform Support Service" (SRSS), Maarten Verwey, wurde von Kommissionspräsident Juncker zum EU-Koordinator für die Implementierung der EU-Türkei-Übereinkunft ernannt.

[114] Gemäß den Schlussfolgerungen des Rates vom 22. Juli 2015 haben sich die Mitgliedstaaten für das Resettlement von 18.000 Personen verpflichtet und die Kommission schlug eine Ausweitung der Neuansiedlungsentscheidung vom 22. September 2015 dergestalt vor, dass auf der Basis einer freiwilligen Übereinkunft weitere 54.000 Personen in die EU übernommen werden können; vgl. European Commission – Fact Sheet, Implementing the EU-Turkey Agreement – Questions and Answers, 4 April 2016 (MEMO/16/1221), S. 3.

[115] Vgl. Föderl-Schmid, A. (2016): Der geopferte moralische Anspruch, Der Standard vom 26./27./28. März 2016, S. 40.

[116] Kessler, S. (o. J.): Erzwungene Migration und die Türkei als „Torwächter" der EU; http://www.eu-rope-infos.

Ganz besondere Relevanz bekommen diese Bedenken aber durch die von Präsident Erdogan als Reaktion auf den Militärputsch vom 15. Juli 2016, bei dem 240 Personen ums Leben kamen, ergriffenen Maßnahmen, die eindeutig als unverhältnismäßig qualifiziert werden müssen. Zehntausende Staatsbedienstete, Richter, Staatsanwälte, Militärangehörige, Polizisten, Journalisten, Wissenschaftler und Ärzte wurden suspendiert, festgenommen, teilweise aber auch wieder freigelassen. Justizminister Bekir Bozdağ veröffentlichte am 9. August 2016 die aktuellen Daten, gemäß derer insgesamt 16.000 Haftbefehle erlassen wurden. In weiteren 6.000 Fällen stehe die Entscheidung noch aus und weitere 7.700 Verdächtige seien noch auf freiem Fuß.[117] Vor allem aber die Drohung mit der Wiedereinführung der im Jahr 2004 abgeschafften Todesstrafe stieß auf heftige Kritik.

Sowohl der österreichische Bundeskanzler, Christian Kern, als auch Außenminister Sebastian Kurz verlangten aufgrund dieser Vorkommnisse den Abbruch der Beitrittsverhandlungen mit der Türkei, die ohnehin nur sehr schleppend vorangingen. Von den insgesamt 35 Verhandlungskapiteln wurden bisher lediglich 16 eröffnet, aber nur ein einziges Kapitel davon, nämlich Kap. 25. „Wissenschaft und Forschung", abgeschlossen.

Die Reaktion der Türkei erfolgte prompt und der türkische Außenminister Mevlüt Cavusoglu drohte unverhohlen: „Wenn es nicht zu einer Visaliberalisierung für türkische Staatsbürger kommt, werden wir gezwungen sein, vom Rücknahme-Abkommen und der Vereinbarung vom 18. März Abstand zu nehmen."[118] Von den insgesamt 72 Bedingungen, die für die Gewährung der Visafreiheit ausgehandelt wurden, hat die Türkei bisher aber nur 65 erfüllt. Hauptstreitpunkt sind dabei die türkischen Anti-Terrorgesetze, aber auch die Empfehlungen des Europarates gegen Korruption müßten konsequenter angewendet werden, ein Kooperationsabkommen mit Europol wäre abzuschließen und bei der Strafverfolgung Krimineller müsste die Türkei besser mit den Justizbehörden in der EU zusammenarbeiten.

Das „Schengener Informationssystem" (SIS)

Im „Schengen-Raum", einem Raum ohne Personenkontrollen an den Binnengrenzen, bedarf es aus einer Reihe von Gründen eines fahndungsrechtlichen Instruments, um die Sicherheit von Personen und Sachen wie in einem Staat zu gewährleisten. Dementsprechend verfügt auch das „Schengener Informationssystem" („SIS") – basierend auf einem in Straßburg lokalisierter Großcomputer – über die weltweit größte erkennungsdienstliche Datenbank, in der u.a. alle Informationen über auffällig gewordene bzw. gesuchte Personen und Sachen gespeichert werden. Das ursprüngliche „SIS I"[119] migrierte zunächst zum „SIS 1+" und wurde in der

---

[117] Die Türkei-Frage spaltet die EU, Die Presse vom 10. August 2016, S. 3.

[118] Vgl. Drohung mit beschränkter Wirkung, Wiener Zeitung vom 2. August 2016, S. 3; Stabenow, M. Der türkische Trumpf, FAZ vom 2. August 2016, S. 2.

[119] Vgl. Hummer, W. (2013): Die längst fällige Migration vom SIS 1+ zum SIS II (Teil 1), EU-Infothek vom 23. April 2013.

Folge zum „SIS II"[120] ausgestaltet, das aber technisch nicht sofort einsatzfähig war. Dementsprechend wurde, nach einigen Adaptierungen des Systems, durch die Verordnung (EU) Nr. 1272/2012 des Rates vom 20. Dezember 2012 über die Migration vom Schengener Informationssystem (SIS 1+) zum Schengener Informationssystem der zweiten Generation (SIS II)[121] eine eigene Übergangsarchitektur für das SIS II eingerichtet.

Der Rat setzte in der Folge den Anwendungsbeginn des SIS II mit 9. April 2013 fest,[122] wodurch zu den bisher im System befindlichen 47 Mio. Datensätzen (40 Mio. über verlorene oder gestohlene Dokumente und über 5 Mio. über gestohlene Autos) noch weitere 23 Mio. (verdächtige Wertpapiere, Aktien, Schecks und Kreditkarten, biometrische Daten, Zulassungspapiere etc.) hinzukamen.[123] Das SIS II besteht aus einem zentralen System („zentrales SIS II"), einem nationalen System („N. SIS II") in jedem Mitgliedstaat und einer Kommunikationsinfrastruktur zwischen beiden Systemen, die ein verschlüsseltes virtuelles Netz speziell für SIS II-Daten und den Austausch von Daten zwischen den für den Austausch aller Zusatzinformationen zuständigen Behörden (SIRENE-Büros) zur Verfügung stellt.

Die „Hotspots"

In der vorstehend erwähnten „Europäischen Migrationsagenda" wurde als eine der Sofortmaßnahmen zur Bewältigung der Migrationskrise ein „Hotspot"-Konzept zur Unterstützung Griechenlands und Italiens für die Registrierung und Bearbeitung der Asylanträge vorgeschlagen. Die griechischen Behörden haben diesbezüglich fünf Hotspots – Lesbos, Leros, Kos, Chios und Samos – ausgewiesen, von denen aber nur Lesbos Anfang 2016 in Betrieb war. Italien wiederum hat sechs Hotspots – Lampedusa (500 Plätze), Pozzallo (300 Plätze), Porto Empedocle/Villa Sikania (300 Plätze), Trapani (400 Plätze), Augusta (300 Plätze) und Taranto (400 Plätze) – genannt, von denen zur Jahreswende 2015/16 aber lediglich Lampedusa und Trapani operativ waren. Im September 2015 begann mit Unterstützung der Kommission und der beiden Agenturen FRONTEX und dem Europäischen Unterstützungsbüro für Asylfragen (EASO) die technische Einrichtung der bisher noch nicht voll betriebsfähigen Hotspots. Ende Jänner 2016 musste der griechische Migrationsminister Yiannis Mouzalas aber offen eingestehen: „Wir sind im Verzug bei der Einrichtung der Hotspots".[124]

---

[120] Verordnung (EG) Nr. 1987/2006 des EP und des Rates vom 20. Dezember 2006 über die Einrichtung, den Betrieb und die Nutzung des Schengener Informationssystems der zweiten Generation (SIS II), ABl. 2006, L 381, S. 4 ff.

[121] ABl. 2012, L 359, S. 21 ff.

[122] Beschluss des Rates 2013/158/EU vom 7. März 2013 zur Festlegung des Beginns der Anwendung der Verordnung (EG) Nr. 1987/2006 (Fn. 134); ABl. 2013, L 87, S. 10 f.

[123] Vgl. Hummer, W.: Die längst fällige Migration vom SIS 1+ zum SIS II (Teil 2), EU-Infothek vom 30. April 2013.

[124] Aussage im Interview mit Markus Bernath, „Ich habe es wirklich satt, mir das anzuhören", Der Standard vom 30./31. Jänner 2016, S. 14.

FRONTEX und EUROSUR

Die „Europäische Agentur für die operative Zusammenarbeit an den Außengrenzen der Mitgliedstaaten der EU" (FRONTEX) wurde im Oktober 2004 durch den Rat errichtet[125] und nahm ihre Tätigkeit Anfang Mai 2005 auf. Durch Beschluss des Rates vom April 2005 wurde Warschau als Sitz von FRONTEX bestimmt.[126] FRONTEX dient vor allem der operativen und technischen Unterstützung der Mitgliedstaaten zum Schutz ihrer Außengrenzen. Im Juli 2007 wurde durch die Schaffung von „Soforteinsatzteams für Grenzsicherungszwecke" (Rapid Border Intervention Teams, RABIT)[127] die operative Zuständigkeit von FRONTEX erhöht. Die „Erstausstattung" von RABIT betrug 450 Beamte sowie 116 Schiffe, 27 Hubschrauber und 21 Flugzeuge.[128] 2011 wurde die FRONTEX-Errichtungsverordnung grundlegend novelliert,[129] vor allem deshalb, um den Betrieb eines technischen Grenzüberwachungssystems zu unterstützen. Mit ihren beiden Operationen „Triton" und „Poseidon" löste FRONTEX am 1. November 2014 die bisherige italienische Überwachungs- und Seerettungsoperation „Mare Nostrum" ab, die Italien im Oktober 2013 gestartet hatte.

Am 2. Dezember 2013 wurde zur Unterstützung der Aktivitäten von FRONTEX das „Europäische Grenzüberwachungssystem" (EUROSUR) in 19 Schengen-Mitgliedstaaten an den südlichen und östlichen Außengrenzen eingeführt,[130] das vor allem die Fähigkeiten von FRONTEX zur Aufspürung der kleinen, seeuntüchtigen Schlepperboote (unter anderem durch eine verstärkte Überwachung der südlichen Mittelmeerroute durch Drohnen) verbessern soll. Für das Abfangen von Schlepperbooten mit Flüchtlingen und Migranten auf der Hohen See bzw. in den Küstengewässern und der Anschlusszone sowie deren anschließende Verbringung in sichere Häfen wurden Mitte Mai 2014 durch die Verordnung (EU) Nr. 656/ 2014 des Europäischen Parlaments und Rates[131] eigene Regelungen aufgestellt.

---

[125] Verordnung (EG) Nr. 2007/2004 des Rates vom 26. Oktober 2004; ABl. 2004, L 349, S. 1 ff.

[126] Beschluss 2005/358/EG des Rates vom April 2005; ABl. 2005, L 114, S. 13 ff.; vgl. Hummer, W. (2006): Europäische Agentur für die Außengrenzen (FRONTEX), Wiener Zeitung vom 27. September 2006, S. 11.

[127] Verordnung (EG) Nr. 863/2007 des Europäischen Parlaments und des Rates vom 11. Juli 2007; ABl. 2007, L 199, S. 30 ff.

[128] Vgl. Hummer, W. (2007): RABIT: Soforteinsatzteams zur Grenzsicherung, Wiener Zeitung vom 30. Mai 2007, S. 11.

[129] Verordnung (EU) Nr. 1168/2011 des Europäischen Parlaments und des Rates vom 25. Oktober 2011; ABl. 2011, L 304, S. 1 ff.

[130] Verordnung (EU) Nr. 1052/2013 des Europäischen Parlaments und des Rates vom 22. Oktober 2013; ABl. 2013, L 295, S. 11 ff; vgl. Bericht der Europäischen Kommission, Fünfter Halbjahresbericht zum Funktionieren des Schengen-Raums 1. November 2013 – 30. April 2014, COM(2014) 292 vom 26. Mai 2014, S. 6.

[131] ABl. 2014, L 189, S. 93 ff.

Europäische Agentur für Grenz- und Küstenschutz

Am 15. Dezember 2015 verabschiedete die Europäische Kommission ein wichtiges Maßnahmenpaket zum Management der EU-Außengrenzen und zum Schutz des Schengen-Raumes.[132] Es soll zur wirksamen Migrationssteuerung, der Verbesserung der inneren Sicherheit der EU und der Wahrung des Grundsatzes der Freizügigkeit beitragen. Dementsprechend schlägt die Kommission die Errichtung einer, aus FRONTEX hervorgehenden *„Europäischen Agentur für Grenz- und Küstenschutz"* vor, die für ein funktionierendes „integriertes Grenzmanagementsystem" sorgen soll. Die Agentur kann auf einen Pool von mindestens 1.500 nationalen Grenzschutzbeamten zurückgreifen, die in weniger als drei Tagen einsatzbereit sind. Bis 2020 wird sich die Zahl der ständigen Mitarbeiter auf 1.000 erhöhen, was einer Verdoppelung der gegenwärtigen Personalausstattung von FRONTEX entspricht. Die neue Agentur soll in extremen Problemfällen aufgrund eines Durchführungsbeschlusses der Kommission auch ohne Zustimmung des jeweiligen Küstenstaates eingreifen können. Die Mandate der „Europäischen Fischereiaufsichtsagentur" und der „Europäischen Agentur für die Sicherheit des Seeverkehrs" werden dementsprechend an den neuen Europäischen Grenz- und Küstenschutz angepasst.

In diesem Zusammenhang schlägt die Kommission auch eine gezielte Änderung des „Schengener Grenzkodex" vor, um *obligatorische* systematische *Ein- und Ausreisekontrollen* von *Unionsbürgern* an den Land-, See- und Luftaußengrenzen einzuführen, die mit Hilfe des vorstehend genannten „Schengener Informationssystems" (SIS II), der Interpol-Datenbank für gestohlene und verlorene Reisedokumente und einschlägiger nationaler Systeme erfolgen sollen. Sollte es dabei Zweifel an der Identität einer Person geben, dann müssten die biometrischen Angaben in Pässen und Ausweisen geprüft werden.

EUNAVFOR MED und „Operation SOPHIA"

Zur Bekämpfung des „Schlepperunwesens" auf der südlichen Mittelmeerroute, auf der allein 2014 ca. 218.000 Flüchtlinge und Migranten geschmuggelt wurden,[133] von denen über 3.600 ums Leben kamen,[134] setzte die EU mit der im Mai 2015 begonnenen Operation „EUNAVFOR MED" erstmals eine *Militäroperation* im Rahmen der *„Gemeinsamen Sicherheits- und Verteidigungspolitik"* (GSVP) der

---

[132] IP/15/6327.

[133] 2015 betrug diese Zahl bereits 1,003.000 Personen, von denen mindestens 3.735 Menschen ertrunken sind; vgl. Dehez, D./Stahl, F. (2016): Flucht über das Mittelmeer, KAS Analysen & Argumente, Januar 2016, Ausgabe 198, S. 2; Bernath, M. (2015): Eine Million Flüchtlinge kamen übers Mittelmeer, Der Standard vom 31. Dezember 2015, S. 8.

[134] Von 2008 bis Anfang 2015 sind insgesamt mehr als 21.000 Menschen im Mittemeer ertrunken; vgl. Hummer, W. (2015): Der bewaffnete Kampf der EU gegen die Schlepperkriminalität. Zwischen rechtlichen Herausforderungen und Dringlichkeit der Maßnahmen, ÖGfE Policy Brief 21, 2015, S. 1.

EU[135] ein,[136] mittels derer die Schleppernetze im südlichen Mittelmeer zerschlagen werden sollen.

Die Durchführung der Operation EUNAVFOR MED erfolgt dabei in mehreren Phasen, wobei die *erste Phase* dazu dient, durch völkerrechtskonformes Sammeln von Informationen und durch Patrouillen auf hoher See die Aufdeckung und Beobachtung von Migrationsnetzwerken zu unterstützen. Die *zweite Phase*, die im Oktober 2015 eingeleitet wurde, besteht zum einen in der Anhaltung, Durchsuchung, Beschlagnahme und Umleitung von Schiffen[137] auf der *Hohen See*, bei denen der Verdacht auf Menschenschmuggel oder Menschenhandel besteht (Alternative 2a) und zum anderen – im Einklang mit einer etwaigen Resolution des SR der VN oder mit Zustimmung des betroffenen Küstenstaates – in der Vornahme dieser Handlungen auch in den *Hoheitsgewässern* und *inneren Gewässern* dieses Staates (Alternative 2b). In einer *dritten Phase* kann es unter letzteren Voraussetzungen auch zu einer Zerstörung oder Unbrauchbarmachung der Schiffe und zugehöriger Gegenstände auf fremdem Territorium vor deren Auslaufen kommen.

Auf Grundlage der politischen Vorgaben, die die Verteidigungs- und Außenminister auf ihren informellen Tagungen vom 3. und 5. September 2015 erteilt hatten, hat das Politische und Sicherheitspolitische Komitee (PSK) beschlossen, am 7. Oktober 2015 die erste Stufe der Phase 2 der EUNAVFOR MED-Operation einzuleiten und diese zugleich in Operation SOPHIA umzubenennen – nach dem Mädchen, das am 22. August 2015 auf dem Militärschiff der Operation, das seine Mutter gerettet hat, zur Welt gekommen ist.[138]

Der „Asyl-, Migrations- und Integrationsfonds" (AMIF)

Der „Asyl-, Migrations- und Integrationsfonds" (AMIF) ist das wichtigste Finanzierungsinstrument der EU im Bereich der Asyl-, Migrations- und Integrationspolitik und unterstützt folgende drei Schwerpunkte: Gemeinsames Europäisches Asylsystem (GEAS), Integration von Drittstaatsangehörigen und legale Migration sowie Rückführung von Drittstaatsangehörigen, deren Asyl- bzw. Migrationsantrag abgelehnt wurde. Der Fonds umfasst die Förderperiode 2014 bis 2020 und ist dafür mit 3,1 Mrd. Euro dotiert. Er ersetzte ab 2014 die bisherigen vier Einzelfonds – „Europäischer Flüchtlingsfonds" (EFF), „Europäischer Integrationsfonds" (EIF), „Europäischer Rückkehrfonds" (RF) und „Europäischer Außengrenzenfonds" (AGF) – die in dem von 2007 bis 2013 durchgeführten Programm „Solidarität und Steuerung der Migrationsströme" (SOLID) operativ tätig waren.

---

[135] Gestützt auf Art. 42 Abs. 4 und 43 Abs. 2 EUV.

[136] Beschluss (GASP) 2015/778 des Rates vom 18. Mai 2015 über eine Militäroperation der EU im südlichen zentralen Mittelmeer (EUNAVFOR MED); ABl. 2015, L 122, S. 31 ff.

[137] Vgl. dazu aber EGMR, Case of Hirsi Jamaa and others v. Italy (Fn. 97).

[138] Vgl. dazu Beschluss (GASP) 2016/118 des Politischen und Sicherheitspolitischen Komitees vom 20. Januar 2016 betreffend die Umsetzung der Resolution 2240 (2015) des Sicherheitsrats der Vereinten Nationen durch die EUNAVFOR MED Operation SOPHIA (EUNAVFOR MED Operation SOPHIA/1/2016), ABl. 2016, L 23, S. 63 ff.

Schlussbetrachtungen

So wichtig es für eine kritische Analyse auch ist, sich die vorstehenden Begriffe und flüchtlings- und migrationsrechtlichen Institute des Völkerrechts und des Europarechts stets genau vor Augen zu halten, so schwer ist dies zur Jahreswende 2015/2016 technisch möglich. Der Massenzustrom an Drittstaatsangehörigen im Jahre 2015 – in Summe kamen über die zentrale Mittelmeerroute und die Westbalkanroute 951.000 Personen nach Italien und Griechenland[139] – hat die meisten einschlägigen juristischen Konzepte und Einrichtungen de facto außer Kraft gesetzt, sodass sie ihre Regelungsfunktion verloren haben. Allein in den vier Monaten vom 5. September 2015 bis zum 31. Dezember 2015 kamen 670.000 Flüchtlinge und Migranten in Österreich an.[140] So musste die Kommission unter anderem erkennen, dass das „Dublin-System" mit seinem „Erstasylland-Prinzip" in seiner gegenwärtigen Form nicht zukunftsfähig ist und dringend umgestaltet gehört. Dementsprechend kündigte sie an, bis März 2016 eine Reform des „Dublin-Systems" vorzuschlagen und ihre Arbeiten für ein einheitliches Asylsystem zu beschleunigen. In diesem Zusammenhang denkt die Kommission sogar über die Alternative nach, dass die Verantwortung für die Asylanträge an das „Europäische Unterstützungsbüro für Asyl" (EASO), mit Hauptsitz in Malta, übertragen werden sollte.[141] Diese Lösung des Übergangs der Asylzuständigkeit auf eine Agentur der EU würde aber eine Vertragsänderung bedingen, die aufgrund des zu erwartenden Widerstands der Visegrád-Länder, des Vereinigten Königreichs u.a.m. aber nicht realistisch erscheint.

Um die zunehmende Abhängigkeit von irregulären Flüchtlingsrouten zu verringern, bereitet die Kommission auch ein Paket von Maßnahmen für die legale Zuwanderung, einschließlich einer Reform der „Blue Card-Richtlinie"[142], vor. Des Weiteren will die Kommission einen „Fahrplan" der Europäischen Kommission zur Wiederherstellung des „Schengen-Raumes" bis 2016 umsetzen und bis Ende 2016 auch ein Maßnahmenpaket zur Schleusung von Migranten[143] vorlegen.

Sowohl das völkerrechtliche, als auch das europarechtliche Regulativ im flüchtlings- und migrationsrechtlichen Bereich ist weitgehend zusammengebrochen und muss umgehend neu konzipiert werden, was allerdings nur koordinativ

---

[139] European Commission, Managing the Refugee Crisis (Fn. 120), S. 2; wurden in Österreich 2014 noch 28.000 Asylanträge gestellt, so waren es 2015 insgesamt bereits 95.000 und für 2016 rechnet man mit bis zu 120.000 Anträgen; vgl. 2016 bis zu 120.000 Flüchtlinge erwartet, Der Standard, vom 23. Dezember 2015, S. 7.

[140] FRA, Monthly data collection on the current migration situation in the EU. December 2015 monthly report 23 November – 31 December 2015, S. 5.

[141] Vgl. EU eröffnet Debatte über radikale Neuordnung der Asyl-Politik in Europa; http://deutsche-wirtschafts-nachrichten.de/2016/03/09/eu-eroeffnet-debatte-ueber-radikale-neuordnung-der-asyl-politik-in-europa/

[142] Richtlinie 2009/50/EG des Rates vom 25. Mai 2009 über die Bedingungen für die Einreise und den Aufenthalt von Drittstaatsangehörigen zur Ausübung einer hochqualifizierten Beschäftigung, ABl. 2009, L 155, S. 17 ff.

[143] Europäische Kommission – Pressemitteilung, Flüchtlingskrise (Fn. 85), S. 3.

auf der Ebene der EU geschehen kann. Aus diesem Grunde sind auch nationale Alleingänge, wie der Österreichs mit der Verkündung einer „Obergrenze" bzw. eines „Richtwerts" für die Aufnahme von Flüchtlingen, problematisch.[144] Auch wenn im Schlussdokument des Asylgipfels der Bundesregierung und der Landeshauptleute vom 20. Jänner 2016 nur von einem „Richtwert" und nicht von einer „Obergrenze" die Rede ist, ist die strikte Limitierung der Asylwerber bis 2019 auf maximal 127.000 Personen (2016: 37.500, 2017: 35.000, 2018: 30.000 und 2019: 25.000)[145] eine „Deckelung", die mit den völkerrechtlichen und europarechtlichen Vorgaben wohl nur schwer in Einklang zu bringen ist[146] – außer Österreich kann nachweisen, dass das seine absolute Leistungsgrenze ist, da als allgemeiner Rechtsgrundsatz „ultra posse nemo tenetur" gilt. Auf die Frage, was passieren würde, wenn diese Richtwerte nicht eingehalten werden können, antwortete Vizekanzler Reinhold Mitterlehner mit der lapidaren Feststellung: „Sollten die 37.500 dennoch überschritten werden, werden wir vom Recht nach Artikel 72 AEUV Gebrauch machen".[147] Gemäß dieser Bestimmung sind die Mitgliedstaaten nach wie vor für die Aufrechterhaltung der öffentlichen Ordnung und den Schutz der inneren Sicherheit zuständig.

Zur Frage der Zulässigkeit der Setzung einer fixen „Obergrenze" bzw. eines „Richtwerts", hat die österreichische Bundesregierung im Jänner zwei Gutachtensaufträge vergeben, die Ende März 2016 konsolidiert vorgelegt wurden.[148]

Auf ihrer Sitzung vom 26. Jänner 2016 beschloss die österreichische Bundesregierung eine Regierungsvorlage an den Nationalrat, die dieser im April dieses Jahres als Gesetz verabschieden soll und das rückwirkend mit 15. November 2015 in Kraft treten wird. Darin sind eine Reihe von Verschärfungen enthalten, um den Richtwert von 37.500 Personen eher einhalten zu können, wie z.B. das *„Asyl auf Zeit"*, strengere Regeln für den Familiennachzug von Asylanten u.a.m.[149] Dazu kommen noch Bemühungen der Bundesländer, die in ihrer Kompetenz liegende *„Mindestsicherung"* für anerkannte Flüchtlinge einzuschränken, um Österreich als Destinationsland der Flüchtlingsströme weniger attraktiv zu machen. So brachte

---

[144] Vgl. Ackeret, M. (2016): Deutschlands Nachbar bringt die Koalition arg ins Wanken, NZZ vom 23. Januar 2016, S. 3.

[145] Asylgipfel am 20. Jänner 2016, Gemeinsame Vorgangsweise von Bund, Ländern, Städten und Gemeinden, S. 2; vgl. Bonavida, I. (2016): 37.500, Die Presse vom 21. Jänner 2016, S. 1.

[146] Vgl. Salomon, S. (2016): Obergrenzenmärchen und die Abschaffung Österreichs, Der Standard vom 23./24. Jänner 2016, S. 38; Feist, C. Nowak (2016): „Völkerrechtlich ist eine Asylobergrenze nicht durchführbar", Profil vom 20. Jänner 2016; vgl. dazu das Gutachten von Obwexer/Funk (Fn. 164), Gemeinsame Schlussfolgerungen der Gutachter, S. 81 ff.

[147] Aussage von Vizekanzler Reinhold Mitterlehner im Interview mit Andreas Koller (2016): „Unsere kulturelle Statik ist gefährdet", SN vom 23. Jänner 2016, S. 3; auch ÖVP-Klubobmann Reinhold Lopatka beruft sich auf Art. 72 AEUV; laut Weißensteiner, N./Oswald, G. (2016): VP will Flüchtlinge ab 37.500 Ansuchen zurückweisen, Der Standard vom 22. Jänner 2016, S. 10.

[148] Gutachten Völker-, unions- und verfassungsrechtliche Rahmenbedingungen für den beim Asylgipfel am 20. Jänner 2016 in Aussicht genommenen Richtwert für Flüchtlinge, erstattet von W. Obwexer und B.-C. Funk und am 29. März 2016 vorgelegt.

[149] Asyl vorerst nur für drei Jahre, Tiroler Tageszeitung vom 27. Jänner 2016, S. 11.

die oberösterreichische Landesregierung am 28. Jänner 2016 im Landtag einen Antrag auf eine Gesetzesnovellierung ein, aufgrund derer die Mindestsicherung halbiert werden soll. Statt derzeit 914 Euro soll es für gewisse Gruppen künftig nur noch 440 Euro pro Monat geben - das ist so viel, wie Asylwerber in der Grundversorgung bekommen.[150] Eine Kürzung der Mindestsicherung für Asylberechtigte muss aber an der Bestimmung des Art. 23 der Genfer Flüchtlingskonvention gemessen werden, nach der Flüchtlinge in der öffentlichen Fürsorge genau so zu behandeln sind wie eigene Staatsangehörige.[151]

Die „Grundversorgung", die ebenfalls in der Kompetenz der Länder liegt und dementsprechend variiert, umfasst neben diesen Geldleistungen noch Unterbringung, Verpflegung und medizinische Versorgung.[152] Auch soll es in diesem Zusammenhang zu einer „Wohnsitz-Auflage" für Asylanten in dem Sinn kommen, dass den Empfängern dieser Geldleistungen ein fixer Wohnsitz vorgeschrieben werden kann, um deren Verteilung im Bundesgebiet zu „streuen" und ihre soziale Integration zu erleichtern – vor allem aber eine Häufung derselben in Wien zu verhindern. Gegenwärtig sind österreichweit 67.476 Asylwerber registriert, von denen in Wien 11.797, d. h. rund ein Sechstel, von der Grundversorgung leben. Von den seit Mai 2016 anerkannten 6.166 Flüchtlingen lebt aber die Hälfte in Wien, wobei den Hauptgrund für den Zuzug nach Wien der Umstand darstellt, dass in den Bundesländern die Grundversorgung meist noch für weitere vier Monate gilt, ehe man die höher dotierte Mindestsicherung beziehen kann. In Wien gibt es die Mindestsicherung in der Regel sofort.[153] Fast 17.000 Asylberechtigte sind derzeit in Wien ohne Job, was eine sozialpolitische und budgetär enorme Herausforderung bedeutet.[154]

Zu dieser komplexen Fragestellung des Verhältnisses zwischen der Freizügigkeit von Personen, denen internationaler Schutz gewährt wurde, und den Maßnahmen, die darauf abzielen, die Integration dieser Personen, z.B. durch eine Wohnsitzauflage, zu erleichtern, hat sich der Gerichtshof bereits geäußert.[155] Nach der sog. „Anerkennungs-Richtlinie" 2011/95/EU[156] müssen die Mitgliedstaaten die

---

[150] Kern, M./Weiermair, C. (2016): Weniger Geld für Flüchtlinge, Kurier vom 27. Jänner 2016, S. 3.

[151] Ultsch, C. (2016): Wenn sich Österreich unattraktiv macht, Die Presse vom 19. Juni 2016, S. 25.

[152] Offenes Handbuch für Gemeinden „Wege aus der Asylquartierkrise" (2015), S. 19, www.alpbach.org/buergermeister; UNHCR (Hrsg.), Asylsuchende in Österreich (Fn. 26), S. 2 f; vgl. das von der Bundesregierung erbetene Gutachten von Robert Rebhahn über mögliche Kürzungen bei der Mindestsicherung; vgl. Gutachten zur Mindestsicherung löst verhärtete Positionen nicht auf; http://www.nachrichten.at/nachrichten/politik/innenpolitik/Gutachten-zur-Mindestsicherung-loest-verhaertete-Positionen-nicht-auf;art385,2191822

[153] Müller, W. (2016): Die teure Sogwirkung der Bundeshauptstadt Wien, Der Standard vom 11. August 2016, S. 7.

[154] Müller, W. (2016): Flüchtlingszug nach Wien, Der Standard vom 11. August 2016, S. 28.

[155] Gerichtshof, verb. Rs. C-443/14 und C-444/14, Kreis Warendorf/Ibrahim Alo und Amira Osso/Region Hannover, Urteil vom 1. März 2016 (ECLI:EU:C:2016:127).

[156] Siehe Fn. 22.

Bewegungsfreiheit von Personen, denen sie „subsidiären Schutz" zuerkannt haben, in ihrem Hoheitsgebiet an sich unter den gleichen Bedingungen und Einschränkungen gestatten, wie für andere Nicht-EU-Bürger, die sich rechtmäßig dort aufhalten. Dementsprechend dürfen diese in Bezug auf die Wahl ihres Wohnsitzes grundsätzlich keiner strengeren Regelung unterworfen werden, als andere Nicht-EU-Bürger. Es ist aber zulässig, Personen mit subsidiärem Schutz einer Wohnsitzauflage zu unterwerfen, wenn diese sich im Hinblick auf das mit der fraglichen nationalen Regelung verfolgte Ziel der Erleichterung der Integration nicht in einer Situation befinden, die mit der Situation anderer Nicht-EU-Bürger, die sich regelmäßig in den betreffenden Mitgliedstaaten aufhalten, objektiv vergleichbar ist. Diesbezüglich obliegt die Prüfbefugnis den nationalen Gerichten, im gegenständlichen Fall dem BVerwG.

Der mit dieser Vorgangsweise – nicht nur Österreichs, auch Schwedens, Dänemarks, der Bundesrepublik[157] u.a.m. – verbundene „Dominoeffekt" selektiver Grenzkontrollen bzw. sogar -schließungen,[158] der von einigen österreichischen Politikern durchaus als positiv angesehen wird,[159] stellt (gemeinsam mit den bereits existierenden Grenzzäunen am Balkan) das gesamte „Schengen-System" in Frage, das ohne Zweifel als eine der größten Errungenschaften der EU angesehen werden kann. Es wäre wohl ein Treppenwitz der (Integrations-)Geschichte, wenn damit über „Schengen" auch die gesamte EU – nach der Überwindung mehrerer tiefgreifender Krisen[160] – ausgerechnet an der Flüchtlingsfrage scheitern würde.[161] Die Situation war noch nie so heikel wie jetzt.

Größte Bedeutung kommt in diesem Zusammenhang aber dem Verhalten der Türkei in der Flüchtlingsfrage zu. Würde die Türkei die Rücknahmeübereinkunft vom 18. März 2016 aufkündigen, hätte das unabsehbare Folgen für die EU, vor allem aber für Griechenland. Aus diesem Grund und wohl auch aus der Überlegung heraus, mit der Türkei ein wichtiges Bollwerk gegenüber den Konfliktzonen des Nahen und Mittleren Ostens zu haben,[162] agiert die Kommission äußerst nachsichtig und denkt im Moment nicht daran, trotz der manifesten Verletzungen des Rechtsstaatlichkeitsprinzips, vor allem aber der Grundrechte, die Beitrittsverhandlungen mit der Türkei abzubrechen. Lediglich die Wiedereinführung der Todesstrafe würde sie dazu veranlassen.

---

[157] Vgl. Ettinger, K./Aichinger, P./Böhm, W. (2016): Schein und Sein der Asylgrenze, Die Presse vom 22. Jänner 2016, S. 1.

[158] Vgl. Rásonyi, P. (2015): Europas Stunde der Wahrheit, NZZ vom 23./24. Januar 2015, S. 1.

[159] Rauscher, H. (2016): Sebastian Kurz spielt Domino in der Asylfrage, Der Standard vom 20. Jänner 2016, S. 31.

[160] Vgl. Hummer, W. (2014): Die Europäische Union – ein „Sanierungsfall"?, In: Halper, D./Kammel, A. (Hrsg.): Quergedacht. Perspektiven zu Politik, Sicherheit und Europa. Werner Fasslabend zum 70. Geburtstag, S. 367 ff.

[161] Vgl. Böhm, W. (2016): Österreicher sehen EU durch Flüchtlingskrise gefährdet, Die Presse vom 30. Jänner 2016, S. 5.

[162] Vgl. Rolofs, O. (2016): Zu Partnern verdammt, Handelsblatt vom 2. August 2016, S. 48.

Migrationen und die Vielfalt der Kulturen

Gudrun Biffl

Zusammenfassung[1]

Hand in Hand mit der zunehmenden grenzüberschreitenden Migration geht eine ethnisch-kulturelle Pluralisierung der Nationalstaaten. Diese Entwicklung erweitert das Spektrum der identitätsstiftenden Werte - die ethnisch-kulturelle Zugehörigkeit kann die für die Industriegesellschaft typische identitätsstiftende Zugehörigkeit zu einer gesellschaftlichen Klasse oder ideologischen Positionierung überlagern und damit neue Konfliktlinien aufmachen. Daher ist es wichtig, ein besseres Verständnis für die Handlungsweisen, die einer kulturellen Prägung unterliegen, zu erhalten. Die modernen interkulturellen Kommunikationswissenschaften sowie die Sozialpsychologie zeigen Unterschiede und Gemeinsamkeiten in der Gewichtung von Werten einzelner nationaler Kulturen auf, die zu berücksichtigen ein besseres Zusammenleben in der Vielfalt ermöglichen können.

Einleitung

Migrationen sind und waren stets ein zentraler Bestandteil gesellschaftlicher Entwicklung und menschlicher Biographien. Sie haben einen Einfluss auf Lebensstile und Verhaltensmuster, die Wirtschaft ebenso wie die Arbeitswelt und die Kultur. Seit den 1960er Jahren gewinnen Migrationen im Gefolge der Globalisierung an Bedeutung[2] Die zunehmende geographische Mobilität der Menschen wird von technologischen Entwicklungen (Internet, Computertechnologie, Medien) ebenso getrieben wie von politischen (G8[3], G15[4], G20[5]), wirtschaftlichen (multinationale

---

[1] Teile des Beitrags bauen auf einem Kapitel in einer unveröffentlichten Studie des Departments Migration und Globalisierung auf (Biffl et al 2015), die im Auftrag des Bundesministeriums für Inneres erstellt wurde.

[2] Der Begriff der Globalisierung geht auf den US-amerikanische Trendforscher John Naisbitt zurück. Er beschrieb in seinem Buch Megatrends (1982) am Beispiel der Autoindustrie die Funktionsweise der Globalisierung.

[3] G8: Gruppe der acht (die 7 wichtigsten Industrienationen USA, Kanada, Japan, Deutschland, Großbritannien, Frankreich und Italien plus Russland) bezeichnet sich selbst als Abstimmungsforum in Fragen der Weltpolitik. Zusätzlich zu diesen Ländern hat die Europäische Kommission einen Beobachterstatus.

[4] G15: die Gruppe der Entwicklungsländer wurde 1989 gegründet; derzeit 17 Mitgliedsländer aus Nordamerika, Südamerika, Afrika und Asien zum Zweck der Kooperation und Abstimmung der Politiken bei der Welthandelsorganisation (WTO).

Konzerne, World Trade Organization - WTO, International Labour Organization -
ILO)[6] und sozialen (NGOs, Blogs, UNHCR, Attac)[7]. Sie trägt zur steigenden ethnisch-kulturellen Vielfalt der Nationalstaaten bei, was häufig als Herausforderung
für den Erhalt der sozialen Kohäsion gesehen wird. So thematisiert Samuel
Huntington in seinem Buch „The Clash of Civilizations and the Remaking of
World Order" (1998) kulturelle Unterschiede zwischen Nationen und sieht in der
zunehmenden wirtschaftlichen und politischen Macht Chinas einerseits und in der
Entwicklung eines fundamentalistischen politischen Islam andererseits eine Gefahr für die internationale politische Stabilität. Obschon die pauschale Koppelung
von Kultur und Raum einer empirischen Untersuchung nicht standhält, bringt sein
Buch doch die großen Unsicherheiten unserer westlichen Gesellschaft im Umgang
mit ‚fremden' Kulturen zum Ausdruck, unabhängig davon, ob diese Kulturen weit
weg sind oder unter uns.

Molle und Mourik (1988) vertreten die Meinung, dass Migranten/innen meist
in Länder mit einer ähnlichen Kultur und Sprache ziehen. Das gilt nicht für Europa – nicht zuletzt eine Folge unterschiedlicher, historisch gewachsener Migrationsmodelle. So resultiert etwa ein Großteil der Einwanderung in Frankreich, Belgien, Holland und dem Vereinigten Königreich aus dem Recht auf Zuwanderung
aus den früheren Kolonialländern. Im Gegensatz dazu haben Länder wie die
Schweiz, Deutschland und Österreich Anwerbeabkommen mit europäischen und
außereuropäischen Ländern abgeschlossen, die ebenfalls zu einer steigenden Vielfalt von Sprachen und Kulturen beitrugen. Über die Gastarbeiterzuwanderung hinaus gewährt Deutschland Aussiedlern, also Nachfahren der deutschen Auswanderer nach Osteuropa aus der Zeit vor dem 20. Jahrhundert, die Einwanderung.
Trotzdem verstehen sich Deutschland, ebenso wie Österreich und die Schweiz,
nicht als Einwanderungsländer im engeren Sinne, obschon die Zuwanderung ähnlich hoch wie in den traditionellen Einwanderungsländern und den vormaligen
Kolonialländern ist. In den drei letztgenannten Ländern war das Ziel des Zuwan-
derungsmodells ursprünglich (in der Schweiz und Deutschland ab den 1950er Jahren in Österreich ab 1962) der Wunsch nach der Befriedigung eines ausgeprägten
Bedarfs an Arbeitskräften zur Sicherung des Wirtschaftswachstums.

Mit dem Ende des ‚Wirtschaftswunders' Mitte der 1970er Jahre fiel der akute
Bedarf an zusätzlichen Arbeitskräften weg. Deutschland schloss daher seine An-
werbestellen in der Erwartung, der Zuwanderung auf diese Art Einhalt zu gebie-
ten. Jedoch fanden andere Zuwanderer den Weg nach Deutschland, u.a. Aussiedler
und Flüchtlinge. Der Prozess der Zuwanderung wurde ab den 1980er Jahren in
Deutschland zusehends autonom; neben Aussiedlern und Flüchtlingen strömten
Familienangehörige von vormaligen Gastarbeitern/innen nach Deutschland sowie
Staatsbürger/innen aus anderen EU-Ländern, die das Recht auf Freizügigkeit nutz-

---

[5]   G20: die Gruppe der Industrie-, Schwellen- und Entwicklungsländer wurde 2003 gegründet;
      führende Mitglieder sind Brasilien, Indien, Volksrepublik China und die Türkei.
[6]   Mehr dazu auf den jeweiligen websites: http://www.ilo.org/global/lang--en/index.htm und
      https://www.wto.org/
[7]   Mehr dazu auf den jeweiligen websites: http://www.attac.at/; http://www.unhcr.org/

ten. Die Situation war in Österreich ähnlich. Zwar hielt die Anwerbung in Österreich im Gegensatz zu Deutschland bis in die späten 1980er Jahre an, jedoch war der Bedarf angesichts des Zugangs der Babyboom-Generation zum Arbeitsmarkt kaum mehr vorhanden.

In den südeuropäischen Ländern, die bis Mitte der 1980er Jahre Auswanderungsländer waren, kam es zusehends zur Zuwanderung, zum Teil infolge einer Rückwanderung von Nachfahren der vormaligen Auswanderer. Letztere war einerseits die Folge von wirtschaftlichen Krisen und Demokratiedefiziten in den Herkunftsländern, so in Argentinien, Uruguay und Peru in Südamerika und im Fall der Pontischen Griechen in der Schwarzmeer-Region Europas (Push-Faktoren), andererseits war sie die Folge einer präferentiellen Behandlung von ‚rückkehrenden' Auswanderern und ihren Nachfahren in den ‚Mutterländern' (Pull-Faktoren). (Biffl 2011)

Zunehmende Dynamik der internationalen Migrationen

Migrationen haben in den letzten 50 Jahren stark an Bedeutung gewonnen. Im Jahr 2015 lebten der UN-Bevölkerungszählung zufolge 244 Millionen in einem anderen Land als ihrem Geburtsland, während das im Jahr 1960 nur 75,5 Millionen waren. Jedoch ist zu bedenken, dass sich auch die Weltbevölkerung in diesem Zeitraum von 3 Milliarden Menschen auf 7,3 Milliarden erhöhte. Der Anteil der Migranten/innen an der Weltbevölkerung ist im Vergleich ‚nur' relativ schwach von 2,4% auf 3,3% der Weltbevölkerung gestiegen. Migrationen sind in hohem Maße auf Industrieländer konzentriert - im Jahr 2015 lebten fast 60% der 244 Millionen in entwickelten oder industrialisierten Ländern der Welt – jedoch haben Migrationen in den letzten Dekaden auch zwischen Entwicklungsländern rasch an Bedeutung gewonnen. Das Migrationsmanagement und die Integration von Neuankömmlingen werden infolge in einer globalisierten Welt zu einer zunehmenden Herausforderung.

Die größte Zahl von Migranten/innen lebt in Europa (76 Mio), gefolgt von Asien (75 Mio) und Nordamerika (53,1 Mio). Die wichtigsten Herkunftsregionen sind Asien (92,6 Mio) und Europa mit 58,5 Mio Menschen. Die drittgrößte Gruppe von Migranten/innen weltweit kommt aus Lateinamerika und der Karibik mit 36,7 Mio Menschen.

Die zehn wichtigsten Aufnahmeländer sind: USA (46 Mio), Russland und Deutschland (mit je 12 Mio), Saudi Arabien (9 Mio), Kanada (7,2 Mio), Vereinigtes Königreich (8 Mio), Spanien (6,9 Mio), Frankreich (6,7 Mio), Australien (5,5 Mio), Indien (5,4 Mio). Insgesamt leben 52% der Migranten/innen in diesen zehn top Destinationen.

Migrationen finden in einem Spannungsfeld von demographischen und sozioökonomischen Ungleichgewichten statt. Das gesamte Weltbevölkerungswachstum ist auf Entwicklungsländer konzentriert während 70% des Welteinkommens auf die Industrieländer entfällt. In den letzten beiden Dekaden konnten zwar in vielen

Regionen des globalen Südens merkliche Erfolge im Bereich des Wirtschaftswachstums und der Verringerung der Einkommensarmut erzielt werden - auch
kam es vielerorts zu Fortschritten in nicht einkommensbezogenen Dimensionen
des Wohlstands, etwa was den Zugang zur Schulbildung und zur Gesundheitsversorgung anbelangt - jedoch sind die zum Teil extremen sozio-ökonomischen Ungleichheiten in den Entwicklungsländern selbst schwer zu überwinden. Kampf um
Ressourcen, Armut, Umweltkatastrophen sowie kriegerische Auseinandersetzungen sind Auslöser für Migrationen. Allerdings ist nur ein vergleichsweise geringer
Anteil der Migrationen fluchtbedingt - nur etwa 6% aller Migranten/innen, global
gesehen, sind Flüchtlinge.

Ein wesentlicher Motor für die zunehmende Dynamik der Migrationen in den
letzten Dekaden ist auf drei Faktoren zurückzuführen, nämlich die neuen Kommunikationstechnologien, die Verringerung der Transportkosten und die Etablierung von Menschrechten. Was den ersten Punkt anbelangt, die modernen Kommunikationstechnologien, so stellen das Internet, die sozialen Medien und die
modernen Mobiltelefone eine Revolution in der globalen Kommunikation dar. Sie
erleichtern das Networking und die Etablierung von sozialen Unterstützungs-
strukturen überall in der Welt. Der zweite Faktor, die Reduzierung der Transportkosten, erleichtert Migrationsentscheidungen, weil es nicht mehr notwendig ist,
eine Entscheidung für das ganze Leben zu treffen. Es ist jetzt zunehmend möglich,
das Leben in einem anderen Land auszuprobieren und wenn es nicht den Erwartungen entspricht, wieder ‚nach Hause' zurückzukehren oder so viel Geld innerhalb einiger Jahre im Ausland zu verdienen, dass man damit die Reisespesen ab-
gezahlt hat und sich ein neues Leben anderswo aufbauen kann. Auch ermöglichen
die neuen Kommunikationstechnologien das Arbeiten in einem Land und die Anbindung an das kulturelle Leben in einem anderen Land (Transnationalität).
(Mussa 2000) Was den dritten Aspekt anbelangt, so gab es zwar schon in vorangegangenen Jahrhunderten einen staatlichen Schutz von Flüchtlingen, die moderne, weltweite Flüchtlingspolitik ist allerdings erst nach dem zweiten Weltkrieg
entstanden. Asyl und die Rechte von Flüchtlingen basieren auf der Internationalen
Erklärung der Menschenrechte (1948), vor allem aber auf der Genfer Flüchtlingskonvention (1951)[8] und ihrem Ergänzungsprotokoll (1967), sowie auf einer Reihe
von regionalen Folgedokumenten. Migranten/innen, auch Asylwerber/innen, können in der Folge kaum unter Zwang abgeschoben werden. (Marx 2011)

Ethnisch-kulturelle Vielfalt und Migrationen

Den Kulturen bzw. der ethnisch-kulturellen Zugehörigkeit wird in der heutigen,
globalisierten Postmoderne zunehmende Bedeutung für die Identitätsstiftung bei-
gemessen, im Gegensatz zur identitätsstiftenden Zugehörigkeit zu einer gesell-

---

[8]   http://tinyurl.com/genfer-fluechtlingskonvention Ursprünglich galt die GFK nur für Europa,
       insbesondere für Flüchtlinge aus kommunistischen Ländern.

schaftlichen Klasse oder ideologischen Positionierung, die typisch für die Moderne, die Industriegesellschaft, war. Daraus können sich neue Bruchlinien für Konflikte ergeben, die die traditionellen Antagonismen zwischen sozialen Klassen bzw. Schichten überlagern. Nicht zuletzt aus diesen Überlegungen heraus sieht die EU in der Förderung der Integration von Migranten/innen eine prioritäre Aufgabe, wobei das Ziel die Förderung eines gedeihlichen Zusammenlebens der unterschiedlichen Kulturen ist. Bevor man allerdings Maßnahmen zur Förderung der sozialen Kohäsion setzen kann ist es sinnvoll, die möglichen Wege bzw. Hintergründe für eine Beeinflussung des sozialen Zusammenhalts durch kulturell geprägte Verhaltensmuster zu erforschen. Der vorliegende Beitrag geht dieser Frage nach, mit der sich vor allem die Kommunikationsforschung und die Sozialpsychologie auseinander gesetzt hat.

Am Beginn der Erforschung von Kulturunterschieden steht wohl der Begründer der interkulturellen Kommunikationsforschung, Edward Hall (1966, 1990). Sein Fokus lag auf der Interaktion zwischen Mitgliedern unterschiedlicher Kulturen. Bei ihm wird Kultur als erlerntes Verhaltensmuster definiert. Sie beeinflusst uns auf eine tiefgreifende und dauerhafte Art, ohne dass wir uns dessen bewusst sind; das macht eine bewusste Kontrolle des eigenen Verhaltens unmöglich. Hall weist darauf hin, dass man nur über den Kontakt mit anderen Kulturen die eigenen, kulturell geprägten Verhaltensmuster erkennen kann und sie damit erst einer bewussten Beeinflussung zugänglich macht.

Hall identifiziert zehn primäre Handlungsweisen, die einer kulturellen Prägung unterliegen: 1. Interaktion, 2. Gemeinschaftsbildung, 3. Daseinsvorsorge, 4. Konzepte der Maskulinität und Femininität, 5. Territorialität/Raum, 6. Zeitverständnis, 7. Lernverhalten, 8. Spielen, 9. (Selbst)-Verteidigung, 10. Verwertungsmethoden (von Materialien etc.). Kultur ist demzufolge ein komplexes Zusammenwirken von interdependenten Handlungen, deren Wurzeln zum Teil weit in die Vergangenheit zurück reichen.

Hall zufolge wird Kultur auf drei Ebenen wirksam, der formalen, der informellen und der technischen. Manche Gesellschaften operieren vor allem auf der formalen Ebene, indem sie der Tradition einen besonderen Stellenwert einräumen, während andere auf informelles Verhalten setzen, das kein großes Bewusstmachen voraussetzt. Technische Handlungsmuster hingegen sind solche, die ein bewusstes Handeln voraussetzen, etwa wissenschaftliches Arbeiten, das zu Veränderungen in formalem und informellem Handeln führen kann.

Hall hat nicht versucht, Kultur messbar zu machen, sondern neue Weg beschritten, die uns den Umgang mit anderen Kulturen erleichtern. Die Konzepte, die von Hall entwickelt wurden, wurden von anderen wie Trompenaars (1993) und Schwartz (1992, 2012) weiter entwickelt und zum Teil operationalisiert. Trompenaars differenziert zwischen der äußeren, der expliziten und sichtbaren Schale der Kultur, darunter liegt die Welt der Werte und Normen, in denen festgelegt ist, wie man sich zu verhalten hat bzw. welches Verhalten wünschenswert wäre. Im Innersten ist die implizite Kultur verankert, wie etwa die Harmonieorientierung im konfuzianischen Asien und die Leistungsorientierung in Amerika. Zwischen diesen Schichten besteht ein innerer Zusammenhang, demzufolge die implizite Kultur auf die Werte und Normen ebenso ausstrahlt wie auf die explizite Kultur.

Schwartz fokussiert in seiner Kulturtheorie auf zehn Werten, die er als universelle Werte menschlicher Gesellschaften ansieht. Sie werden in allen menschlichen Gesellschaften hoch gehalten, auch wenn der Stellenwert jeder einzelnen Wertehaltung in einer Hierarchie der Werte in den unterschiedlichen Gesellschaften unterschiedlich sein kann. Die Wertehaltungen sind bestimmend für die Verhaltensmuster, Überzeugungen und Einstellungen jedes Individuums und von gesellschaftlichen Gruppen. Die zehn universellen menschlichen Werte können in einen zirkularen Rahmen gestellt werden; das erleichtert die Visualisierung von Gemeinsamkeiten zwischen gewissen Werten und von solchen, die potenziell Konflikte auslösen können.

So besteht etwa zwischen dem Universalismus – darunter versteht er das Bestreben, die Wohlfahrt Aller zu gewährleisten, etwa mittels der sozialen Gerechtigkeit oder dem Naturschutz – und der Benevolenz – darunter ist das Verhalten innerhalb der Gruppe zu verstehen, etwa die Übernahme von Verantwortung für andere oder die Pflege von Freundschaften - eine gewisse Beziehung. Ebenso besteht zwischen dem Traditionsbewusstsein, messbar am Respekt vor und Akzeptanz von Gebräuchen und (religiösen) Praktiken, und dem Sicherheits- und Ordnungsbedürfnis, messbar an der Wertigkeit einer stabilen Gesellschaftsordnung und der Nationalen Sicherheit, ein gewisser positiver Zusammenhang. Auch zwischen der Leistungsorientierung, messbar an der Erfolgsorientierung, dem Ehrgeiz, und der Machtdistanz, messbar an dem Grad der Statusdifferenzierung, gibt es eine gewisse Nähe. Ebenso haben Genuss und Lebensfreude sowie Hedonismus (sinnliche Gratifikation) viel Gemeinsames. Das gilt auch für den Wert der Abenteurerlust und der Kreativität und Innovationsorientierung.

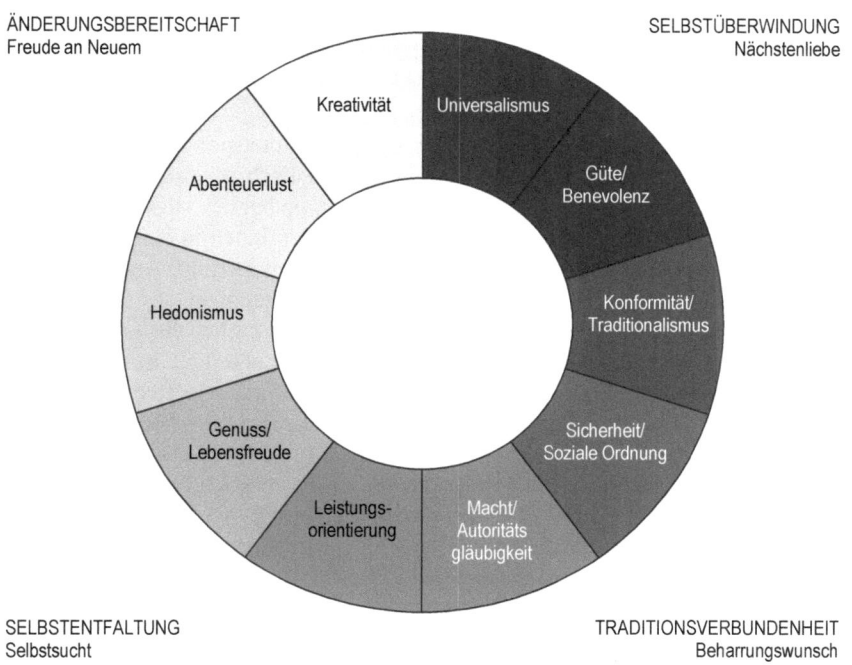

Abbildung 1: *Zirkulare Darstellung der 10 universellen Werte menschlicher Gesellschaften*

Quelle: Schwartz 1992, Eigene Darstellung.

Aktionen, die in einem Wert angesiedelt sind, haben auch Konsequenzen für andere Wertehaltungen, woraus Konflikte entstehen können. Das Konfliktpotenzial ist zwischen Werten, die in der Kreisdarstellung (Abbildung 1) auf der gegenüberliegenden Seite liegen, besonders groß, etwa zwischen der Abenteuerlust und Kreativität einerseits und dem Traditionalismus und dem Festhalten an einer gewissen sozialen Ordnung andererseits. So gesehen ist der Kreis als ein Kontinuum von Werthaltungen zu verstehen, die in jeder Gesellschaft vorzufinden sind.

Um Instrumente zur Förderung des sozialen Zusammenhalts in einer multiethnisch-kulturellen Gesellschaft entwickeln zu können, ist es hilfreich, nicht nur kulturspezifische Charakteristika zu identifizieren sondern auch zu quantifizieren. Schwartz (2006) quantifiziert, ähnlich wie Hofstede (1980), die Kulturdimensionen nach einer nationalen, kulturgeprägten Werteskala. Um diese Werteskala zu operationalisieren hat Schwartz Werteerhebungen vorgenommen, wobei die Befragten jedem Wert, der abgefragt wurde, einen persönlichen Wert zuordnen konnten (welche Bedeutung hat z.B. die Gleichbehandlung (universeller Wert) als Leitgedanke für Dich und Dein Leben). Dabei können 9 Punkte vergeben werden, von 7 (sehr wichtig) bis -1 (widerspricht meinen Werten). Werteerhebungen wurden in 82 Ländern durchgeführt. Die Ergebnisse sind sehr differenziert und erlauben Vergleiche zwischen Ländern in jeder der zehn Dimensionen bzw. Wertegruppen. Die Position Österreichs stimmt in vielen Aspekten mit den Ergebnissen von Hofstede, siehe weiter unten, überein.

Geert Hofstede (1980) stellte sechs konzeptuelle Dimensionen einer Kultur auf, die die kulturelle Distanz zwischen Nationen statistisch quantifizierbar machen sollen. Hofstede war Mitglied einer Forschungsgruppe bei der US-Firma IBM, die mittels Fragebogen die Einstellungen von Mitarbeitern/innen in den weltweit verstreuten Niederlassungen dieses internationalen Konzerns erhob. Auf diese Weise konnten zwischen 1967 und 1972 rund 116.000 Fragebögen aus insgesamt 70 Ländern gesammelt werden. Obwohl diese Daten ursprünglich für unternehmensinterne Zwecke gesammelt worden waren, bildeten sie auch die Grundlage für den Vergleich ‚nationaler Kulturen' in der Forschungsliteratur. Hofstede konstruierte in einem ersten Schritt aus länderspezifischen Stichproben von Personen mit vergleichbarem soziodemographischem Hintergrund (z.B. Status, Geschlecht, etc.) typische Verhaltensmuster. In einem weiteren Schritt verglich Hofstede Daten auf einer nationalen Ebene. Um den länderspezifischen Antwortwert auf eine Frage zu ermitteln, errechnete er den Mittelwert aus allen Antworten innerhalb der Stichprobe. Durch den Vergleich der Korrelation zwischen einzelnen Merkmalen und durch eine Faktoranalyse einiger länderspezifischer Mittelwerte identifizierte zunächst vier Dimensionen, nach denen länderspezifische Kulturen unterschieden werden konnten. Jede dieser Dimensionen wurde durch Antworten auf drei bis sechs Fragen aus dem ursprünglichen Fragebogen definiert. (Smith et al. 2013: S. 26f.)

Die vier Dimensionen waren „Machtdistanz", „Individualismus vs. Kollektivismus", „Maskulinität vs. Femininität" und „Unsicherheitsvermeidung"; sie sollten bestimmte Eigenschaften von länderspezifischen Kulturen (und nicht von Individuen) vergleichbar machen. Das war die Basis für Hofstede's Modell, das 1980 in der klassischen Studie *Culture's Consequences* (1980) veröffentlicht wurde. In einem späteren Schritt wurde das Modell um zwei Dimensionen („Lang- vs. kurzfristige Ausrichtung", „Genusssucht vs. Selbstbeherrschung") auf insgesamt sechs Dimensionen erweitert. Auch die Datenbasis wurde verbreitert. So wurden für die ersten vier Dimensionen die ursprünglichen IBM-Daten mit Daten aus einer großen Anzahl an Folgestudien ergänzt; damit konnte das Modell auf nunmehr 76 Länder angewendet werden. Die beiden zuletzt genannten Dimensionen wurden durch eine neue Datenbasis unterlegt, den World Values Survey.[9] Die sechs Dimensionen konnten in der Folge auf 93 Länder angewendet werden. (Hofstede et al. 2010).

Was die sechs Dimensionen des Kulturvergleichs im Einzelnen bedeuten, lässt sich am besten anhand eines Beispiels erläutern, in unserem Fall anhand des Beispiels Österreich, das auch auf der Website des Hofstede Centre[10] abgerufen wer-

---

9   http://www.worldvaluessurvey.org/wvs.jsp
10   http://geert-hofstede.com/austria.html

den kann. (Abbildung 2) Die hier angeführten Daten und die verwendeten Definitionen basieren auf dem Buch *Cultures and Organizations – Software of the Mind.* (Hofstede et al. 2010).

Machtdistanz

Der Machtdistanz Index gibt an, inwieweit Individuen eine ungleiche Verteilung von Macht akzeptieren und erwarten. Eine hohe Machtdistanz verweist auf eine sehr ungleiche Machtverteilung und hohe Akzeptanz dieser Ungleichheit während ein geringer Wert auf eine flache Machtstruktur hinweist. Diese Dimension wurde anhand von drei Fragen definiert: 1) wie bereit Angestellte sind, eine abweichende Meinung gegenüber ihren Vorgesetzten zu äußern, 2) in welchem Maße Angestellte einen autokratischen Führungsstil ihrer Vorgesetzten wahrnehmen und 3) inwieweit Angestellte einen autokratischen Führungsstil von ihren Vorgesetzten erwarten.

Der österreichische Wert in dieser Dimension ist der geringste unter 76 Ländern. Das bedeutet, dass Arbeitskräfte in Österreich ein Führungsverhalten erwarten, in dem Vorgesetzte eher als Coaches und Unterstützer wahrgenommen werden und wo Hierarchien eine geringe Bedeutung haben. In Österreich ist demnach Macht stark dezentralisiert, Vorgesetzte berücksichtigen in hohem Maß die Erfahrungen ihrer Mitarbeiter/innen. Es wird erwartet, dass Mitarbeiter/innen um ihre Meinung gefragt werden. Kontrolle wird von den Mitarbeiter/innen abgelehnt und das Verhalten gegenüber Vorgesetzten ist in der Regel eher formlos. Partizipative Kommunikation hat große Bedeutung.

Individualismus vs. Kollektivismus

Beim Individualismus Index geht es um die Wertschätzung des Individuums, den Schutz seiner Rechte und die Eigenverantwortung. Im Gegensatz dazu haben Gruppeninteressen in kollektivistischen Kulturen Vorrang; ihnen sind individuelle Wünsche unterzuordnen. Kollektivistische Kulturen haben typischerweise einen geringen Individualismusindexwert. Von Mitgliedern individualistischer Gesellschaften wird erwartet, dass sie sich v.a. um sich selbst und ihre engen Angehörigen kümmern, während Individuen in kollektivistischen Gesellschaften in größeren Gruppen bzw. Verbänden eingebunden sind, die um den Preis von Loyalitätsbekundungen füreinander sorgen. Gemessen wird diese Dimension einerseits an individualistischen Merkmalen, etwa 1) der Zeit für sich selbst, außerhalb der Arbeit, 2) der Möglichkeit, eigene Wege zu gehen, etwa in der Berufsentscheidung, sowie 3) dem Ausmaß an persönlichen Herausforderungen, die auch das Gefühl persönlicher Leistungen/Erfolge vermitteln können. Andererseits werden in dieser Dimension kollektivistische Merkmale erhoben, wie die Sicherstellung von Harmonie in der Gruppe, die Förderung von Weiterbildung zur Sicherung der Kompetenzen und gute räumliche Rahmenbedingungen.

Mit einem Index-Wert von 55, bzw. dem Rang 29 unter 76 Staaten kann Österreich eher zu den individualistischen Ländern gezählt werden. In der Folge wird von den Individuen in Österreich ein hohes Maß an Eigenverantwortung erwartet und die Arbeitswelt ist stark auf eine individuelle Leistungsorientierung ausgerichtet. Jedoch hat auch das Zugehörigkeitsgefühl zu einer Gruppe ein nicht unbedeutendes Gewicht.

Maskulinität vs. Femininität[11]

Diese Dimension fokussiert auf die Distanz zwischen Männern und Frauen und den, den Geschlechtern zugeschriebenen, Verhaltensnormen. Obschon Hofstede anerkennt, dass Männer und Frauen ähnliche Verhaltensmuster aufweisen können, gilt doch im Kollektiv, dass Männer im Schnitt stärker mit Konkurrenzbereitschaft und Selbstbewusstsein ausgestattet sind als Frauen und dass letztere eher mit Fürsorglichkeit, Kooperation und Bescheidenheit in Verbindung gebracht werden. In der Folge steht ein hoher Wert im Maskulinitätsindex für Länder mit stärker ausgeprägten „typisch männlichen" Verhaltensmustern und ein niedriger für die Dominanz von „typisch weiblichen". Maskuline Kulturen weisen folglich dem sozialen Status und beruflichen Erfolg eine hohe Bedeutung zu, während ‚feminine' Kulturen eher ein ausgeprägtes Sicherheitsdenken sowie eine hohe Kooperationsbereitschaft zwischen Gleichrangigen aufweisen.

Mit insgesamt 79 Indexpunkten und dem 3. Platz unter 76 Ländern kann Österreich als ein ‚maskulines' Land identifiziert werden, in dem statusorientierte Verhaltensweisen vorherrschen. Führungskräfte sollen entscheidungsfreudig sein, die Betonung liegt auf Wettbewerb und Leistung. Folgt man der Interpretation des Hofstede Centres, dann lässt sich diese Haltung auch an den harten Auseinandersetzungen in Wahlkämpfen in Österreich feststellen. Auch das Motto des österreichischen Staatssekretärs für Integration, Sebastian Kurz, demzufolge die Integration von Migranten/innen an der Leistungsbereitschaft bzw. Leistungserbringung gemessen werden soll, passt gut in dieses Schema.[12]

Unsicherheitsvermeidung

Zentrale Frage bei dieser Dimension ist, wie hoch die Abneigung gegenüber unvorhergesehenen Situationen ist. Es geht im Wesentlichen darum, wie sehr sich ein Land durch Ambiguität und unklare Situationen bedroht fühlt und daher Regeln zur Vermeidung von Ungewissheiten einführt. Kulturen mit einem hohen Unsicherheitsvermeidungs-Indexwert zeichnen sich durch eine starke Fixierung auf allgemein gültige Ideen oder Werte aus und eine Ablehnung von neuem. Diese Dimension wird durch drei Merkmale definiert, 1) dem empfundenen Stress im

---

[11] Hofstede wurde für die Benennung dieser Dimension entlang der Unterscheidung Maskulinität vs. Femininität kritisiert, da sie Geschlechterstereotypen perpetuiert (siehe etwa Smith et al. 2013, S. 31).

[12] Sebastian Kurz (2013: S14) meinte: „Mit dem neuen Zugang "Integration durch Leistung" stehen der Mensch und seine Leistungen für das Gemeinwohl in Österreich im Mittelpunkt der Integrationsmaßnahmen – und nicht seine Herkunft, Hautfarbe oder Religionszugehörigkeit."

Job, 2) dem Drang, Regeln zu befolgen und 3) dem Bestreben, eine dauerhafte Beschäftigung bei einem Arbeitgeber zu bekommen.

Mit einem Wert von 70 befindet sich Österreich an 34. Stelle unter 76 Ländern. Damit zählt Österreich zu den Ländern, die eher verhaltenskonservativ sind, in denen man eine genaue Vorstellung von Werthaltungen und Verhaltensweisen hat, und in denen man unorthodoxen Ideen und Verhaltensweisen sowie anderen Kulturen[13] mit einer gewissen Distanz und sogar Intoleranz gegenüber tritt. Wie in anderen Ländern mit hohen Werten in dieser Dimension besteht auch in Österreich ein großes Bedürfnis nach klaren Regeln, ungeachtet dessen, ob sie durchgesetzt werden. Im Fall von individuellen Präferenzen ist das Sicherheitsbedürfnis stärker als der Wunsch nach Innovation und Veränderung.

Lang- oder kurzfristige Ausrichtung

Dieser Index, der von Hofstede erst spät eingeführt wurde, gibt an, wie groß der zeitliche Planungshorizont in einer Gesellschaft ist. Die Einführung dieser Dimension in der zweiten Auflage des Buches gründet auf Kooperationen mit chinesischen Forschern und Managern, welche den Einfluss des konfuzianischen Erbes mit seiner langfristigen Orientierung betonten. Eine langfristige Orientierung, und damit ein hoher Indexwert, ist gekennzeichnet durch Sparsamkeit und Beharrlichkeit, während eine kurzfristige Ausrichtung von Egoismus aber auch Flexibilität geprägt wird. Fest gemacht wird diese Dimension an Antworten auf die Fragen, 1) ob Sparsamkeit ein wichtiger Wert ist, der Kindern vermittelt werden sollte, 2) wie stolz die Interviewten auf ihr Land sind und 3) wie wichtig ihnen der Einsatz für andere ist.

Mit einem relativ hohen Wert von 60 Indexpunkten in dieser Dimension befindet sich Österreich an 33. Stelle unter 93 Ländern und kann daher als Kultur bezeichnet werden, die sich stark an Traditionen orientiert aber auch langfristig denkt. Die österreichische Kultur ist demzufolge auch durch eine hohe Sparsamkeit charakterisiert, die eine Bereitschaft fürs Vorsorgen und Investieren in die Zukunft signalisiert.

Genusssucht vs. Selbstbeherrschung

In dieser letzten Dimension wird erfasst, ob eine länderspezifische Kultur auf eine rasche Befriedigung von Bedürfnissen abstellt, was einen hohen Indexwert impliziert, oder ob sie eher auf Selbstbeherrschung abzielt. Definiert wird diese Dimension durch Antworten auf die Frage, 1) wie glücklich sich die Interviewten selbst einschätzten, 2) wie viel Kontrolle sie sich über ihr eigenes Leben zuschreiben und 3) für wie wichtig sie die Freizeit halten.

---

[13] Hofstede et al. (2010) sehen in Österreich ein Paradebeispiel für ein Land, das Unsicherheiten vermeiden will und verbinden damit eine hohe Affinität zu Intoleranz, Antisemitismus und Fremdenfeindlichkeit.

Mit einem Indexwert von 63 befindet sich Österreich an 23. Stelle unter 93 Ländern und ist daher eher hedonistisch eingestellt. Mit anderen Worten, Österreich kann als ein Land bezeichnet werden, in dem Lebensfreude und Lebenslust einen hohen Stellenwert genießen. Die österreichische Kultur zeichnet sich durch Optimismus aus und Freizeit hat einen besonders hohen Stellenwert.

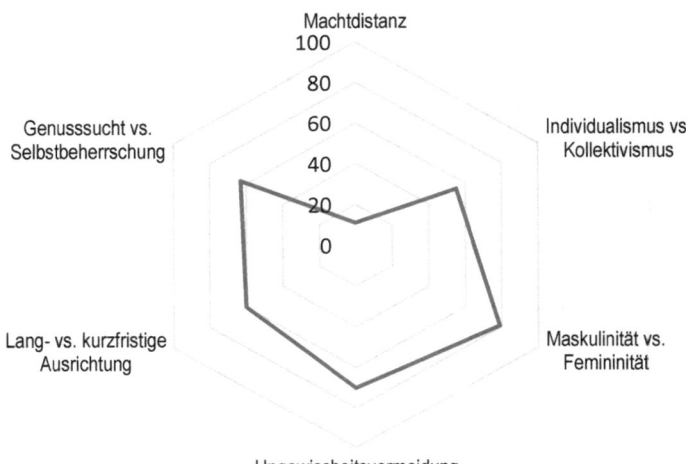

Abbildung 2: Die österreichische ‚Kultur‘ in 6 Dimensionen

Quelle: Hofstede et al. 2010, eigene Darstellung.

Hofstede's Modell basiert auf einer sehr fundierten Datenbasis und komplexen statistischen Verfahren, es wurde breit rezipiert und Ergebnisse konnten in vielen Folgestudien bestätigt werden. Das Modell findet Eingang in strategischen Managemententscheidungen, Standort- und Investitionsentscheidungen. Es liegt daher nahe, es auch in der Migrations- und Integrationspolitik zu berücksichtigen. In der Folge untersuchen wir, welche Werte die wesentlichen Herkunftsländer von Migranten/innen in Österreich in den diversen Dimensionen aufweisen. Vorauszuschicken ist, dass eine große Übereinstimmung in der Wertigkeit gewisser Dimensionen mit Österreich nicht bedeutet, dass dadurch ein besonders friedliches Zusammenleben gewährleistet ist. So ist etwa davon auszugehen, dass zwei Kulturen mit einem ähnlich hohen Wert in der Dimension Unsicherheitsvermeidung dazu tendieren, sich ähnlich stark voneinander abzugrenzen. Auch ist zu berücksichtigen, dass die länderspezifischen Werte aus einer großen Bandbreite individueller Antworten errechnet wurden; individuelle Verhaltensmuster können also von den nationalen Stereotypen durchaus abweichen. Auch können Einzelpersonen mehreren kulturellen Kontexten zugehörig sein. (Hofstede et al. 2010, S. 39f.)

Es sollte auch berücksichtigt werden, dass Hofstede sich um die Zusammenstellung möglichst homogener, bzw. vergleichbarer Stichproben bemühte und andererseits die verwendeten Datensätze auch ein gewisses Alter aufweisen. Sowohl veränderte demographische Zusammensetzungen der Stichproben, als auch zeitliche Veränderungen länderspezifischer Kulturen könnten die Ergebnisse verändern. Trotzdem ist es aufschlussreich, sich die Differenzen und Gemeinsamkeiten in den Werten der sechs Dimensionen für die Herkunftsländer der wesentlichen österreichischen Migrationsgruppen zu veranschaulichen.

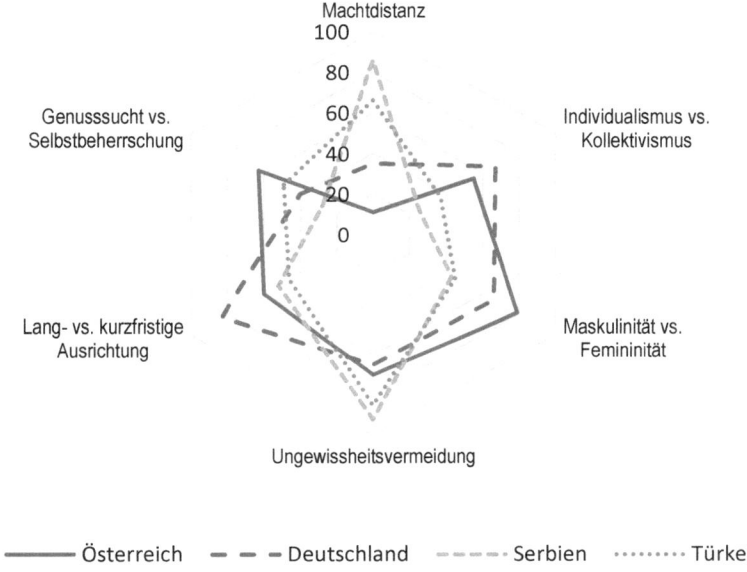

Abbildung 3: *Die österreichische Kultur im Vergleich zur deutschen, serbischen und türkischen*

Quelle: Hofstede, Hofstede, & Minkov, 2010, eigene Darstellung

Aus Abbildung 3 ist ersichtlich, dass die österreichische Kultur mit keiner der in Österreich sehr prominent vertretenen Herkunftskulturen von Migranten/innen voll übereinstimmt. Auffallend ist der große Unterschied in der Dimension der Machtdistanz zwischen Österreich und den anderen Herkunftsländern, wobei der Unterschied zu Deutschland vergleichsweise gering ist, jedoch zu Serbien und etwas abgeschwächt der Türkei sehr ausgeprägt ist. Demzufolge erwarten Personen aus der Türkei und Serbien in höherem Maße als Österreicher/innen einen autokratischen Führungsstil. Am geringsten ist der Unterschied zwischen Österreich und den anderen Ländern in der Dimension der Unsicherheitsvermeidung zwischen den Ländern, d.h. Vorsorgedenken aber auch Festhalten an traditionellen Verhaltensmustern und eine gewisse Intoleranz gegenüber alternativen und innovativen Bestrebungen ist allen vier Ländern eigen. Diese Gemeinsamkeit lädt direkt zu Auseinandersetzungen und ‚Missverständnissen' ein.

Groß sind auch die Unterschiede zwischen Österreich und den vormaligen ,Gastarbeiterzuwanderungsländern' Serbien und Türkei im Bereich der Maskulinität, soll heißen, dass Personen in Österreich stärker leistungsorientiert und vom Wettbewerbsgedanken geprägt sind als Personen aus Serbien und der Türkei, die letztlich ein weniger selbstbewusstes Verhalten an den Tag legen. Die geringen Werte der Türkei und Serbiens im Bereich der Genusssucht sind ein Indikator dafür, dass sie stärker ihre Wünsche und Bedürfnisse hintanstellen als Österreicher/innen. Auch der geringe Wert des Individualismus im Fall der Türkei und Serbiens ist ein Indikator dafür, dass Gruppenzugehörigkeit und Gruppenloyalität eine hohe Bedeutung zugemessen wird, mehr als unter Österreichern/innen. Im Gegensatz dazu ist der Individualismus in Deutschland deutlich ausgeprägter als in Österreich.

Diese Unterschiede in den von Hofstede identifizierten Dimensionen der kulturellen Identität spiegeln sich auch darin, dass unter Migranten/innen türkischer Herkunft in Österreich gemäß einer Erhebung unter Migranten/innen in Österreich im Frühjahr 2014 ein höherer Anteil als unter Migranten/innen im Schnitt (31,3% gegenüber 17,4%) eine gewisse mentale Distanz zu Österreich zum Ausdruck bringen. (Statistik Austria 2014, S.99)

Die spezifische Aggregationsform von ,Kultur', die Hofstede gewählt hat, ist nur eine von vielen Möglichkeiten. Auch ethnische Gruppen, Organisationen, Professionen, aber auch Geschlechter, Generationen oder soziale Klassen könnten anhand ihrer kulturellen Besonderheiten unterschieden werden, was jedoch auch andere Erhebungs- und Analyseinstrumente erforderlich machen würde. (Hofstede, 2011: S. 3).

So wählt etwa das GLOBE-Projekt (Global Leadership and Organizational Behavior Effectiveness) einen etwas anderen Zutritt zur Identifizierung von Kulturclustern als Hofstede. Bei GLOBE handelt es sich um ein Forschungsnetzwerk von 170 Sozialwissenschafter/innen aus 61 unterschiedlichen Kulturen der Welt, die den Zusammenhang zwischen Sozialkulturen, Organisationskulturen und – Praktiken sowie Führungsverhalten untersuchen. Das Meta-Ziel ist die Entwicklung einer evidenzbasierten Theorie, die es ermöglicht, die Wirkung von kulturellen Variablen auf Führungsverhalten und Organisationsprozesse zu verstehen, die Effektivität zu messen und zu prognostizieren. Angesichts der zunehmenden Globalisierung von privatwirtschaftlichen und zivilgesellschaftlichen Organisationen und der steigenden Interdependenz von Ländern und Regionen wird es immer wichtiger, den Einfluss kultureller Faktoren auf Verhaltensmuster von Führungskräften und Organisationsprozessen zu verstehen.

Englisch	**Südosteuropa**
(Kanada, USA, Australien, Irland, England, Südafrika-weiß, Neuseeland)	(Italien, Schweiz-französisch, Frankreich, Spanien, Portugal, Israel)
Nordisch	**Deutsch**
(Dänemark, Finnland, Schweden)	(Deutschland, Österreich, Niederlande, Schweiz-deutsch)
Osteuropa	**Lateinamerika**
(Ungarn, Griechenland, Albanien, Slowenien, Polen, Russland, Georgien, Kasachstan)	(Ecuador, El Salvador, Kolumbien, Brasilien, Bolivien, Guatemala, Argentinien, Costa Rica, Venezuela, Mexiko)
Sub-Sahara Afrika	**Mittlerer Osten**
(Simbabwe, Namibia, Sambia, Südafrika-schwarz, Nigeria)	(Türkei, Kuwait, Katar, Ägypten, Marokko)
Südostasien	**Konfuzianisches Asien**
(Indonesien, Philippinen, Malaysia, Indien, Thailand, Iran)	(Singapur, Hongkong, Taiwan, Südkorea, Japan)

Tabelle 1: 10 Gesellschaftsgruppen mit unterschiedlicher Ausprägung der neun Kulturdimensionen

Quelle: House et al. 2004, eigene Darstellung. Länder in Klammer wurden analysiert und den 10 Clustern zugeordnet.

In einem Vergleich von 62 Ländern bzw. Gesellschaften[14] (House et al 2004), wurden Gemeinsamkeiten und Unterschiede in den Gesellschafts- und Organisationskulturen an Hand von neun Kulturdimensionen ermittelt. Dabei wird davon ausgegangen, dass Kulturen in jeder einzelnen der Dimensionen innerhalb eines breiten Spektrums an Ausprägungsgraden verortet sein können, etwa zwischen dem Extrem einer hohen Durchsetzungskraft (assertiveness) und einer sehr geringen, die an Selbstaufgabe grenzt. Die Forscher/innen unterscheiden 7 Stufen der Ausprägungsskala, d.h. dass die Dimensionen, ähnlich wie bei Hofstede, nicht als Dichotomien zu verstehen sind, sondern als Ausprägungsgrade einer Dimension in einer Gesellschaft innerhalb eines Kontinuums von Möglichkeiten, etwa von einer hohen Performanzorientierung bis zu einer Laissez Faire Einstellung. Die Kulturdimensionen des GLOBE-Projektes erinnern stark an die von Hofstede, obschon es in der einen oder anderen Dimension eine weitere Untergliederung geben kann.[15]

In der GLOBE-Studie werden die 62 untersuchten Länder/Gesellschaften zehn unterschiedlichen Gruppen zugeordnet, die ähnliche kulturell geprägte Verhaltensmuster aufweisen. Die ‚kulturellen' Verhaltensweisen werden von gesellschaftlichen Regeln, Werten, Normen, Symbolen, Glaubensmustern und Traditionen geformt und prägen damit die ‚Kultur' einer Gesellschaft.

---

[14]   Die Unterscheidung von Gesellschaften innerhalb von Ländern ist dann wichtig, wenn zwei oder mehrere unterschiedliche ‚Kulturen', im Sinne einer gesellschaftlichen Organisationsform, unterschieden werden, etwa Ost- und Westdeutschland oder Englisch- und Französisch Kanada.

[15]   Die neun Dimensionen menschlicher Kulturen und gesellschaftlicher Organisationsformen sind House et al. (2004) zufolge: Performance Orientation, Uncertainty Avoidance, Humane Orientation, Institutional Collectivism, In-Group Collectivism, Assertiveness, Gender Egalitarianism, Future Orientation, Power Distance.

Diesen Studien zufolge nimmt die kulturelle Distanz nicht immer mit der geographischen Entfernung der Cluster zu. So ist etwa die kulturelle Distanz zwischen den nordischen Ländern und den osteuropäischen Ländern gemäß GLOBE-Forschung besonders ausgeprägt, gefolgt vom Mittleren Osten und Südostasien; die kulturelle Distanz zwischen dem deutschsprachigen Cluster und dem konfuzianischen ist ebenfalls sehr hoch.

Diese Ausführungen zeigen, dass sich Unternehmen Gedanken darüber machen, welche Bedeutung kulturell geprägte Verhaltensmuster für die Effizienz und das produktive Zusammenspiel unterschiedlicher Kulturen in einem global agierenden Unternehmen haben. Es macht analog dazu wohl auch Sinn, sich in der Migrations- und Integrationspolitik mit der Rolle der Kulturen für das Zusammenleben auseinanderzusetzen. Jedoch ist zu berücksichtigen, dass es viele unterschiedliche Wege zur Einschätzung der Rolle der interkulturellen Vielfalt für das Zusammenleben gibt. So vermittelt etwa der World Audit[16] einen Einblick in Wertehaltungen und Normen von nationalen ‚Kulturen' bezogen auf politische Rechte, Bürgerrechte, Demokratieverständnis, wirtschaftliche Rahmenbedingungen, Korruption, Pressefreiheit, Rechtsstaatlichkeit, die in ein Indexsystem eingebaut sind.

Eine andere Art, Länder miteinander zu vergleichen, bezieht sich auf das Demokratieverständnis (Campbell 2008). Kernkonzepte der Demokratie betreffen Freiheit, Gleichheit und Kontrolle. Der Verein zur Förderung der Demokratiequalität, der in Österreich angesiedelt ist, publiziert jährlich eine Rangordnung demokratischer Länder.[17] Das Demokratiekonzept, das in dem Index zur Anwendung kommt, geht davon aus, dass die Qualität der Demokratie bestimmend für die Qualität der Politik und der gesellschaftlichen Partizipation ist. Das Konzept beinhaltet die Politik als die Hauptvariable (mit einem Gewicht von 50%) und 5 nicht-politische Indikatoren (Gender/Gleichbehandlung, Wirtschaftssystem, Wissens-/ Informationsgesellschaft, Gesundheitssystem/ -Status, Umwelt/ Nachhaltigkeit) mit jeweils einem Gewicht von 10%. Im Demokratieranking lag Österreich im Jahr 2014 auf Rang 11, hinter Norwegen, Schweiz, Schweden, Finnland, Dänemark, Niederlande, Neuseeland, Deutschland, Irland, Vereinigtes Königreich. Serbien lag 2014 an 47. Stelle und die Türkei an 64. Stelle.

Transparency International publiziert jährlich einen Korruptionsindex (Corruption perception index).[18] In diesem Index werden Länder und Regionen entlang einer Skala von 0 (sehr korrupt) bis 100 (sauber) nach dem Grad der Wahrnehmung von Korruption im öffentlichen Sektor gereiht. Österreich liegt in diesem Index mit 72 Punkten an 23. Stelle. Länder mit einem geringeren Korruptionsgrad sind die nordischen Länder sowie Neuseeland und die Schweiz mit Werten zwischen 86 und 92 im Jahr 2014. Vor Österreich liegt eine Vielzahl von Ländern in Europa, Asien und Amerika, darunter die Niederlande (83), Kanada (81), Australien (80), Deutschland (79), das Vereinigte Königreich (78), Japan (76), Hongkong

---

[16] Mehr dazu auf der website: http://www.worldaudit.org/publisher.htm
[17] Mehr adzu auf der website: http://democracyranking.org/wordpress/?page_id=8
[18] Mehr dazu auf der website: http://www.transparency.org/cpi2014

(74), die USA (74) sowie Chile (73). Die Türkei liegt an 64. Stelle (45) und Serbien an 78. (41).

Aus all diesen institutionenbezogenen und damit auch ,kulturellen' Indizes ist ersichtlich, dass es zum Teil große Disparitäten zwischen der Position Österreichs und wesentlichen Herkunftsländern von Migranten/innen in Österreich gibt. Da die so definierten institutionellen Rahmenbedingungen die Verhaltensmuster der Menschen und ihre Erwartungshaltungen prägen, ist eine je nach ,kultureller' Distanz unterschiedliche Dauer für die Anpassung an neue Gegebenheiten zu erwarten. So wird etwa jemand, der aus einem Land mit einer ausgesprochen hohen Korruption im öffentlichen Sektor kommt, wenig Vertrauen in die österreichischen Behörden haben, weil das Misstrauen aus Erfahrungen im Ursprungsland geprägt wurde. Auch die Nutzung politischer Rechte und der Redefreiheit wird erst schrittweise möglich sein, wenn man damit im Herkunftsland anders umgegangen ist.

Diese Ausführungen zeigen, dass gezielte Orientierungskurse wichtig für das ,Ankommen' in Österreich sind. Sie leisten einen wichtigen Beitrag für das Zusammenleben in der Vielfalt. Die großen Kulturunterschiede legen aber auch nahe, dass darüber hinaus der Förderung der interkulturellen Kommunikation in der Arbeit, der öffentlichen Verwaltung und im sozialen Umfeld eine große Bedeutung zukommt. Sie ist die Voraussetzung dafür, dass ein gegenseitiges Verständnis aufgebaut wird, das dem sozialen Zusammenhalt und damit dem Wohlergehen aller förderlich ist.

Literatur

Biffl, G. (2011). Migrationsmodelle und ihre Steuerbarkeit. In Gudrun Biffl, Nikolaus Dimmel (Hg.) Migrationsmanagement, Band 1: Grundzüge des Managements von Migration und Integration, Verlag: omninum, Bad Vöslau.

Biffl, G., Berger, J., Graf, N., Pfeffer, T., Schuh, U., Skrivanek, I., Strohner, L. (2015). Österreichische Migrationspolitik: Vision und Entwicklung eines Migrations-Monitoring-Systems. Unveröffentlichte Studie im Auftrag des Bundesministeriums für Inneres, Wien/Krems.

Campbell, D. F. J. (2008). The Basic Concept for the Democracy Ranking of the Quality of Democracy. Vienna: Democracy Ranking.

Campbell, D. F. J. / Thorsten D. Barth / Paul Pölzlbauer / Georg Pölzlbauer (2015). Democracy Ranking (Edition 2014): The Quality of Democracy in the World. Vienna: Democracy Ranking http://www.amazon.com (Paperback)

Hall, E.T. (1966). The hidden Dimension. Doubleday, New York.

Hall, E.T., Reed-Hall, M. (1990). Understanding cultural differences: Germans, French and Americans. Nicholas Brialey Publ.

Hofstede, G. (1980). Culture's consequences. Beverly Hills: Sage.

Hofstede, G. (2011). Dimensionalizing Cultures: The Hofstede Model in Context. Online Readings in Psychology and Culture, 2(1). http://doi.org/10.9707/2307-0919.1014

Hofstede, G., Hofstede, G. J., & Minkov, M. (2010). Cultures and Organizations - Software of the Mind: Intercultural Cooperation and Its Importance for Survival (3., revised edition.). New York: Mcgraw-Hill Publ.Comp.

House, R. J., Hanges, P. J., Javidan, M., Dorfman, P.W., Gupta, V. (Hrgs.) (2004). Culture, Leadership, and Organizations: The GLOBE Study of 62 Societies. Sage Publ., Thousand Oaks, London, Delhi.

Huntington, Samuel (1998). Clash of Civilizations and the Remaking of World Order, Simon& Schus-ter, New York.

Kurz, S. (2013). Integration durch Leistung: In: Global View (Magazin der ÖGAVN und AFA) 2/2013, Meinung, S. 14–15. http://afa.at/globalview/2013-2.pdf#14

Marx, R. (2011). Die Genfer Flüchtlingskonvention: Errungenschaften und Herausforderungen aus europäischer Perspektive. www.ramarx.de/publication_download/GFK wird 60.doc

Molle, W., Mourik, A. van (1988). International Movements of Labour under Conditions of Economic Integration: The Case of Western Europe, Journal of Common Market Studies, XXVI(3).

Naisbitt, J. (1982). Megatrends: Ten New Directions Transforming Our Lives. Warner Books, Inc.

OECD (2016). OECD Factbook 2015-2016. Paris.

Schwartz, S. H. (1992). Universals in the content and structure of values: Theory and empirical tests in 20 countries. In M. Zanna (Ed.), Advances in experimental social psychology (Vol. 25, pp. 1-65). New York: Academic Press. http://dx.doi.org/10.1016/S0065-2601(08)60281-6

Schwartz, S. H. (2006). Value orientations: Measurement, antecedents and consequences across nations. In Jowell, R., Roberts, C., Fitzgerald, R. & Eva, G. (Hrgs.) Measuring attitudes cross-nationally - lessons from the European Social Survey (pp.169-203). London, UK: Sage.

Schwartz, S. H. (2012). An Overview of the Schwartz Theory of Basic Values. Online Readings in Psy-chology and Culture, 2(1). http://dx.doi.org/10.9707/2307-0919.1116

Smith, P. B., Fischer, R., Vignoles, V. L., & Bond, M. H. (2013). Understanding Social Psychol-ogy Across Cultures: Engaging with Others in a Changing World. London: SAGE.

Statistik Austria (2014). migration & integration. zahlen.daten.indikatoren 2014, Wien.

Trompenaars, F. (1993). Riding the Waves of Culture. Understanding Cultural Diversity in Business. Random House Business Books.

United Nations, Department of Economic and Social Affairs, Population Division – UN-DESA (2009). Trends in International Migrant Stock: The 2008 Revision (United Nations database, POP/DB/MIG/Stock/Rev.2008) http://esa.un.org/migration/

UN-DESA (2015). Trends in International Migration. Washington: United Nations. www.un.org/en/development/desa/population/migration/index.shtml

Österreich im Zeitalter der globalisierten Migration

Peter Webinger

Zusammenfassung

Der Diskurs im Asyl- und Migrationskontext ist derzeit hoch emotional und führt zu gesellschaftlicher Polarisierung. Auch wenn die Sehnsucht nach simplen und raschen Lösungen groß ist, kann diese nicht in einer seriösen Form gestillt werden. In einer globalisierten Welt bedarf es vor allem einer intensiven Auseinandersetzung mit den Migrationsursachen und ganzheitlicher Ansätze. Im österreichischen Kontext ist die offensichtlichste und unmittelbarste Herausforderung die Grundversorgung von Asylwerbern. Langfristig stellen die Balance der Systeme, die Determinanten des sozialen Friedens darstellen – z. B. das Sozial-, das Bildungs- oder das Gesundheitssystem – und eine ausgewogene Demographie die eigentliche Herausforderung dar. Gesellschaftspolitische Diskussionen sollten sich vermehrt auf die Frage fokussieren, was als gemeinsames Ziel unserer Gesellschaft definiert werden kann und erst dann um den Aspekt der Migration erweitert werden. Für die eingeschlagenen Politiken ist der Faktor Akzeptanz von zentraler Bedeutung, um die Hinwendung des Elektorats zu politischen Zentrifugalkräften nicht noch weiter zu befeuern. Ganz grundsätzlich ist in der Asyl- und Migra-tionspolitik ein Paradigmenwechsel unabdingbar, wobei eine Fokussierung auf die Ursachen und nicht auf die Symptome von Migrationsbewegungen von Bedeutung ist.

Einleitung

Diskussionen im Asyl- und Migrationskontext werden derzeit hoch emotional und mit großer Polarisierung geführt. Der mediale Diskurs oszilliert zwischen unreflektierter political correctness und einer verbalen Radikalisierung – vor allem in den sozialen Medien. Auch gleicht er gelegentlich einer babylonischen Sprachverwirrung. Denn während die Komplexe Asyl, legale Zuwanderung und Integration regelmäßig miteinander vermengt werden, ist es gleichsam immer schwieriger solche semantischen Geflechte wieder konstruktiv zu entwirren. Doch nicht nur im öffentlichen Diskurs, auch auf Expertebene besteht – wie in so vielen anderen Disziplinen – eine Vielfalt an Ansichten, die jeweils mit großer Entschiedenheit vertreten werden. Unter diesen Voraussetzungen zu einer realistischen Einschätzung bzw. einem politischen Konsens zu finden, gestaltet sich entsprechend schwierig. Denn jede und jeder hat zu diesem Thema eine Meinung - zumeist eine andere.

Migration ist seit Anbeginn der Menschheit ein zentrales Thema, da es sich bei Wanderungen um ein „urmenschliches" Verhalten handelt. Die Frage, ob wir als demographisch schrumpfende Gesellschaft Migration benötigen, ist vermutlich ähnlich intelligent wie die Frage, ob man etwas essen solle. Selbstverständlich sollen wir etwas essen, selbstverständlich brauchen wir für bestimme Bereiche der Wirtschaft, zum Beispiel den Gesundheits- und Pflegesektor, Zuwanderung. Die Frage ist also weniger ob, sondern vielmehr wie viel und was wir essen, bzw. wie viel und welche Zuwanderung wir brauchen und für unsere Gesellschaft wünschenswert ist. Binäre Annäherungen – Migration ja oder nein – mögen die Emotion des Elektorats ansprechen, sind aber vielmehr ein weiterer Beitrag zur Polarisierung und für die Findung von Lösungsansätzen nur wenig hilfreich. Daher sollte das wie und das wie viel, also die Fragen nach Organisation und Ausmaß, in der Debatte maßgebend sein. Diese Fragen sollten in einem aufgeklärten Diskurs, ohne Polemik oder einer unnötig zusätzlichen Emotionalisierung des Themas, debattiert werden. Mögliche Lösungen zu migrationspolitischen Fragestellungen sind wie bei allen komplexen Politikfeldern niemals simpel und niemals rasch umsetzbar. Wann immer Sie auf einen selbsternannten Heilsbringer treffen, der Ihnen für hochkomplexe Herausforderungen einfache und schnelle Lösungen anbietet, wissen Sie in den allermeisten Fällen eine Person vor sich, die entweder kaum einen Kenntnisstand in der Materie aufzuweisen hat oder die Sie im Unklaren über die Tatsächlichkeiten lässt. Am zielführendsten scheint der Beginn einer strukturierten Annäherung zum Phänomen „Migration" auf drei Ebenen: global, europäisch und national.

Die globale Ebene der Migration

Migration ist die Geschichte von Menschen und Geographie. Daher besteht einer der zentralen Orientierungspunkte eines Migrationssystems in der Frage: Wo leben Menschen auf unserem Globus und welche demographischen Entwicklungen sind in den kommenden Jahren in den unterschiedlichen Regionen zu erwarten? Prognosen sind naturgemäß nicht unproblematisch; auch wenn beispielsweise Entwicklungen in Bezug auf das Bevölkerungswachstum sehr gut prognostiziert werden können, so gibt es Faktoren, die nicht vorherzusehen sind. Genauso wie die Geburtenraten gilt es auch damit einhergehend die Lebenserwartung, die wirtschaftliche Entwicklung und die staatliche Stabilität im Auge zu behalten. Denn diese Faktoren werden letztlich darüber entscheiden, ob aus einem demographischen Wachstum eine „demographische Dividende" wird, oder ob sie zu einem verstärkten Anstieg von Migrationsbewegungen führt.

Ein durchaus selbstkritisches Beispiel wäre in diesem Zusammenhang die bisherige Prämisse der österreichischen Migrationspolitik, in der man lange Zeit davon ausgegangen ist, dass die Zuwanderung aus Osteuropa bzw. Südosteuropa den Bedarf an Arbeitskräften in Österreich auch in den kommenden Jahrzehnten abdecken wird, was aufgrund der geographischen und kulturellen Nähe als Präferenz angesehen wurde. Was dabei jedoch übersehen wurde, war die rückläufige demographische Entwicklung in Osteuropa, die es eher unwahrscheinlich erscheinen lässt, dass wir in den kommenden Jahrzehnten mit einer starken Zuwanderung von Arbeitskräften aus dieser Region rechnen können. Gleichzeitig sehen wir einen starken demographischen Überhang im Nahen Osten und vor allem in vielen afrikanischen Staaten, wo hohe Geburtenraten und ein hoher Anteil an jungen Menschen an der Gesamtbevölkerung mit mangelnden wirtschaftlichen Perspektiven einhergehen. Ein großes Thema wird dabei die Perspektive eines massiven Bevölkerungsanstiegs in Afrika sein. Der Kontinent, der derzeit etwa eine Milliarde Einwohner hat, wird bis ins Jahr 2050 rund 2,4 Milliarden Menschen beheimaten. Das heißt, dass in den nächsten knapp 35 Jahren 1,4 Milliarden Menschen zusätzlich in Afrika leben werden – 1,4 Milliarden zusätzliche junge Menschen. Viele junge Menschen, die in einem Wettbewerb um wenige Ressourcen stehen, sind tendenziell eine große Herausforderung für die Aufrechterhaltung des sozialen Friedens sowie der staatlichen Stabilität und bilden – einhergehend mit geringen wirtschaftlichen Perspektiven – einen starken Treiber für Auswanderung. Die demographische Entwicklung ist jedenfalls bei der Planung von Migrationspolitik als auch bei der Ausarbeitung von Szenarien im Asylbereich zu berücksichtigen.

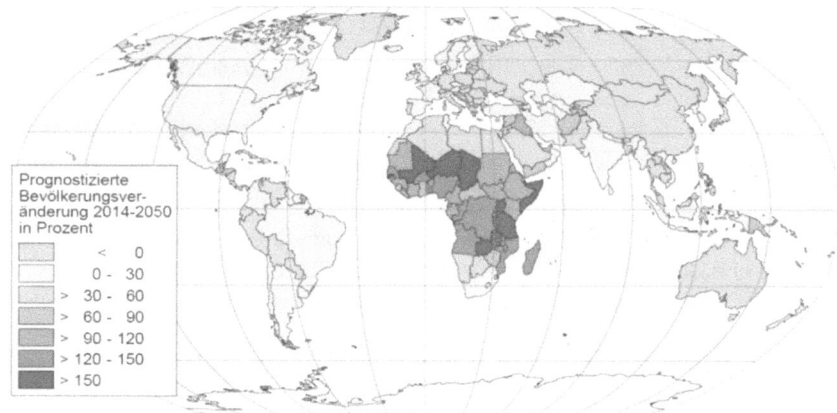

Abbildung 1: Bevölkerungsveränderung bis 2050.

Quelle: UN, World Population Prospects.Revision 2012. Kartographie: Statistik Austria

Asyl - auch im Jahr 2016 das
dominierende Thema in Europa und Österreich

Gedanklich Richtung Europa kommend konnte im letzten Jahr eine Trendwende bei den Fluchtrouten beobachtet werden: Kamen im Jahr 2013 40.000 Menschen über die zentrale Mittelmeerroute, so waren es im Folgejahr bereits 170.000 Menschen, die sich in die Hände der Schlepper begaben und unter teils lebensgefährlichen Bedingungen diesen Weg in der Hoffnung auf ein besseres Leben nach Europa einschlugen. 2015 konnte ein leichter Rückgang auf 153.000 Menschen beobachtet werden. Die gefährliche Route und das skrupellose Vorgehen der Schlepper kostete jedoch auch im Jahr 2015 nahezu 4.000 Menschen das Leben. Im östlichen Mittelmeer, der Ägäis, wurden im Jahr 2013 25.000 Überfahrten gezählt, im Jahr 2014 konnte eine Verdoppelung auf 50.000 beobachtet werden und 2015 versuchte bereits knapp eine Million Menschen auf diesem Weg nach Europa zu gelangen. In den letzten Wochen und Monaten des Jahres 2015 hat sich diese Situation als besonders kritisch dargestellt als pro Tag zwischen 5.000 und 7.000 Menschen auf den griechischen Inseln angekommen sind.

Doch was muss eigentlich passieren, dass sich Menschen auf so eine – oftmals lebensgefährliche – Überfahrt begeben? Man kann das derzeit vorherrschende System als „System 1000" bezeichnen:

Zuerst gilt es Schleppern tausende Euro zu zahlen, danach tausende Kilometer zurückzulegen, danach besteigen Tausende meist völlig überfüllte und seeuntüchtige Boote, auf dem Weg verlieren tausende Menschen im Mittelmeer ihr Leben, viele Tausende kommen an den Küsten Europas an, wo sie sich wieder zumindest hunderte, wenn nicht tausende Kilometer Richtung Norden bewegen.

Dieses skizzierte „System 1000" ist ein zutiefst darwinistisches System, bei dem die Moral und der Wille zur Hilfestellung primär erst im Zielstaat Platz greifen, während der gesamte vorgelagerte Prozess in den Überlegungen zu wenig Berücksichtigung findet.

Auf der individuellen Ebene ist es nachvollziehbar, dass Menschen – wenn sie erst einmal auf dem Weg sind – nicht mehr umkehren. Der Druck, der auf den Migranten – oftmals den jungen Söhnen – lastet, ist enorm. Angesichts der großen Investition ganzer Familien, den damit verbundenen Hoffnungen und dem drohenden Gesichtsverlust bei einem Scheitern, ist eine Rückkehr bzw. ein Abbruch der Reise keine Option. Wenn sich also Menschen bereits auf dem Weg befinden und tausende Kilometer hinter sich haben, ist es zweifelhaft, ob Lösungsansätze noch greifen. Um eine nachhaltige Wirkung zu entfalten, müssen Konzepte in internationalen Kategorien konzipiert und implementiert werden. Nationalstaatliche Ansätze zeigen bei Migrationsbewegungen dieser Größenordnungen immer nur eine begrenzte Wirkung, können aber oft in Ermangelung eines gemeinsamen, multilateralen Vorgehens eine Handlungsnotwendigkeit darstellen.

Was sich derzeit als besonders problematisch darstellt, ist die mangelnde europäische Solidarität im Umgang mit Flüchtlingen. Die Darstellung in Abbildung 2

zeigt die statistikgewordene Antithese der europäischen Solidarität. In drei Mitgliedstaaten – und darunter sind nicht Italien und Griechenland, sondern Deutschland, Österreich und Schweden – werden deutlich über 50 Prozent aller europäischen Asylanträge gestellt. In zehn Mitgliedstaaten werden 93 Prozent aller
Anträge gestellt. Dies heißt im Umkehrschluss, dass in 18 der 28 europäischen
Mitgliedstaaten lediglich sieben Prozent der Anträge gestellt werden. Auch zeigt
sich, wie Statistik einen verzerrten Eindruck vermitteln kann: Am Beispiel Ungarn
wird deutlich, dass hier zwar 170.000 Asylanträge gestellt wurden, aber dort de
facto kaum ein Asylwerber das Ende des Asylverfahrens abgewartet hat, sondern
in Zielstaaten wie Österreich, Deutschland oder Schweden weitergewandert ist.

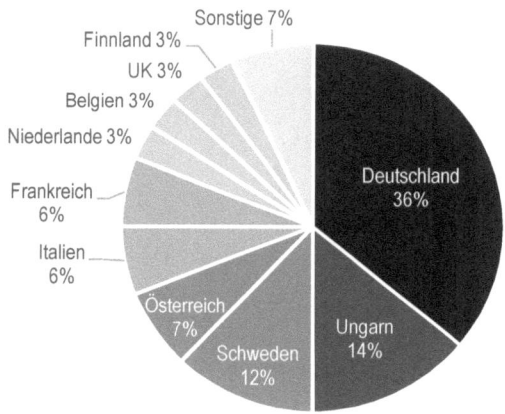

Abbildung 2: Anteile an der Gesamtheit der Asylanträge innerhalb der EU 2015

Quelle: Bundesministerium für Inneres (BMI).

Im Jahr 2015 wurden in Österreich etwa 90.000 Asylanträge gestellt, wobei – wie
auch in den Vorjahren – vermehrt im zweiten Halbjahr Anträge gestellt wurden.
Dieser Trend des antragsstärkeren zweiten Halbjahrs ist übrigens auch ein europäisches Phänomen.

Zu Jahresbeginn ist eine Prognose für 2016 nur schwer möglich, da dies von
sehr vielen Faktoren abhängig ist: Die Auswirkungen auf das Migrationsverhalten
aufgrund des unlängst zwischen der Europäischen Union und der Türkei geschlos-
senen Abkommens, der unterschiedlichen Planungen und Umsetzungsschritte der
Nationalstaaten wieder Grenzkontrollen einzuführen und die Auswirkungen von
europäischen beziehungsweise nationalen Regelungen können nicht vorhergese-
hen werden.

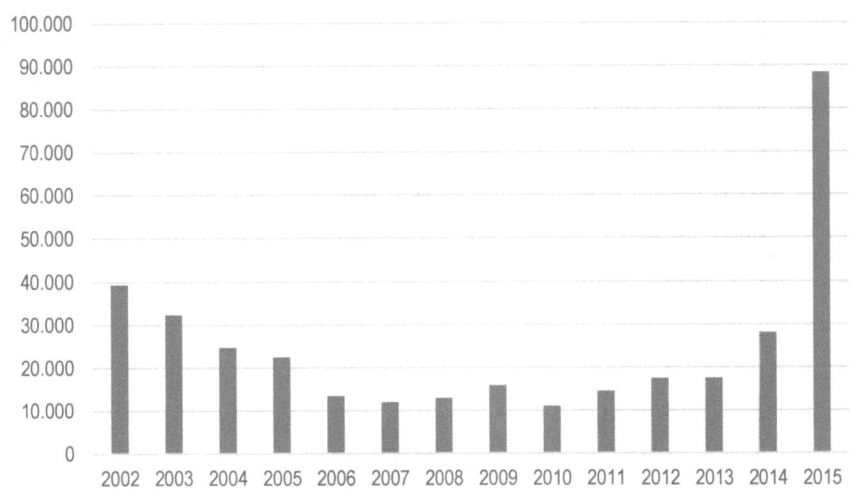

Abbildung 3: *Asylanträge in Österreich 2002-2015.*

Quelle: Bundesministerium für Inneres (BMI).

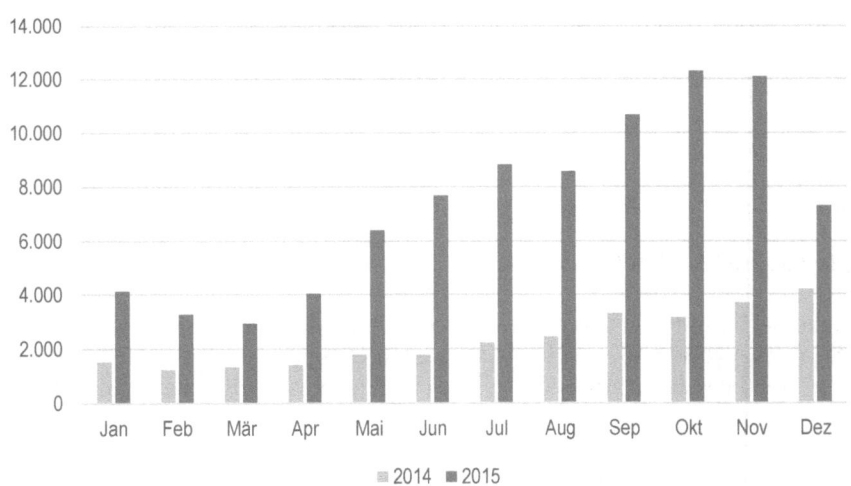

Abbildung 4: *Vergleich Entwicklung der Asylanträge in Österreich 2014/2015.*

Quelle: Bundesministerium für Inneres (BMI).

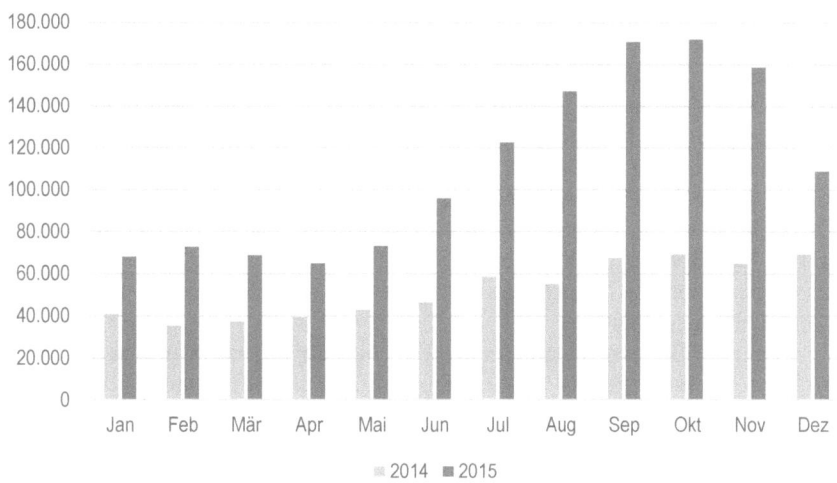

Abbildung 5: Vergleich Entwicklung der Asylanträge in der EU 28 2014/2015

Quelle: Bundesministerium für Inneres (BMI).

Die derzeit unmittelbarste Herausforderung der österreichischen Asylpolitik ist die Grundversorgung der Asylwerber: Mit Ende 2015 befanden sich ca. 85.000 Menschen in Österreichs Grundversorgungssystem. Der starke Anstieg der Asylantragszahlen im vergangenen Jahr hat die Behörden vor massive Herausforderungen gestellt, da die vorhandenen und als Reserve vorgehaltenen Quartiere bei Weitem nicht ausreichten. Es wohnt dem Wesen fester Unterkünfte inne, dass diese nicht über Nacht mit allen erforderlichen Standards geschaffen werden können. Zu Beginn des Jahres 2015 wurden die Prognosen bei ca. 40.000 Asylwerbern für das gesamte Jahr angesetzt, doch schlussendlich sah man sich am Ende des Jahres mit mehr als doppelt so vielen Asylwerbern konfrontiert. Vor allem in der kurzfristigen Unterbringung der Menschen mussten daher neue Wege gesucht und zum Teil auch improvisiert werden: Es wurden Turnsäle genutzt, Zelte aufgebaut, Sportstätten umfunktioniert. Obwohl dies in vielerlei Hinsicht nicht den gängigen Unterbringungsstandards entsprach, wurde alles im Rahmen des Möglichen getan, um schutzsuchenden Menschen eine Basisversorgung zu bieten. Auch die Versorgung von Hunderttausenden, die innerhalb von wenigen Monaten durch Österreich durchwanderten, konnte nur durch eine gemeinsame Kraftanstrengung der Bundesländer, der Institutionen des Bundes, des Bundesheers, der Exekutive und vor allem der karitativen und gemeinnützigen Organisationen sowie engagierter Bürgerinnen und Bürgern erreicht werden. In dieser Phase zeigte sich auch eindeutig, dass bei derartigen Quantitäten eine faktische Grenze des Machbaren existiert und eine solche Kraftanstrengung nur über einen begrenzten Zeitraum möglich ist. Selbst wenn in einer ersten Phase das Problem der Erstunterbringung vorläufig gelöst wird, so ist dies keine nachhaltige Lösung im Sinne einer längerfristigen Wohnversorgung.

Insbesondere in Bezug auf die Betreuung stellen unbegleitete minderjährige Flüchtlinge eine besondere Zielgruppe dar. Waren es im Jahr 2014 noch knapp 2.000 unbegleitete Minderjährige, so konnte 2015 auch hier ein großer Anstieg – mehr als eine Vervierfachung der Zahlen – beobachtet werden. Diese Zielgruppe bedarf einer sehr intensiven Betreuung, die einen entsprechend hohen Mitteleinsatz bedingt. Auch aus einer Sicherheitsperspektive heraus gilt es dieser Gruppe besondere Beachtung zu schenken, da im Fall eines Scheiterns des Integrationsprozesses ein erhöhtes Gefahrenpotential im Bereich der Bandenkriminalität bzw. Radikalisierung gegeben ist.

Ein weiteres Thema auf nationaler Ebene, das einige Fragen und auch Probleme aufwirft, ist jenes der Rückführung im Falle eines negativen Asylbescheids. Viele Herkunftsstaaten verweigern die Ausstellung von Heimreisezertifikaten gänzlich oder geben diese nur in sehr geringer Anzahl aus, womit Außerlandesbringungen de facto teils massiv erschwert werden. Ein ausgeprägter Rechtsstaat wie Österreich stößt in solchen Situationen immer wieder an seine Grenzen. Eine Lösung kann nur durch massive und zeitintensive Anstrengungen in unterschiedlichen Handlungs- und Kompetenzbereichen herbeigeführt werden. Hier bedarf es eines gesamtstaatlichen Ansatzes, um relevanten Staaten auch die Notwendigkeit der Rücknahme eigener Staatsangehöriger – die keinen Schutzbedarf aufweisen – aufzuzeigen. Die immer wieder laut postulierte Absicht bestimmte Personen einfach abzuschieben, führt unweigerlich zur nächsten logischen Kaskade: Wohin? Die Antwort, eine Rückführung in den Herkunftsstaat durchzuführen, setzt aber ein gültiges Heimreisezertifikat voraus, ohne das eine Außerlandesbringung nicht erfolgreich ablaufen wird. Liegt dieses nicht vor, würde sowohl die Fluglinie das Betreten des Flugzeuges oder später der jeweilige Staat die Einreise verweigern. Ein bloßes Zurücklassen am dortigen Flugfeld ist weder für den etablierten Rechtsstaat noch für die Fluglinie eine Option – denn diese Fluggesellschaft würde dann in Zukunft kaum noch eine Landeerlaubnis erhalten. Es bedarf daher eines abgestimmten und kooperativen Vorgehens aller involvierten Staaten.

Nachdem Wien die Stadt und Österreich das Land der Musik und der Oper sind, sei folgende Metapher zur Beschreibung der gegenwärtigen Situation erlaubt. Die Notwendigkeiten und Aufgaben, die wir in diesen Tagen sehen und von denen viele von uns glauben, dass diese die Herausforderungen unserer Zeit seien, stellen wohl nur den Beginn einer langen Kette an Herausforderungen dar. So wie zu Beginn einer Oper die Ouvertüre erklingt, so ist die derzeitige Situation nur der Beginn der großen Aufgaben, die auf unsere Systeme zukommen werden. Wenn Migration die Ouvertüre ist, dann wird die eigentliche Oper den Namen Integration tragen. Unsere Systeme, die in Summe den sozialen Frieden unseres Landes sichern, dürfen nicht überfordert werden. Wie bei den unterschiedlichen Instrumentengruppen eines Orchesters wird es auch in den unterschiedlichen Systemen – die in unserer auf Kooperation begründeten Gesellschaft den sozialen Frieden sichern – eines harmonischen Zusammenwirkens und Balance brauchen. Somit gilt es im Sozialwesen ein ausgewogenes Verhältnis zwischen Beitragszahlern und Beitragsempfängern, im Hinblick auf die Demographie eine ausgewogene Balance zwischen Jung und Alt, aber auch zwischen Männern und Frauen zu erhalten. Die Bereiche des Arbeitsmarktes und der Bildung werden gerade in einer Dienstleistungs- und Wissensgesellschaft, die einen Gutteil ihrer Produktivität auf Innovation gründet, eine zentrale Rolle spielen. Eine erhöhte Diversität ist hier eine Chance für eine verstärkte Innovationskraft. Das „Fit-Machen" für den Arbeitsmarkt, für jene Fachkräfte, die unsere Wirtschaft auch in der Realität nachfragt, wird uns auch vor quantitative Herausforderungen stellen. So ist unter anderem ein qualitatives Bildungs- oder Weiterbildungssystem immer auch eine Frage der Quantität. Ähnlich einer Schulklasse: Gibt es in einer Klasse einige Kinder mit besonderem Betreuungsbedarf und der Unterstützung auch in sprachlicher Hinsicht, ist dies erfahrungsgemäß machbar. Wird aus einigen Kindern der Großteil, dreht sich das Verhältnis um, erschwert dieser Rahmen eine erfolgreiche Integrationsarbeit. Die Quantität determiniert in hohem Maße die Qualität im Bildungs- aber auch im Gesundheits-, Wohn- und Sozialbereich. All diese Determinanten – die Kooperationssysteme des sozialen Friedens – haben daher natürliche quantitative Grenzen, um in Balance zu bleiben.

Faktor Akzeptanz maßgeblich für Erfolg

Es reicht folglich nicht, den Status-Quo zu observieren und einen isolierten, guten Befund in Teilbereichen zu stellen. Es ist die Aufgabe von Verantwortungsträgern, neben einer Gesinnungsethik auch eine langfristige Verantwortungsethik an den Tag zu legen. Wichtig ist in diesem Zusammenhang, dass in einer Demokratie zudem die Akzeptanz für die politisch eingeschlagenen Wege gegeben ist. Daher muss in einer vernetzten Annäherung auch ein Blick auf die Balance des demokratischen Systems gelenkt werden. Durch das Thema Migration sollen gerade nicht die gesellschaftlichen Zentrifugalkräfte befeuert werden, die durch Festlegungen des „wir und die anderen" und damit nicht die Betonung des Gemeinsamen das Gegenteil eines aktiven Beitrags zum nachhaltigen Erhalt des sozialen Friedens leisten. Notwendig ist daher ein sorgsamer und die Akzeptanz in der Gesellschaft berücksichtigender Umgang mit dem Migrationsthema. Spricht man über die Themen Fluchtmigration und legale Zuwanderung (z. B. die Rot-Weiß-Rot Card oder die EU-Binnenmobilität), gilt es folglich unter anderem weiter Richtung bildungs-, sozial-, und arbeitsmarkbezogener Auswirkungen zu denken.

Im Zusammenhang mit Asylpolitik stellt sich dahingehend die Frage nach der Steuerbarkeit und damit einhergehend das medial viel diskutierte Thema einer „Obergrenze". Die Zusammenschau der einschlägigen völker- und europarechtlichen Rechtsnormen sowie des nationalen Rechts ermöglichen grundsätzlich die Berücksichtigung der Kapazitäten, die für das Funktionieren der beschriebenen Systeme bestehen. Die vorhandenen Systeme – sei es nun die Grundversorgung, das Sozial-, das Bildungs- oder das Gesundheitssystem – sind naturgemäß nur bis zu einem gewissen Punkt belastbar. Dies trifft vor allem dann zu, wenn diese sensiblen Systeme finanzierbar und funktionsfähig bleiben sollen.

Es empfiehlt sich in gesellschaftspolitischen Diskussionen vermehrt auf die Frage zu fokussieren, was wir als gemeinsames Ziel unserer Gesellschaft definieren könnten. Nähert man sich dem Finden einer gemeinsamen Zielsetzung über die Migrationsfrage, wird man sich rasch in einer Zuspitzung der Meinungen, möglicher oder für unmöglich gehaltener Zugänge und Lösungen wiederfinden. Definiert man die Zielsetzung allgemeiner in der Erhaltung des sozialen Friedens in Österreich und beginnt erst in einem zweiten Schritt zu hinterfragen, was Migration dazu beitragen kann bzw. was es dabei zu berücksichtigen gibt, wird man nicht nur einen viel konstruktiveren Diskurs erleben, sondern auch zu tragfähigeren Lösungen kommen. Die Zielsetzung einer gesamtstaatlichen Migrationspolitik muss also sein, dass Österreich ein sicherer, stabiler Staat bleibt, in dem wir langfristig in Wohlstand leben können, kurzum: Sicherheit, Stabilität und Wohlstand als zentrale Parameter für eine Migrationsstrategie. Gleichzeitig darf jedoch nicht außer Acht gelassen werden, dass das Recht auf Asyl als gelebte Solidarität und humanitäre Verpflichtung ein zentraler Bestandteil dieses Systems sein muss. Unsere Verantwortung endet in einer globalisierten Welt nicht an den Grenzen Österreichs, sondern hat sich zudem in einem verantwortungsvollen Wirtschaften und in einem klaren Bekenntnis zu einer adäquaten Entwicklungszusammenarbeit zu zeigen.

Von der Bedeutung eines integrativen Narratives

Gerade in Zeiten des durch Migration beschleunigten gesellschaftlichen Wandels ist die Gestaltung eines gesamtgesellschaftlichen Narratives besonders notwendig. Dies auch um Integrationsprozesse emotional einbetten zu können, was sich in Europa schwierig gestaltet. In den USA, deren Existenz in der heutigen Form erst durch die vor wenigen Jahrhunderten bis heute stattgefundenen Migrationsbewegungen begründet wurde, ist Zuwanderung Bestandteil des gesellschaftlichen Narratives. Dies ist in den zahlreichen europäischen Staaten schon alleine bei einer Betrachtung der Geschichte der Neuzeit nicht der Fall, in der vor allem Auswanderung ein Thema war. Eine schöne Flagge, eine eingängige Hymne und vor allem der „American Dream" vervollständigen in den USA einen einfach zu beschreibenden und vereinenden Narrativ. Es ist hilfreich, wenn man Neuankommenden mit Symbolen und in wenigen Sätzen erklären kann, was die zentralen Elemente der Gesellschaft sind, was sie ausmacht. Dass es jeder schaffen kann, der hart arbeitet und man sich sprichwörtlich vom Tellerwäscher zum Millionär hocharbeiten kann. Sucht man ähnlich leicht zu kommunizierende Narrative für Österreich gerät man ins Grübeln, und vermutlich würden zehn verschiedene Personen zumindest zehn unterschiedliche Versionen artikulieren. Ohne bzw. mit einem unklaren Narrativ ist es schwer zu beschreiben, in welche Richtung und wohin man sich integrieren soll.

In unserer heutigen vernetzten Welt bedeutet Migrationspolitik auch gleichzeitig immer Kommunikationspolitik. Öffentlichkeitsarbeit – in welcher Form auch immer – wird global rezipiert, und auch höchstpersönliche Handlungen, wie z. B. Migrationsentscheidungen, werden danach ausgerichtet. So wird die internationale Medienberichterstattung in Herkunftsregionen wie Afghanistan, im Irak und in Syrien ebenso verfolgt wie in Europa, den USA und in Asien. Durch Smartphones kann auch in den entlegensten Weltgegenden auf Informationen zugegriffen werden – jeder hat damit die Welt in der Hosentasche. Vor dem Hintergrund der so gewonnenen Informationen und den daraus abgeleiteten Einschätzungen, die der Realität entsprechen oder auch nur eine Vermutung oder Hoffnung der Realität, also eine Illusion, sein können, werden Migrationsentscheidungen getroffen.

Perspektiven

Zusammenfassend zeigt sich, dass das derzeit bestehende System einen Paradigmenwechsel als dringend geboten erscheinen lässt. Daher wurde bereits im Jahr 2014 von Österreich die Initiative „save lives" auf europäischer Ebene vorgeschlagen, die mittlerweile auch in die europäische Migrationsagenda Eingang gefunden hat. Hier zeigt sich, dass eine globale Betrachtungsweise unabdingbar ist: Es bedarf insbesondere eines Fokus auf die Herkunftsregionen. Es sind daher Ansätze zu entwickeln, die bereits in der Nähe der Krisenregionen ansetzen, so es die Lage vor Ort ermöglicht. Sobald Menschen bereits tausende Kilometer hinter sich gebracht und in der Heimat alles aufgegeben haben, ist es nur nachvollziehbar, dass eine Rückkehr keine Option mehr ist. Es bedarf einer Umkehr dieser Mechanismen: Anstatt des Hinbewegens von Menschen über tausende Kilometer zu Behörden, sollten die Behörde zu den Menschen kommen, sozusagen als „flying authorities". Behörden bzw. Organisationen wie das Flüchtlingshochkommissariat der Vereinten Nationen, UNHCR, könnten so vor Ort die Perspektive auf einen Schutzbedarf in Europa vorab abklären und in weiterer Folge auf sicherem und legalem Wege die Einreise in die EU sicherstellen. Durch Resettlement, die Neuansiedlung von Personen, und einen fairen Verteilungsschlüssel innerhalb der EU-Mitgliedsstaaten könnte so deutlich besser großen Quantitäten von Schutzsuchenden geholfen werden, ohne dass diese sich in die Hände von Schleppern begeben müssten und dabei ihr Leben riskierten.

Die notwendige Akzeptanz dafür wird in weiten Teilen der Bevölkerung nur zu erreichen sein, wenn dieser geänderte Zugang mit einem verstärkten Außengrenzschutz des Schengenraums kombiniert wird. Will man im Inneren des Schengenraums Freizügigkeit, dann bedarf es eines verantwortungsvollen Schutzes der Außengrenze. Nur wenn diesem „System 1000" aktiv entgegengetreten wird, indem eine sichere und legale Zuwanderungsalternative für Menschen angeboten wird, die unseres Schutzes besonders bedürfen, werden wir diesen notwendigen Paradigmenwechsel herbeiführen können. Nur so werden sich weniger Menschen der Lebensgefahr aussetzen, werden wir dem Sterben im Mittelmeer ein Ende setzen und nur so reduzieren wir die Anzahl jener, die sich in die Hände gewinn-orientierter und skrupelloser Schlepper begeben.

Für diesen Paradigmenwechsel muss bei der eigenen Bevölkerung mit guten Argumenten geworben werden – aber ebenso bei anderen Staaten der Europäischen Union. Die Auswirkungen der derzeitigen Abkoppelung von einzelnen Mitgliedsstaaten oder sogar ganzer Staatengruppen verzögert nicht nur die Etablierung eines gemeinsamen europäischen Asylsystems und die Verteilung der Flüchtlinge innerhalb Europas, sondern birgt auch die generelle Gefahr einer Desintegration Europas in sich.

Abschließend sei noch einmal auf die Notwendigkeit hingewiesen, sich bei der Suche nach Lösungsansätzen vermehrt auf die Ursachen und nicht – wie derzeit der Fall – vor allem auf die Symptome zu konzentrieren. Kurz gesagt: Solange Menschen vor Ort in den Herkunftsregionen keine Perspektive mehr sehen, wird es auch weiterhin starke Migrationsbewegungen geben. Wir sollten dabei vor allem sehr stark hinterfragen, welchen eigenen Beitrag wir leisten können – sei es durch unser Wirtschaften oder das Konsumverhalten jedes einzelnen von uns –, um Menschen eine Perspektive in den Herkunftsregionen zu geben. In einer globalisierten Welt hängen Dinge zusammen, gibt es Interdependenzen zwischen unserem Verhalten und dem Verhalten der anderen. In einer globalisierten Welt sollte man sich daher verstärkt den Ursachen widmen, da man ansonsten sehr rasch mit den Auswirkungen nicht behandelter Ursachen konfrontiert wird.

Verzeichnis der Autorinnen und Autoren

Univ.-Prof. Dr. **Gudrun Biffl** war 1975 bis 2009 Wirtschaftsforscherin am Österreichischen Institut für Wirtschaftsforschung (WIFO). 2008 wurde sie an die Donau-Universität Krems berufen. Sie ist Leiterin des Departments für Migration und Globalisierung sowie des 2013 gegründeten Zentrums für Europa und Globalisierung. Sie war von 2010 bis 2015 Dekanin der Fakultät Wirtschaft und Globalisierung der Donau Universität Krems. Sie ist Mitglied des wissenschaftlichen Beirats des Sir Peter Ustinov Instituts zur Erforschung und Bekämpfung von Vorurteilen sowie stellvertretende Vorsitzende des Beirats von EcoAustria - Institut für Wirtschaftsforschung. Im April 2015 wurde sie zur Vorsitzenden des Österreichischen Statistikrates bestellt.

Dr. **Erhard Busek** war Minister für Wissenschaft und Forschung, Minister für Unterricht, Vizekanzler der Republik Österreich, Sonderkoordinator der Österreichischen Regierung für die EU-Erweiterung und Sonderkoordinator des Stabilitätspaktes für Südosteuropa. Zurzeit ist er Vorsitzender des Instituts für den Donauraum und Mitteleuropa (IDM), Koordinator der Southeast European Cooperative Initiative (SECI), Präsident des Vienna Economic Forums, Vorsitzender des Universitätsrates der Medizinischen Universität Wien und Jean Monnet Professor ad personam.

Dr. **Vedran Dzihic** ist Senior Fellow am Österreichischen Institut für Internationale Politik (oiip) und Politologe an der Universität Wien. Darüber hinaus ist er non-resident Fellow am Center for Transatlantic Relations (CTR), SAIS, Johns Hopkins University, Washington D.C. Dzihic unterrichtet an der Universität Wien, im MA-Lehrgang „Balkan-Studies", sowie im „Vienna Master in Human Rights". Er ist Autor zahlreicher Buchpublikationen und Artikel in internationalen wissenschaftlichen Journalen und Medien.

Univ.-Prof. Dr. **Heinz Gärtner** ist Lektor an der Universität Wien, der Diplomatischen Akademie in Wien und der Donau-Universität Krems. Er war bis Ende 2016 wissenschaftlicher Direktor des Österreichischen Instituts für Internationale Politik (oiip) und senior scientist am Institut für Politikwissenschaft der Universität Wien. Er hat regelmäßig Forschungsaufenthalte und Gastprofessuren an den Universitäten Stanford (u. a. Fulbright, Österreich-Lehrstuhl), King's College (London), World Policy (New York), Johns Hopkins (Washington), St. Hugh's College (Oxford), Universitäten von Vancouver, New Haven, Erlangen. Zu seinen Forschungsschwerpunkten zählen u.a. Europäische und internationale Sicherheitspolitik, Theorien der Internationalen Beziehungen, Abrüstung und Rüstungskontrolle sowie transatlantische Beziehungen.

Dr. **Cengiz Günay** ist Senior Fellow am Österreichischen Institut für Internationale Politik und Lektor an der Universität Wien (Institut für Politikwissenschaft und Institut für Internationale Entwicklung, Orientalistik). Zu seinen Forschungsschwerpunkten gehören: Islamismus, politische Reform und Demokratisierung sowie die Rolle von nicht-staatlichen Akteuren im Nahen Osten und der Türkei. Er ist Autor der Monographie „Die Geschichte der Türkei. Von den Anfängen der Moderne bis heute" bei Böhlau Verlag, UTB, Wien.

Em. o. Univ.-Prof. DDDr. **Waldemar Hummer**, Dr. iur. (1964, Univ. Wien), Dr. rer. pol. (1967, Univ. Wien) und Dr. phil. (1974, Univ. Salzburg), 1977 Habilita-tion und venia docendi für die Fächer Völkerrecht, Europarecht und Internationale Beziehungen. 1983 Berufung auf den Lehrstuhl für Völkerrecht und Europarecht der Universität Innsbruck. Von 1983-1999 war er Vorstand des Instituts für Völkerrecht und Internationale Beziehungen sowie Leiter der Abteilung für Europarecht am Institut, in der Folge von 1999-2005 Vorstand des neu gegründeten Instituts für Völkerrecht, Europarecht und Internationale Beziehungen. 2005 Abgabe der Institutsleitung und Übernahme des Forschungsschwerpunkts „Europäische Integration" der Universität Innsbruck. Emeritierung im Jahr 2011.

Mag. **Othmar Karas** M.B.L.-HSG ist seit 1999 Mitglied des Europäischen Parlaments, dessen Vizepräsident er 2012 bis 2014 war. Seit Juli 2014 ist er Vorsitzender der interparlamentarischen Delegation für die Beziehungen zwischen der EU und Russland. Seit 1998 Präsident des Hilfswerk Österreich. 2009 gründete er das überparteiliche Bürgerforum Europa. 2013 wurde ihm die Ehrenprofessur der Donau-Universität Krems verliehen. Er ist Lektor an der Wirtschaftsuniversität Wien, sowie festes Mitglied der Teaching Faculty am Zentrum für Europa und Globalisierung der Donau-Universität Krems.

Univ.-Prof. Dr. **Peter Parycek**, MAS, MSc ist Inhaber des Lehrstuhls für E-Governance und Leiter des Departments für E-Governance in Wirtschaft und Verwaltung an der Donau-Universität Krems. Er ist Gründer der CeDEM Konferenzserie (International Conference for e-Democracy and Open Government), die seit 2011 an der Donau-Universität Krems durchgeführt wird und ist Mitbegründer des Open Access Journal JeDEM (eJournal of eDemocracy and Open Government), das seit 2011 zweimal jährlich erscheint.

Dr. **Jan Pospisil** ist Postdoc Research Fellow im Political Settlements Research Programme an der University of Edinburgh, wissenschaftlicher Mitarbeiter am Österreichischen Institut für Internationale Politik (oiip, derzeit karenziert) und Lehrbeauftragter am Institut für Politikwissenschaft der Universität Wien. Seine Arbeitsschwerpunkte sind internationale Sicherheits- und Entwicklungspolitik, Sicherheitstheorien, Staatsfragilität und Statebuilding, Friedensprozesse sowie Theorien der Internationalen Beziehungen. Neben der Grundlagenforschung ist er auch in der Politikberatung (insbesondere für die Austrian Development Agency, das BMLVS und das Bundeskanzleramt) tätig.

Mag. **Bettina Rinnerbauer** ist Juristin am Zentrum für E-Governance der Donau-Universität Krems. Zu ihren Forschungsschwerpunkten gehören E-Government, insbesondere rechtliche Aspekte IKT-unterstützter Prozessverbesserung in der öffentlichen Verwaltung, und Open Government. Zuvor war sie nach absolvierter Gerichtspraxis als Rechtsanwaltsanwärterin tätig.

Dr. **Martin Ruhs** ist Associate Professor (a.o. Prof.) für Politische Ökonomie, sowie Studienleiter des Fachbereichs Wirtschaft am Department für Weiterbildung an der Universität Oxford (Großbritannien). Neben seiner Forschungsarbeit vor allem zu Themen der internationalen Arbeitsmigration ist er als Politikberater tätig, unter anderen für die Internationale Arbeitsorganisation (ILO), das Entwicklungsprogramm der Vereinten Nationen (UNDP) und die OECD. 2009-2012 war er Leiter der Beobachtungsstelle für Migration an der Universität Oxford, 2007-2014 Mitglied des britischen Migrationsrates (Migration Advisory Committee, MAC).

Mag. **Peter Webinger** ist Sektionsleiter-Stellvertreter der Sektion Recht im Bundesministerium für Inneres (BMI), sowie seit 2009 Leiter der Gruppe Migration, Staatsbürgerschaft, Asyl und Menschenrechte. Er ist Mitglied des Migrationsrates, welcher die Aufgabe hat, eine Grundlage für eine gesamtstaatliche und umfassende Migrationsstrategie für Österreich zu erarbeiten. Er vertritt Österreich in diversen europäischen Gremien wie SCIFA (Strategic Committee on Immigration, Frontiers and Asylum) und ist Herausgeber der Anthologie „STABLE STATES – rethinking social cohesion and good governance" und der wissenschaftlichen Reihe „regiones et res publicae".

Zeitfracht Medien GmbH
Ferdinand-Jühlke-Straße 7
99095 Erfurt, Deutschland
produktsicherheit@kolibri360.de